헤이세이(平成)
일본의 잃어버린 30년

요시미 슌야 지음 | 서의동 옮김

AK

일러두기

1. 본문 중 이해를 돕기 위해 역자가 첨가한 내용은 〈 〉로 표시했다.

2. 역자의 주석은 페이지 하단에 각주로 표기하거나, 본문의 ( )안에 '-역주' 형태로 표기했다.

3. 일본어 고유명사는 인명·지명의 경우 국립국어원 외래어 표기법에 따라 전부 일본어 발음으로 표기했고, 한자를 병기했다. 직명·행정 단위명 중 한국에서 한국어 발음으로 이미 통용되고 있는 경우는 한국어 발음을 채용했다. 또 한자어만으로 뜻이 통할 경우는 한국어 발음, 그렇지 않을 경우는 일본어 발음으로 표기했다.

4. 한국에서 잘 쓰이지 않는 한자어의 경우, 문장 뉘앙스를 살리기 위해 필요한 것은 그대로 쓰고 한자를 병기했다. 설명이 필요한 곳에는 역주를 달았다.

5. 서적이나 논문 제목 중 필요한 경우 우리말과 한자를 병기했다. 서적·신문 제목은『 』, 논문은「 」, 영화 제목은《 》로 표기했다.

6. 이 책은 산돌과 Noto Sans 서체를 이용하여 제작되었다.

목차

머리글

'헤이세이'라는 실패——'잃어버린 30년'이란 무엇인가

실패의 박물관

발트해에 인접한 스웨덴 수도 스톡홀름에 '바사호 박물관'이 있다. '바사vasa'란 스웨덴 국왕 구스타프 2세가 17세기 초 유럽에서 최대최강을 목표로 건조를 명한 군함의 이름이다. 배를 만들기 위해 1000그루가 넘는 떡갈나무가 벌채됐고, 400명 이상의 직공들이 2년여 동안 작업했다고 한다. 바사호는 전장 약 70m에 64문의 대형 대포를 갖췄고, 선수와 선미를 호화로운 장식으로 치장한 현란하고 호화로운 배였다. 구스타프 2세는 1611년 17세 나이에 왕위에 오른 뒤 네덜란드 군사기술을 도입해 폴란드, 신성로마제국과 싸웠고, 마침내 발트해의 패권을 장악하면서 스웨덴을 북유럽의 대국으로 성장시킨 영웅이다. 그 국왕이 국내외 조선기술을 결집해 국왕의 위신을 체현하는 거대군함의 건조를 명한 것이다.

1628년 8월 10일 마침내 완공된 바사호는, 구경 나온 스톡홀름 시민 수만 명이 환호하는 가운데 남서쪽에서 불어오는 미풍을 받으며 항해를 시작했다. 그러나, 얼마 안가 선체가 중심을 잃고 기울기 시작했다. 자세를 바로잡으려 안간힘을 썼지만, 배는 그대로 옆으로 쓰러졌고 바닷물이 포문을 통해 밀려들면서 침몰하고 말았다. 배에 타고 있던 140여 명의 선원 중 30여 명은 탈출하지 못하고 배와 운명을 같이했다. 국가의 위신을 걸고 건조한 거함이 어이없이 침몰한 것은, 왕국의 어두운 미래를 암시했다. 실제로 1620년대 스웨덴 해군은 불운이 겹치며 4년간 15척의 군함을 잃고 만다. 파죽지세였던 구스타프 2세도 바사호 침몰 4년 뒤 전사했다.

그로부터 3세기 남짓, 바사호 참사는 거의 잊혀져 갔다. 그러나 20세기 중반 한 아마추어 해군역사가가 '발트해는 바닷속의 산소농도가 낮고 목재에 유해한 배좀조개가 살지 않는 만큼 300년 전의 침몰선도 거의 원형 상태로 해저에 있을 것'이라는 가설 하에 탐색에 나섰다. 몇 년 뒤인 1956년, 그는 스톡홀름 서쪽 130킬로미터 지점에서 바사호 선체가 해저 진흙에 묻혀 있는 것을 발견했다. 대규모 인양작업이 시작됐고, 17세기 초에 침몰한 바사호는 거의 당시 상태 그대로 모습을 드러냈다. 이 발견은 화산분화로 도시 생활이 일순간에 정지된 채 남겨진 폼페이 유적의 발굴을 방불

그림 1-1 스웨덴의 바사호 박물관에 전시된 바사호(저자 촬영)

케 한다. 인양된 선체에는 사고로 죽은 사람들의 유골과 장신구를 포함해 1628년 8월 10일이라는 시간이 그대로 동결된 것이었다. 당시 선원들의 생활이, 어떠한 기록이나 관련 자료를 거치는 일 없이, 현물 그 자체로 현대인들 앞에 되살아난 것이다. 이만큼 스릴 있는 일도 드물 것이다.

이렇게 인양된 뒤 복원작업을 거친 바사호의 거대한 선체는 스톡홀름 시내의 바사호 박물관에 전시돼 있다.

무엇보다도 흥미 깊은 것은 이 박물관이 '실패의 박물관'이라는 점이다. 박물관의 어떤 방은 대참사 후 왕국에서 사고원인 규명을 위한 조사가 이뤄진 과정을 해설하고 있다. 그에 따르면, 사정청취를 위해 먼저 소환된 이는 선장이었다. 실수로 고박하지 않은 대포는 없었는가, 선원 중에 술을 마신 이는 없었는가 등을 심문했지만 선장은 모두 부인했다. 실제로 대포는 모두 단단하게 고정됐으며 조사받은 선원들이 진술했듯이, 8월 10일은 일요일로 선원들이 교회 미사에 참석한 뒤 승선했기 때문에 음주자는 없었다. 그렇다면 배의 건조 과정에서 문제가 없는지 확인하기 위해 시공업자들이 차례로 소환됐다. 그들은 너나없이 지시에 충실히 따라 공사를 진행했다고 주장했다. 관계자들이 차례로 불려갔지만, 어떤 이도 자신의 책무를 소홀함 없이 수행했음을 증명했고, 결국 장기간 조사 결과 어느 한 사람도 처벌되지 않았던 것이다.

즉, 바사호 참사는 일부 치명적인 미스 때문에 일어난 것이 아니라, 계획이 지나치게 거대했던 것이 잘못이었다. 지나치게 큰 규모의 배에 과다한 중장비, 너무 높은 마스트 등 모두 최대이길 바라는 왕의 주문 자체에 무리가 있었다. 그러나 기세등등한 대국 국왕의 명령에 대해 어느 누구도 정면에서 이의를 제기하지 못했고, 기술자는 스스로의 지식을 구사해 부여된 직무 범위 내에서 왕의 의향을 좇아 일했던 것이다. 그들은 자신에 부여된 직무에서 결코 오류를 범하지는 않았다. 그러나 부분의 최적화는 전체의 최적화와 다르다. 부분적으로는 아무리 똑바로 쌓아올려도, 전체가 똑바르게 되지는 않는다. 계획 전체로 볼 때 뭔가 큰 오류가 있음을 냉정히 판단해 왕에게 충고하는 이는 없었다. 독자들은 이미 깨달았겠지만, 이 17세기의 대실패에는 매우 현대적인 면이 있다.

스웨덴 정부가 이런 '세기의 대실패'에 상세한 해설을 붙인 전시를 국립박물관으로 조성해 전 세계 사람들을 불러들이고 있는 것은 의미심장하다. 대실패는 어느 나라에도 벌어질 수 있다. 예를 들어 일본이라면 전함시대가 이미 지났는데도 해군이 총력을 기울여 건조한 전함 무사시武蔵[1] 정도가 비슷한 실패일지 모른다. 애당초 일본이 감행한 아시아태평양전쟁 전체가 말도 안되는 실패였다. 그러나 일본에서도 이런 '대실패'의 프로세스를 국립 박물관으로 전시하는 것은 실현될 성싶지 않다. 물론 침몰한 군함의 박물관이라면 히로시마현 구레呉시에 '야마토大和뮤지엄'이 있긴 하다. 이것도 박물관 내 천장이 트인 중앙홀에 군함 야마토의 10분의 1 크기 모형이 설치돼 있고, 그 둘레에 설계도, 건조를 맡은 기술자들의 기록, 전사한 병사의 유품 등이

---

1) 군국주의 일본 해군이 제작한 마지막 전함으로 1940년 진수됐고, 1944년 10월 레이테 만 해전에서 미군에 의해 침몰됐다.

전시돼 있으니 외견상 유사점이 없는 것은 아니다. 그러나 이 박물관의 전시는 철저히 기술중심주의로, 일본이 조선 기술을 얼마나 잘 습득했고, 군사도시인 구레와 히로시마에서 과학기술과 무기제조가 어떻게 발전했는지를 되돌아 보게 할 뿐이다. 자국의 역사적 실패를 성찰하려는 취지는 보이지 않는다.

반면 스웨덴은 비록 4세기 전의 일이라곤 하지만, 국가적 실패에 대한 박물관을 이미 만들어 놓은 것이다. 사람들은 성공에서는 배우지 못한다. 오히려 실패로부터, 성공보다도 훨씬 많은 것을 배운다. 참고로 스웨덴에는 덴마크 코펜하겐에서 멀지 않은 헬싱보리에 규모는 작지만 민간이 지은 실패박물관도 있다. 20세기 산업디자인의 실패작을 모아놓은 것으로 바사호 박물관과는 무관하지만, 이 나라에는 '실패에서 배운다'는 사고방식이 시민들 사이에 널리 자리잡고 있는 듯 하다. 성숙사회다운 넉넉함일까.

'헤이세이'라는 실패

지금부터 하려는 것은, '헤이세이'라는 실패에 관한 일종의 박물관을, 한 권의 책 속에 구현하는 작업이다. 1989년 부터 2019년까지의 '헤이세이' 30년간은 한마디로 '실패의 시대'였다. '잃어비린 30년'이라고 해도 좋을 것이다. 이 시대에는 여러 분야에서 수많은 '실패'가 되풀이됐다. 하지만, '실패'들을 열거하기는 쉬워도 그들 전체가 어떻게 연결돼 있었고, 우리들은 왜 30년씩이나 '실패'의 사슬에서 벗어날 수 없었는가를 드러내 보이기는 쉽지 않다. 헤이세이의 '실패'는 대체 어디부터 어디까지가 필연이었던가. 바사호의 건조가 그랬듯이 헤이세이 시대에 누군가가 커다란 미스를 범해 사회를 실패로 이끌었다고는 말하기 어렵다. 각각의 조직과 직장에서 사람들은 최대한 노력했을 것이다. 그럼에도 불구하고, 이토록 오랫동안 실패의 사슬에서 벗어날 수 없었던 까닭은 무엇일까.

아사히신문사가 2018년 3~4월에 실시한 여론조사는 헤이세이가 어떤 시대였는지를 8개의 항목에서 2개를 골라 답하는 방식이었다. 답변 중 가장 많은 것은 '동요하던 시대'(42%), 그 다음이 '침체하던 시대'(29%)였다. 반면 '밝은 시대'는 최하위였다. 이 경향은 아사히가 2009년에 20세 이상만을 대상으로 실시한 여론조사와 차이가 없다. 당시에도 '동요하던 시대'라는 답변이 42%로 최다였으며 '침체하던 시대'도 40%에 달한 반면 최하위는 '밝은 시대'였다. 많은 일본인들에게 헤이세이는 사회가 위기에 빠지고, 대응에 실패하면서 침체하던 시대로 인식돼왔던 것이다. (『아사히

헤이세이의 '실패'에서 가장 두드러진 것은 금융회사를 중심으로 한 대기업의 실패다. 당시 도산한 대기업은 허다하지만 그 대표격은 한때 일본 4대 증권사 중 하나인 야마이치山一증권일 것이다. 당시, 일본 금융업계는 1980년대 중반부터 주가가 공전의 상승을 보이는 가운데 땅값상승, 선물거래, 복수기업에 의한 상호출자로 주가상승이 한층 지속될 것으로 내다봤다. 그러나, 주가는 1989년 말 3만8915를 정점으로 급강하하기 시작했고, 많은 기업과 거래하던 야마이치증권은 손실을 은폐하기 위해 '도바시'[2]라는 위험한 거래를 거듭했다. 이런 무리수가 야마이치를 막다른 골목에 몰아넣으면서 결국 1997년 자진폐업하지 않을 수 없게 됐다.

야마이치증권 이외에도 은행에서는 홋카이도척식拓殖은행이 야마이치증권과 함께 1997년 2조3000억 엔의 부채를 끌어안은 채 도산했고, 이듬해인 1998년에는 일본장기신용은행과 일본채권신용은행이 버블붕괴 후 거액의 불량채권 때문에 각각 3조5000억 엔, 2700억 엔의 부채를 안고 도산했다. 보험회사 중에는 2000년 교에이協栄생명이 약 4조

---

2) 결산기가 임박한 법인고객의 평가손이 발생한 펀드를, 결산기가 다른 법인고객에게 일단 팔았다가 결산기가 지나 되사들여 '평가손'이 표면화하지 않도록 하는 분식거래의 일종.

5000억 엔, 지요다千代田생명이 약 3조 엔의 부채를 감당하지 못해 도산했다. 1990년대 말부터 2000년경까지는 이런 대형도산이 꼬리를 물었고, 이들 기업의 다수가 미국 투자기관에 매각됐다.

산업계 전체로 본다면 헤이세이 시기 일본 전기電機산업의 쇠퇴는 눈을 질끈 감고 싶을 정도다. 1980년대까지 소니는 휴대용음악단말기 '워크맨'의 세계적인 히트 등 나는 새도 떨어뜨릴 기세로 세계의 젊은이들의 뜨거운 시선을 끌어 모았다. 소니의 기술력과 디자인 파워라면 아이폰이나 아이패드도 만들어내지 않았을까. 1980년대의 소니에는 후일 그렇게 상상하고 싶을 만한 기세가 있었다.

그러나 1990년대 이후 소니는 급격히 탄력을 상실했다. 지리안 테드는 이 쇠퇴의 원인이 '사일로 효과'sailo effect[3]에 있었다고 지적했다. 소니의 융성기에는 이부카 마사루井深大[4]와 모리타 아키오盛田昭夫[5]라는 강렬한 개성을 가진 두 사람의 리더가 회사를 이끌었다. 워크맨의 제조도 두 사람의 톱-다운식 지휘가 없었다면 있을 수 없었다. 그러나 고령의 두 리더가 은퇴한 뒤 후임인 오가 노리오大賀典雄는 톱

---

3) 조직의 부서들이 다른 부서와 담을 쌓고 내부 이익만을 추구하는 현상을 가리키는 경영학 용어다. 곡식 및 사료를 저장해두는 굴뚝 모양의 창고인 사일로에 빗대어 조직 장벽과 부서 이기주의 경향을 가리킨다.
4) 1908~1997, 소니 주식회사 창업자.
5) 1921~1999, 이부카 마사루와 소니를 공동 창업했다.

다운 방식을 물려받아 게임기 '플레이스테이션' 개발에 진력했으나 워크맨만큼의 세계적인 히트에는 이르지 못하면서 사내에서는 불만이 쌓여갔다. 그 뒤를 물려받은 이데이 노부유키出井伸之는 거대해진 회사를 한 방향으로 이끌어가는 것을 처음부터 단념하고, 8개의 독립성이 강한 컴퍼니로 재편했다. 이데이의 경영은 매니지먼트적으로는 합리적이었지만, 소니라는 특이한 기업체의 독창성을 빼앗는 결과를 가져왔다. 즉, "전문성이 높은 사일로를 만드는 것에 의해 적어도 단기적으로는 회사의 효율화를 높이는 듯" 보였으나 각 사일로의 경영진은 "라이벌 기업뿐 아니라 회사 내 여타 부서로부터도 '몸을 지키려' 했다. 타부서와 참신한 아이디어를 공유하지 않게 되고, 우수한 사원의 타부서 이동도 꺼리게 됐다. 부서 간 협력이 사라졌고, 실험적인 브레인스토밍이나, 단기간에 이익을 창출할 수 없는 장기투자도 미루게 됐다. 어느 누구도 리스크를 감당하는 것에 소극적이 되어버렸다."(테드『사일로 이펙트』)

소니의 사일로화는 같은 시기 스티브 잡스가 애플에서 추진하던 경영방침과 정반대였다. 잡스는 "사내에 사일로를 만들려 하지 않았다. 그럴 경우 관리자들로 하여금 미래로 뛰어들기보다는 기존 제품의 아이디어나 과거 성공에 집착하려는 동기를 부여하게 된다"고 판단했기 때문이다. (앞의 책) 그래서 잡스는 애플의 제품을 철저히 소수로 한정시켰다. 신제품 개발은 시대에 뒤떨어진 제품을 생산중단하는 것과 일체가 돼야 했다. 일본 기업(그리고 일본 사회 일반)처럼 새로운 것을 붙이고 더해가면서 낡은 것을 애매하게 남겨두는, 안이한 발전 방식을 금지했다.

개발도 손익도 일원관리하고, 철저히 횡적이고 개방적인 의사소통을 유지하는 애플 방식은 1990년대에 진행되던 디지털화 흐름과도 잘 맞아떨어졌다. 왜냐하면 디지털화란 이전까지의 다양하고 각기 다른 제품 장르가 '디지털'이라는 단일 정보시스템 안에 횡적으로 통합되는 프로세스였기 때문이다. 거꾸로 말하자면 창업자를 계승한 소니 경영진의 상식적인 경영은 시대의 첨단을 달리던 소니를 한바퀴 뒤처지게 만들고, 급기야 시대흐름에 역주행하도록 한 것이다.

일본의 전기 기업 중 샤프와 도시바東芝는 소니 이상으로 비참한 말로를 밟았다. 히타치日立제작소도 주력 제품인 TV의 국내판매에서 철수했다. 도시바, 히타치, 마쓰시다松下전기, 소니, 샤프, 산요 등이 패권을 다투던 1980년대에는 이런 쇠퇴가 습격해올 것을 어느 누구도 예상하지 못했다. 이들 기업의 치명적 실패가, 왜 헤이세이에 잇따라 일어났는지를 다음장에서 보다 구체적으로 검토할 것이다.

이는 물론 직접적으로는 엔화강세와 경제거품 붕괴, 그 후의 심각한 불황의 영향이다. 하지만 1990년대 후반부터 2000년대에 걸친 경영위기의 파도는 일본만이 아니라 세계 각국을 엄습했고, 전기뿐 아니라 모든 산업에 영향을 미쳤다. 그러나 1980년대까지 일본 기업에 열세였던 한국의 삼성은 지금은 일본 기업을 월등히 앞선 글로벌 기업이다. 일본의 전기산업은 한국과 대만에 완패했다. 이 패배의 원인을 반드시 버블붕괴와 대불황 탓으로만 돌릴 수는 없다. 오히려 소니가 워크맨 이후 아이패드와 아이폰이 등장할 가능성을 깨닫지 못한 채 당시 가정에 인기가 있던 게임기 개발에 열중했던 것처럼, '가전家電' 카테고리가 붕괴한 정보사회의 미래상을 일본기업들이 진지하게 내다보지 못한 것이 실패의 주요 원인이다.

정치의 좌절, 회복없는 소자화(小子化)

경제 실패와 병행해 정치도 헤이세이 시기에 실패를 거듭했다. 스텝이 꼬이기 시작한 것은 호소카와 모리히로細川護熙 정권 때였다. 1992년부터 일었던 일본신당 붐은 당시의 정치개혁 분위기에 힘입은 것이고, 고이케 유리코小池百合子, 노다 요시히코野田佳彦, 마에하라 세이지前原誠司, 에

다노 유키오枝野行男 등 후일 민주당의 중핵 멤버도 이 시기 데뷔했다. 민주당 정권의 대실패는 오늘날의 아베 신조安倍晉三 자민당 1강 체제를 초래한 직접적 요인이다. 2000년대 초엽 고이즈미 준이치로小泉純一郎 정권은 이 두 차례에 걸친 좌절의 막간에 등장한 포퓰리즘식 일점돌파一点突破[6]형 정치였다. 헤이세이 기간에 이런 정치 격동이 발생한 것은 물론 중의원의 선거제도가 소선거구제로 이행한 것이 바탕이 됐다. 선거제도 개혁은 일본에 정권교체가 가능한 양당 체제를 정착시키려는 취지였지만, 결과적으로는 그렇게 되지 않았다.

이런 흐름을 염두에 두고 우노 쓰네히로宇野常寛는 '헤이세이'를 '실패한 프로젝트'라고 했다. 이 프로젝트가 지향한 것은 "글로벌화와 정보화라는 세계사의 큰 파도를 제대로 수용해, 전후 사회를 업데이트하는 것"이었다. 그러나 '업데이트'를 겨냥한 개혁은 모조리 실패했다. 개혁세력이 목표한 것은 "양대정당 체제에 기반한 성숙한 민주주의"와 "작은 정부를 지향하는 구조개혁 노선"이었지만 개혁노선을 지향하는 리더들이 옛 자민당식 연고주의에 포퓰리즘으로 대항하면서 개혁은 시간이 갈수록 농락당했다. 그러다 정신차려 보니 "자민당의 내부개혁을 기원하는 것 외에는

---

6) 한가지 목표를 향해 집중력을 쏟아붓는 것.

할 수 있는 게 없는 55년 체제[7]에 가까운 상황"으로 퇴행했다.(『아사히신문』 2017년 8월 30일) 헤이세이의 정치는 어디서 어떻게 실패했는가. 이를 이 책 제2장에서 1980년대 말로 거슬러 올라가 검토하고자 한다.

경제와 정치의 실패는, 사회의 실패와도 표리를 이룬다. 헤이세이에서 사회의 실패란, 초소자화[8]와 격차확대를 막지 못한 것이다. 소자화 즉 다산소사多産小死 사회에서 소산소사 사회로의 인구전환은 근대화 과정의 인구구조 변화에 따른 것으로, 이를 피할 수는 없다. 경제성장을 이룬 모든 사회가 정도차는 있지만 소자화를 겪게 된다. 그렇더라도 사회정책적으로 다양한 조치를 통해 추세를 완화할 수는 있다. 합계특수출생률(한 명의 여성이 평생에 걸쳐 낳는 아이 수)를 2.00 이상으로 유지할 수 있다면 그 사회는 장기안정적으로 지속할 수 있다. 그러나 1.50을 밑돌게 되면 미래의 리스크가 높아진다. 바로 헤이세이 일본에서 일어난 일이다. 일본의 초소자화가 본격화한 것은 헤이세이가 시작된 1989년으로, 출생률이 1.57을 기록했다(1.57쇼크). 이후 출생률은 지속적으로 하락해 1995년에 위험수위인 1.50 아래로

---

7) 일본에서 1955년 이후 여당인 자유민주당과 야당인 일본사회당의 양대정당 구조 하에 성립된 자민당의 장기집권 체제.
8) 소자화는 보통 저출산으로 번역되지만 이 책에서는 뉘앙스를 살리기 위해 '소자화'로 표기한다.

내려갔다. 2003년에는 1.30선마저 깨고 1.29을 기록했으며 2005년에는 1.26이라는 파멸적인 수준에 이르렀다.

초소자화에 관한 한 일본의 실패는 이미 회복불가능하다는 점은 암담한 일이다. 인구학적인 견지에서 본다면 소자화로 나아가는 선진국은 합계특수출생률이 1.50에 근접한 시섬에서 다시 2.00 쪽으로 출생률이 회복되는 나라와, 출생률이 더 내려가 1.50 아래로 떨어지는 나라로 나뉜다. 운명의 분기점이다. 일본의 경우 이 분기점은 1980년대 말이었다. 일단 1.50 밑으로 떨어진 나라는 출생률을 1.50 이상으로 회복시키는 것이 불가능하다. 경제의 미래예측과 달리 인구학적인 미래예측은 정확도가 상당히 높다. 즉, 적어도 21세기 중반까지 일본은 초소자화를 해결할 수 없고, 이 나라의 인구는 감소가 지속되는 것이다.

상황을 심각하게 만든 원인은 여러가지일 것이다. 예를 들어 인구 재생산 측면에서는 인구의 거대 블랙홀이라 할 만한 도쿄 일극집중과 공공 보육시설의 미비, 육아휴직 후의 커리어패스career path(직무경력 경로-역주) 경시, 공립 초중등교육의 열등화, 수험 중심의 교육시스템에 따른 부모의 경제부담 등 일반적으로 거론돼온 문제들이 있다. 편부모 가정에 대한 경제적 지원의 확충이나 이혼 뒤 남편의 아내에 대한 육아비 제공 의무화, 선택적 부부별성제[9] 실현, 양자결연養子緣組 제도 확충 등의 과제도 있다. 초소자화를 완화된 소자화로 변화시키려면 이처럼 많은 과제가 동시병행으로 해결되지 않으면 안된다. 하지만, 1980년대 일본은 버블경제에 들떠 있었고 헤이세이에 접어든 뒤에도 이런 과제에 대한 대응은 단발적이고 구호에 그쳤을 뿐이다. 그 결과 초소자화가 21세기 중반까지 지속되게 됐고, 일본 사회가 지금의 민족적 구성을 유지한 채 안정적으로 지속해가는 것은 이미 어렵게 됐다. 이런 곤란한 회로에 일본이 진입하는 터닝포인트가 헤이세이에 있었다. 이는 일본의 역사가 백수십 년 주기로 성장의 시대에서 쇠퇴의 시대로 전환하는 시기와도 겹친다.

헤이세이의 일본이 초소자화를 극복할 수 없었던 또 다른 이유는 새로운 빈곤이다. 즉, 친족적 유대가 강한 발전도상국의 빈곤과 달리, 사회적인 연계가 약한, 고독한 빈곤층의 확대였다. 버블 붕괴로 자금회전이 어려워지자 기업들은 고용을 유연화하며 비정규 노동자를 대폭 늘림으로써 리스크를 노동 쪽에 전가시켰다. 그 결과 헤이세이 중반에는 비정규 고용이 고용전체의 약 40%를 차지하게 되면서,

---

9) 일본은 결혼하면 아내가 남편의 성을 따르도록 민법에 규정돼 있다. 이를 바꿔 부부가 결혼 뒤에도 각자 성을 쓰도록 하는 '부부별성제'가 일본 사회에서 논의되고 있다.

과거에 볼 수 있던 일본인과 노동 간의 유기적 관계가 총체적으로 무너지게 됐다. 개별 기업으로서는 살아남기 위해 달리 방도가 없었을지 모르지만, 이 선택은 사회 전체에 파멸적인 결과를 가져왔다. 비정규 고용의 급증은, 임금격차 확대는 물론 노동자의 생활기반을 붕괴시켜, 그들의 인생을 매우 불안정하게 만들었다. 복지제도가 기업단위로 정비돼온 일본에서는 기업 안전망에서 노동자가 배제되면 복지가 전혀 기능하지 않게 된다. 이렇게 헤이세이를 거치는 동안 빈곤층 확대와 생활의 급속한 불안정화가 진행됐다. 이런 변화가 일어날 당시 노동조합이 이미 노동자 전체의 생활을 지키는 조직으로서 거의 기능하지 못하게 된 것도 사태를 더 악화시켰다.

'쇼와'의 반전

  그러나 이런 사태가 '실패'로 보이는 것은, '헤이세이'가 시작된 1980년대 말의 일본, 그리고 당시에 기대됐던 미래와 현재를 비교하기 때문일지 모른다. '헤이세이'의 시작점은 '쇼와'昭和(쇼와 천황 재위기간이던 1926~1989년-역주)의 종점이다. 그리고 '헤이세이'의 종말에서 시작점을 되돌아보게 된다면 '쇼와'의 마지막이야말로 문제삼아야 할 시기다. 당시,

쇼와 천황의 병세 악화로 인한 자숙自肅소동[10]이 전국을 휩쓸어도 "일본 경제가 이 정도로 불황에 빠질 만큼 약하지 않다"고 여겨졌다. 1988년의 경제성장률은 정부 예상을 웃돌아 '다카마가하라高天原[11]경기'라는 말도 등장했다. 실업률도 낮았고 학생들의 취업시장은 엄청난 공급자 우위였다. 엔화강세가 산업에 리스크였다고는 해도, 여유 있는 동안 체질개선과 기술혁신을 추진하고 보다 부가가치가 높은 제품을 만들어내면 연 5% 정도의 성장이 지속되면서 2001년 GNP가 약 700조 엔에 이르고, "유례없는 경제대국으로 21세기를 맞이할 것"이라는 낙관론이 지배했다.

청년들이 휘황찬란한 소비사회에 들떠 있는 가운데 기성세대에서는 지금이야말로 성장사회에서 성숙사회로의 전환, 즉 양에서 질로의 전환이 필요하다는 의견이 제기됐다. 이때야말로 '풍족함'과 '행복'을 재정의할 수 있는 시기였다. 사람들이 경제적인 풍족함을 향유할 수 있는 동안, 모노もの(구체적이고 물질적인 재화-역주)에 대한 집착에서 벗어나 고토こと(고도의 지적·추상적 가치를 지닌 사물-역주)의 풍요함, 문화적 창조성으로 전환해가지 않으면 안될 터였다. 하지만 성숙

---

10) 쇼와 천황의 건강이 악화되던 1988년 여름부터 일본 사회에서 각종 행사가 중지되는 등 자숙 분위기가 천황이 사망하던 1989년 1월까지 반년 넘게 이어졌다.
11) 아마테라스오미카미를 비롯한 일본의 신들이 거처하는 천상의 장소로, 경기가 그만큼 고공행진했다는 의미.

사회란 보다 부가가치가 높은, 즉 고가의 상품을 소비해가는 사회를 말하는가, 그렇지 않다면 정말로 고토의 풍부함과 문화적 창조성으로 사회의 가치축을 옮겼을 경우 경제성장 일변도로 달려온 일본은 산업 경쟁력을 계속 유지할 수 있을까, 경제와 문화를 양립시키는 교육과 고용, 복지의 시스템은 무엇인가, 같은 까다로운 문제가 전 사회적으로 논의된 적은 없었다. 즉, 미래를 안이하게 바라보고 있었던 것이다.

당시, 논자들은 급속한 엔화강세가 국내생산을 압박해 생산의 공동화를 초래할 것으로 예측했다. 이미 대기업들은 생산거점뿐 아니라 연구·개발 거점도 차례로 해외로 옮기기 시작했다. 국제화에 성공한 기업은 글로벌한 네트워크를 통한 이윤획득을 추구하기 시작한 만큼 국내 생산거점에 집착하지 않게 된다. 이대로 가면 얼마 안가 국내에서 생산거점이 사라지고, 고용이 줄어든다. 이 때문에 일본의 생산구조를 수출형에서 내수형으로 조속히 전환하지 않으면 안된다고 주장했던 것이다. 이를 위해 산업계에 요청된 것은 다시금 '부가가치가 높은 제품'에 도전하는 것이었다. 이미 철강 같은 중후장대 산업이 전자, 정보, 주택, 레저 등 하이테크 분야로의 전환을 필사적으로 꾀하고 있었다. 이러한 산업의 하이테크 시프트는, 일본기업과 정부에게는 자신 있는 분야로 여겨졌다.

이런 인식이 잘못된 것은 아니다. 그러나, 1990년대 이후의 역사 변화는 상상력을 훌쩍 뛰어넘는 스케일과 스피드로 전개됐다. 일부의 경제학자와 싱크탱크는 일본의 미래에 암운이 드리우고 있음을 경고했지만, 대부분의 일본인은 일종의 다행증多幸症적인 감각에 빠져 있었고, 언론도 이를 부추기는 정보를 흘려보냈다.

본래 전후 즉, 1945년 이후의 쇼와는 '성공'의 역사로 거듭 평가돼왔고, 우리들은 당연히 그 쇼와의 연장선상에 있을 터였다. 물론 그 상징은 도쿄올림픽(1964년)이고, 오사카만국박람회(1970년)였다. 도쿄올림픽에 의해 일본은 패전 후부흥시대에서 벗어나 의기양양한 고도경제성장을 구가했던 것이고, 오사카만박에 의해 그 성장이 산 정상에 도달했음을 실감했던 것이다. 전쟁을 과거로 쫓아버린 전후戰後의 쇼와란, 폐허에서 출발했으되 황태자 결혼붐(1959년), 도쿄올림픽, 오사카만박 등 약 6년 간격으로 벌어진 3개의 '축제'를 잇는 능선이었고, 그 외의 사건은 일본인들이 이 능선을 걸어가는 과정에 놓인 장애물에 지나지 않았다.

중요한 것은, 오늘날에 이르기까지 일본인 대다수가 전후 일본에 대한 다행증적인 기억과 그 날조로부터 벗어나지 못하고 있다는 점이다. 예를 들어 미나마타병의 발병은

이미 1950년대부터 속출해 사망자도 다수 발생했다. 1969년, 그들은 칫소[12]를 피고로 소송을 제기한다. 이 무렵, 도쿄에서는 대학분쟁이 최종국면으로 치닫고 있었다. 도쿄대학에서 야스다安田강당을 점거한 학생과 경찰기동대의 공방전이 펼쳐졌고, 일본대학을 중심으로 한 사립대 학생들은 '간다神田칼체라탄투쟁'[13]이라는 명칭으로 진보초神保町에서 오차노미즈お茶の水 사이 도로를 점거하고 투석으로 기동대와 충돌했다. 그로부터 약 1년 전, 재일한국인 김희로[14]가 라이플총을 들고 숙박객을 인질로 스마타쿄寸又峽온천(시즈오카현에 있는 온천-역주)에서 농성하고, 이를 TV가 센세이셔널하게 다뤘다. 같은 시기 아오모리현 출신 소년 나가야마 노리오永山則夫[15]는 훔친 권총으로 지나가던 행인을 차례로 사살하는 사건을 일으켰다. 게다가 오사카 만박에 사

---

12) 노구치 시타가우가 1908년 설립한 화학기업 일본질소비료로, 1965년 '칫소'로 이름을 바꿨다. 구마모토현 미나마타시에 있는 이 회사의 공장에서 메틸수은을 포함한 폐수를 무단으로 미나마타만과 강 하구 등에 장기 방류하면서 상당수 주민들이 '미나마타병'으로 불리는 중독성 중추신경계 질환에 걸렸다.

13) 1968년 6월 21일 사회주의학생동맹이 도쿄 간다 쓰루가다이의 학생가에서 도로에 바리케이트를 치고 벌인 해방구 투쟁이다. 칼체라탄이란 프랑스 파리의 지명으로 68혁명의 무대가 된 곳이다.

14) 1928~2010, 본명은 권희로. 재일한국인 2세로 1968년 자신을 차별하며 모욕하는 일본인 야쿠자를 살해한 뒤 온천 여관에서 투숙객들을 인질로 잡고 경찰과 대치하다가 검거돼 24년간 일본 교도소에서 복역했다. 이 과정에서 그는 경찰을 비롯한 일본의 민족차별 실태를 고발해 파장을 일으켰다.

15) 1949~1997, 1968~1969년 연속 권총사살 사건을 일으킨 범인으로 1969년 사형을 선고받고 1997년 사형이 집행됐다. 복역중 쓴 소설 『나무다리(木橋)』가 1983년 신일본문학상을 수상하기도 했다.

람들이 들떠 있던 1970년, 적군파赤軍派[16]는 요도호납치사
건[17]을 일으켰고, 미시마 유키오三島由紀夫[18]는 자위대 이치
가야市ヶ谷 주둔지에 난입해 할복자살했다. 1960년대 말 분
쟁과 사건이 잇따라 발생한 것은 이미 쇼와의 '성공'이 내부
에 무수한 균열을 품고 있었음을 보여준다.

또한 헤이세이 초엽의 일본인이 '쇼와'의 성공 기분에 머
물렀던 배경에는 1970년대의 세계적 위기를 극복했다는
우쭐함도 있었다. 1971년 8월, 달러와 금의 교환이 정지되
고(닉슨 쇼크) 세계무역이 고정환율제에서 변동환율제로 이
행한 것은 세계의 경제시스템이 근저에서부터 변화해가
는 전환점이었다. 동시에 닉슨 미 대통령은 이듬해인 1972
년 2월에 중국을 방문했고, 미중은 국교회복으로 나아갔
다. 1973년 3월에는 미군이 베트남에서 철수하면서 동아시
아 정세는 전기를 맞이했다. 한편으로 1973년 10월 제4차
중동전쟁을 계기로 오일쇼크가 발생한다. 석유수출국기구

---

16) 1969년부터 2001년까지 활동한 일본의 신좌익계열 국제테러 조직으로 요도호 납
치사건(1970년), 텔아비브공항 습격사건(1972), JAL소속 여객기 하이재킹(1973)
등 다수의 테러사건을 저질렀다.

17) 1970년 3월 승객 등 129명을 태우고 하네다 공항을 출발, 후쿠오카로 향하던 일본
항공 여객기를 일본 적군파 요원 9명이 납치해 북한에 망명한 사건.

18) 1925~1970, 일본의 소설가로 전후세대의 니힐리즘이나 이상심리를 다룬 탐미적
인 작품을 썼다. 이후 점차 급진적인 천황주의자로 변모, 일본군의 부활을 주장했
으며 민간 군사조직인 '방패회'를 조직했다. 1970년 방패회 회원 4명을 이끌고 육
상자위대 동부방면 총감부에 난입해 자위대의 궐기를 주장한 뒤 할복자살해 일본
사회에 큰 충격을 안겼다.

OPEC 소속 산유국들이 단결해 원유 생산량을 단계적으로 감축하고 가격을 대폭 인상하는 데 성공한다. 이로써 산유국과 선진국들 간의 역관계가 변화했고, 저렴한 원유가격을 바탕으로 성립된 산업체제는 전환을 강요받게 된다.

일본은 이 1970년대의 세계적인 정치경제질서 변동을 효율화와 '쇼에네省エネ'(에너지 절약-역주)의 집단적 노력으로 극복했다고 많은 사람들이 생각해왔다. 실제, 결과부터 말하자면 많은 일본기업이 풍랑을 넘어 생산 확장을 지속했고, 1980년대 말 버블경제[19]로 돌진했던 것이다. 당시, 이는 일본기업의 '강함'으로 평가됐고, '재팬 애즈 넘버원' 따위의 건방진 언사가 튀어나올 정도였다. 그러나, 그것은 여러모로 해로운 '착각'이었다. 오히려, 일본기업의 노력보다 중요한 것은 전후 일본이 전국토의 황폐와 궁핍상태에서 출발했기 때문에 국제환경이 악화되더라도 여전히 성장할 여지가 남아 있었다는 점이다. 1970년대의 위기 돌파는 그러한 조건의 도움을 받았던 것이지만, 일본인은 이를 잊은 채 자신들의 힘으로 위기를 극복했다고 착각했다. 그러나 이후 구몬 슌페이公文俊平도 지적했듯이 "그 시기의 일본은 위기를 극복하기 위한 노력의 방향에서 단추를 잘못 채웠던 것

---

19) 특수한 조건하에서 경기가 실물부문의 움직임과 괴리되어 거품처럼 부풀어 오르는 상태를 가리키는데, 재화나 서비스의 가격에 비해 주가와 땅값 등 자산가격만 비정상적으로 오르는 것이 특징이다.

이다. 오로지 일본의 특기인 공업제품의 생산성을 끌어올리고 에너지 비용을 끌어내리는 데 노력을 집중하는 한편으로, 사회불안이 도래하는 것을 두려워한 나머지 저생산성 부문이 고생산성 부문에도 영향을 미치는 경제의 '고비용 구조' 자체는 온존시킨 것이다."(구몬『2005년 일본부상[2005年日本浮上]』)

한편으로, 이미 졸저『포스트 전후사회ポスト戦後社会』에서 논한 것처럼, 사회적 리얼리티의 변용이라는 측면에서 보면 1970년 전후의 전환은, 미타 무네스케見田宗介가 주장한 '이상'과 '꿈'의 시대에서 '허구'의 시대로의 전환에 조응했다. 미타에 의하면 1945년에서 1960년 무렵 프리pre고도성장 시대의 리얼리티 감각은 '이상'을 현실화하는 것을 지향했고, 그후의 고도성장기에도 1970년대 전반까지의 청년들은 현실의 저편에 있는 '꿈'을 희구했다. 그러나 이윽고 일본 사회의 리얼리티 감각은 이미 현실과 그 저편에 있는 것과의 긴장관계가 사라진 '허구'의 지평에 안주해갔다. 1980년대 일본인이 경험한 것은 "리얼리티의 '탈취脱臭'를 향해 부유하는 '허구'의 언설이자 표현이고, 또한 생의 기법"이었다.(미타『현대일본의 감각과 이상[現代日本の感覚と思想]』) 이처럼 1980년대 리얼리티의 위치변경은 사회 깊은 곳에서 생겨난 균열과 항쟁, 심각한 위기에 대한 현실적인 상상력을 무디게 한 것으로 어겨진다.

이처럼 '쇼와'의 종말 때 사람들이 몸담았던 '현실'이 '헤이세이'를 거치며 균열을 일으키고 전복되어간 것이다. 헤이세이 30년간 많은 영역이 확장에서 수축으로 바뀌었고, 위기는 심화했다. 물론, 그 기원이 된 것은 1995년이다. 한신阪神·아와지淡路대지진과 옴진리교 사건에 더해 비정규고용 확대와 고용불안, 고학력층의 취직난, 워킹푸어 등의 문제가 분출했고, 문화적인 여유가 사회에서 사라졌다. 또 초고령화 사회의 도래에 의해 부양코스트는 증가를 거듭했고, 그 한편으로 저출산대책과 여성의 노동환경 개선은 진척되지 못했으며, 세대 간 이해대립이 격화됐다. 일본경제의 강점으로 평가됐던 첨단기술도 약체화돼 한국, 중국에 추월당했고 세계시장에서의 경쟁력도 약화됐다. 이러한 국력저하에 상응해 일본인 전체가 빈곤화했다. 2000년 일본인 1인당 명목GDP는 세계 2위였지만, 2014년에는 27위로 전락했고 회복의 전망도 보이지 않는다. 일본은 이제, 누구나 풍요함을 향유하는 나라도, 세계의 첨단을 걷는 나라도 아니다. 실패와 일탈을 거듭하는, 불안과 과제로 가득찬 나라인 것이다.

네 가지 쇼크

그런데 '헤이세이'의 30년을 일본의 단계적인 쇠퇴과정으로 본다면, 4개의 '쇼크'가 이 과정에 박차를 가했다. 제1의 쇼크는 1989년에 정점을 찍은 버블경제의 붕괴이고, 제2의 쇼크는 1995년의 한신·아와지대지진과 옴진리교 사건이다. 제3의 쇼크는 2001년의 미국 동시다발테러와 이후 국제정세의 불안정화, 제4의 쇼크는 물론 2011년 동일본대지진과 도쿄전력 후쿠시마 제1원전사고다. '헤이세이'는 일본사회가 이 4개의 국내외 쇼크와 이후 변화에 대한 대응을 강요받으며 스스로의 모습을 바꿔간 과정이다. 이 책에서는 각각의 쇼크를 단락으로 나눠 헤이세이 1기(1989년 1월 7일~1995년 1월 16일), 헤이세이 2기(1995년 1월 17일~2001년 9월 10일), 헤이세이 3기(2001년 9월 11일~2011년 3월 10일), 헤이세이 4기(2011년 3월 11일~2019년 4월 30일)의 4기로 구분하고자 한다. 이들 쇼크는 헤이세이사의 시대적 경향성에 변화를 부여하지만, 그 변화의 표출은 영향이 발생하는 사회의 차원에 의해 달라졌다. 다음 장 이후에서는 크게 경제(제1장), 정치(제2장), 사회(제3장), 문화(제4장)의 4개 차원에서 각기 다른 변화의 표출방식을 고찰할 것이다.

나오미 클라인은 이런 '쇼크'와 1970년대 말 이후에 번성하기 시작한 신자유주의가 어떤 방식으로 깊게 결탁해왔는지를 신자유주의 제창자 밀턴 프리드만의 반케인즈주의적 사상의 영향확대라는 시점에서 검증하고 있다. 클라인에 따르면 '쇼크 독트린'이란 대재해나 대규모 테러 같은 충격적인 사건으로 망연자실한 사람들을 교활하게 이용해 그때까지의 공공적 질서를 일거에 파괴하고, 그 공백에 시장원리주의적인 기업활동을 삽입해가는 일련의 정책을 가리킨다. 본래, 참사에서 피해를 입은 사람들은 "회수가능한 것은 극력 회수하고, 남은 것은 수리·수복"해서 "자신을 키워준 장소와의 유대를 재확인"하려고 한다. 그러나, 재난 자본주의는 그런 회복을 위한 유예를 부여하지 않는 민첩함으로 '부흥'계획을 제안하고, 개발사업으로 지역의 풍경을 완전히 바꿔버린다. 이처럼 2001년 9월 11일 사건 이후 미국 부시 정권 간부들은, 군과 경찰을 포함한 국가의 근간적 기능마저 민간으로 대체하려 했다. 기업출신의 지도자들이 기업이익을 위해 나라를 잘라 팔아버리기 시작했던 것이다. (클라인『쇼크 독트린』)

클라인의 논의에서 주목해야 할 것은 프리드만이 설파한 "원리주의적 자본주의는, 항상 대참사를 필요로 했다"는 지적이다. 프리드만은 아주 초기부터 "위기와 재해에 편승한다는 발상"을 제창해왔다. 동시다발테러뿐 아니라 이라크 전쟁과 뉴올리안즈 재해에서 쇼크 독트린은 위력을 발휘했지만, 이 전략은 2001년 9월 이후에 발명된 것이 아니라 1970년대 말 이후 신자유주의가 확대하는 가운데 실험을 거듭해왔던 것이다. 이렇듯 대참사의 발생에는 "자유시장의 과격한 '개혁'을 도입하는 환경을 정비하기 위해 일반 대중을 공포에 빠뜨리려는 교묘한 의도"가 함께 해왔던 것이다. 그리고, 참사에 대한 개입의 결과로 생겨난 것은 어김없이 "방대한 공공자산의 민간 이전, 터무니없는 부유층과 버려진 빈곤층이라는 격차의 확대, 안전보장의 제한없는 지출을 정당화하는 호전적 내셔널리즘"의 고양이었다. (앞의 책) 냉전붕괴 후, 동서 간 대규모 전쟁이 일어날 가능성은 낮아졌지만, 테러사건에서 소규모 지역분쟁 또는 대재해 등 보다 분산적인 형태로 발생하는 참사는 줄어들지 않았다. 재난 자본주의의 이익을 유지하기 위해서는 이런 참사가 일정 이상의 빈도로 발생할 필요가 있었다.

이런 인식 위에서 헤이세이의 쇼크를 되돌아보면 무엇이 보이는가. '헤이세이'에는, 1995년 이후의 '제1의 재후災後'와 2011년 이후의 '제2의 재후' 두 개의 시기가 있다. 각각의 쇼크에서 사람들의 마음이 치유되기에는 적어도 5년 이상의 세월을 필요로 했고, 이 세월 속에서 문화부터 정치, 경제까지 변동했다. 그런 의미에서 이 두 번의 쇼크가 발생한 시점의 정권이, 전자는 무라야마 도미이치村山富市[20], 후자는 간 나오토菅直人[21]라는 비자민당 총리의 지휘 하에 있었던 점을 어떻게 이해해야 할까. 두 번의 쇼크와 자민당의 총리는 조우하지 않았다. 이 자체는 역사의 우연이지만, 이후 정치의 변화에는 영향을 미쳤던 것은 아닐까. 쇼크가 발생한 지 얼마 지나지 않아 전자에서는 하시모토 류타로橋本龍太郎 내각이, 후자에서는 정권에 컴백한 자민당의 아베 신조安倍晋三 내각이 탄생했다.

동일본대지진과 후쿠시마 원전사고의 대응을, 가뜩이나 태세가 정비되지 않았던 민주당 정권이 맡아야 했다는 것은, 이후 당의 운명에 괴멸적인 영향을 미쳤다. 그리고 2012년 민주당 정권의 실패에 힘입어 정권을 탈환한 아베 정권은 아베노믹스를 기치로 관저(총리실-역주) 주도의 포퓰리즘 노선을 밀고 나갔고, 후쿠시마의 주박呪縛(주문을 걸어 속박함-역주)을 올림픽의 마법으로 풀려고 했다. 한편으로, 무라야마를 총리로 한 자사사키가케自社さきがけ 정권[22]과 1995년 쇼크의 관계는 애매하지만 이 쇼크와 1990년대 후

---

20) 1924~. 사회당 출신 정치가로 1994~1996년 사회당·자민당·신당 사키가케의 3당 연립정권의 총리를 지냈다. 총리재임 시절인 1995년 태평양전쟁과 식민지배를 공식 사과하는 '무라야마 담화'를 발표했다.

21) 1946~. 2010~2011년 일본 민주당 정권에서 총리를 지냈으며 재임중 동일본대지진과 후쿠시마 제1원전 사고를 겪었다.

22) 1994년 6월부터 1998년 6월까지 일본 자민당, 사회당, 신당 사키가케가 제휴해 성립된 연립정권.

반의 대불황은, 고이즈미 정권이 포퓰리즘을 성공시킨 기반이 됐던 것은 아닐까. 어떤 경우든 쇼크 몇년 뒤에는 자민당의 포퓰리즘 정권이 탄생했다. 미국처럼, 쇼크 뒤 재난자본주의가 직접 도입됐다고는 할 수 없지만, 1995년 쇼크 발생 몇년 뒤 정국은 우정민영화로 향했고, 2011년 쇼크 이후 도쿄올림픽 개최로 나아간 것은 우연이 아니다. 재해와 심각한 사고, 불황과 국가 이벤트 개최, 공공부문의 민영화 사이에는 분명 노골적인 연계가 있다.

그러나 4개의 쇼크가 보다 직접적인 영향을 미친 것은, 클라인이 논한 정치경제적인 차원보다 문화사회적 차원이었을지 모른다. 동서냉전의 종언과 사회주의 붕괴, 게다가 2001년 동시다발테러로 확산된 것은, 그때까지 누구나 당연시하던 세계가 무너졌다는 실감이다. 한신·아와지대지진과 동일본대지진으로 이 나라 사람들에게 엄습한 것도, 일본이 붕괴되어간다는 실감이었다. 앞서 다룬 아사히신문 여론조사에서도 나타나듯 '헤이세이'를 특징지은 것은 일종의 붕괴감각이다. 거기에 마디를 새긴 네 차례 쇼크는, 예외없이 그 붕괴감각을 키웠다. 일찍이 '쇼와'의 일본에서는, 황태자 결혼, 도쿄올림픽, 오사카 만박을 직선적으로 잇는 능선으로 전후 역사를 설명할 수 있었다. 하지만, 헤이세이의 일본에 그런 능선은 존재하지 않는다. 헤이세이의 역사는 능선이 그려지기 이전에 몇 개의 쇼크로 분단되고 단편화됐다.

이런 분열과 단편화는, 결코 네거티브한 것만이 아니다. 쇼와의 전후사가 전재戰災부흥→황태자 결혼→도쿄올림픽→오사카만박이라는 능선으로 이어진 것은, 그만큼 이 시대에는 내셔널 히스토리의 주박이 강했기 때문이기도 하다. 황태자 결혼도 올림픽도 만국박람회도, 국민국가 일본의 성장의 묶음이다. '헤이세이'란 그런 단선적인 네이션의 스토리에 의문이 제기되고, 다수가 그 스토리에 위화감을 표출하고, 역사가 여러 목소리들 간의 대결로 간주된 시대인 것이다. 이미 1980년대가 되면 오키나와 현대사는 '복귀'도 '독립'도 아닌 시점에서 언급되기 시작했고, 자이니치在日[23]나 소수민족의 목소리도 확실히 들리게 되었다. 1990년대에는 국경을 넘어 연계된 일본군 위안부 여성들의 목소리에 관심이 모아졌고, 늘어나는 외국인 노동자들에게 헤이세이사란 무엇인가라는 물음도 부각됐다. 국민국가의 속박이 약화되고, 본래부터 직선적으로는 서술될 수 없는, 파편적인 역사의 복수성複數性이 부각됐다.

이미 언급한 것처럼, '헤이세이'는 '쇼와'에서 시작된 역사

---

23) 본래는 외국국적자가 일본에서 체류하는 것을 가리키지만, 대체로는 재일코리안을 지칭하는 경우가 많고, 여기서도 그런 의미로 쓰였다.

의 반전이다. '쇼와'가 전반에는 '제국'의 '확장'이었고 후반에는 '경제'의 '성장'이었듯, 이면 것이든 단선적이고 단一중심석인 역사 경험이었던 반면, '헤이세이'는 그러한 단선성, 단중심성이 해체되어간 역사로 경험된다. '모던'에 대한 '포스트모던', '네이션'에 대한 '트랜스내셔널', '성장'에 대한 '성숙'의 역사라고도 할 수 있다.

세계사 속의 '헤이세이'

'머리글'의 마지막에 언급해두고 싶은 것이 있다. 말할 것도 없이 '원호元號'(연호-역주)는 픽션에 지나지 않는다. 천황이라는 한 인간의 인생이 '시대'라는 역사적인 단위를 형성한다고 간주하는 것은 환상이나. 그럼에도 불구하고, 일본에서는 '헤이세이'가 끝난 지금, '헤이세이'란 무엇인가를 논하는 여러 담론이 유포되고, 이 책도 그 일부를 이룬다. 이는, 책을 팔기 위한 책략인가. 분명 보다 많은 독자를 끌어모으려면 보다 많은 사람이 공통으로 관심 갖는 화제가 있는 편이 좋고, '헤이세이의 종언'은 '쇼와의 종언'과의 비교라는 면에서도, 천황 '퇴위'라는 새로운 방식이라는 면에서도 언론에 시장가치가 큰 화제다. 따라서 언론이 빈번히 다루면서 '헤이세이'가 한묶음의 시대로 보이는 것일 뿐이니,

안경이 '현실'을 만들어낸 것이라고도 할 수 있다. 한발 더 나아가 '헤이세이 시대' 따위 실은 존재하지도 않는다, 언론이 날조한 픽션에 불과하다고, 단언할 수도 있다.

그러나, 이 책은 이 논리를 거꾸로 쥐어 '헤이세이 시대'는 존재했지만, 천황의 재위라는 이유로 한 시대를 이룬다는 것은 아니라는 입장을 취한다. '헤이세이'를 한묶음의 '시대'라고 할 수 있는 것은, 그것이 냉전의 종언에서 글로벌라이제이션으로 향해가는 세계사적 격동의 시대와 겹치기 때문이다. 글로벌라이제이션이야말로, 헤이세이시대를 관통하는 최대의 모멘트이다. 이로써 국민국가에 발생한 무수한 균열 가운데, 빈곤과 테러리즘, 새로운 차별주의가 대두했다. 동시에 인터넷이 이 시대를 관통한 또 다른 결정적인 모멘트였다. 이 넷사회화의 모멘트에 의해 산업 풍경은 30년간 완전히 변해버렸다. 리얼과 버추얼이 녹아 뒤섞였고, 후자의 영향력이 급신장하는 가운데 기존의 다수 제도가 기능부전에 빠졌다. 게다가 인구구조의 급속한 변화, 소자少子고령화 속에서 사회는 지속적인 위기를 맞이했다. 즉, '헤이세이'란 글로벌화와 넷사회화, 소자고령화 속에서 전후 일본사회가 좌절해간 시대이고, 이를 타개하기 위한 다수의 시도가 실패로 끝난 시대였다고 요약할 수 있다.

마지막으로, 이 책에서는 '쇼와'의 붕괴인 '헤이세이 시대'를 보다 큰 세계사의 흐름속에서 위치지을 것이다. 세계사적으로는 1970년대가 역사의 큰 전환점이었다. 18세기 말의 산업혁명 이래 확장을 거듭해온 근대사회의 문명질서는, 이 무렵 '성장의 한계'에 달했던 것이다. 우리들이 경험한 것은 약 반세기에 걸친 냉전 시대의 종언만이 아니라 200년 가까운 근대화 역사의 종언이기도 했다. 구미의 자본주의는 1970년대에 포화상태에 달했고, 이미 두 번 다시 고도성장 따위를 경험할 일은 없게 됐다. 일본은 다소 늦은 헤이세이 시대에 마찬가지의 한계점에 도달했던 것이다. 때문에 헤이세이시대는 1945년 이래 일본의 전후사에서도, 또한 1870년대 이래의 일본 근대화 역사에 있어서도, 결정적인 전환점이었다. 그리고 결국은 중국도 아마 2040년대에는 동일한 한계에 달할 것이다. 이렇게 해서 21세기 말까지는, 지구상의 모든 사회가 '성장의 한계'에 달할 것이다. '성장의 한계'란, 근대 자본주의의 임계국면이다. 그로부터 미래의 방향은 정해지지 않았지만, 이 부정형의 상태 속에 헤이세이시대의 여러 도전, 실패, 일탈, 고뇌, 재기도 있었던 셈이다.

자진폐업 발표 기자회견에서 질문에 답변하며 눈물을 흘리는
야마이치증권 마지막 사장, 노자와 쇼헤이(野澤正平). (1997
년 11월 24일, 도쿄 가부토초[兜町] 도쿄증권거래소)

제1장 몰락하는 기업국가
—— 은행의 실패, 가전의 실패

벼랑 앞에서 우쭐거리던 일본

헤이세이 30년 동안 일본의 변모를 가장 명료하게 나타낸 것은, 세계경제에서의 존재감 저하이다. 헤이세이 원년(1989년) 세계기업의 시가총액 랭킹을 보면 1위가 NTT, 2위가 일본흥업은행, 3위 스미토모住友은행, 4위 후지富士은행, 5위가 제일권업은행 등 최상위를 모두 일본기업이 차지했고, 상위 50개사 중에서 32개사가 일본기업이었다. 그로부터 30년 뒤인 헤이세이 30년(2018년)의 랭킹에서 상위 50개사에 남은 것은 35위의 도요타 자동차뿐이고, 다른 31개사는 모두 사라졌다.(표 1-1) 특징적인 것은 헤이세이 원년 시점에서 상위를 점한 다수가 일본의 은행이었던 반면 헤이세이 30년에 상위를 점한 것은 애플이나 아마존, 구글(알파벳), 마이크로소프트, 페이스북(이상, 미국), 알리바바, 텐센트(이상, 중국) 등 중국과 미국의 IT기업이라는 점이다. 또한, 과거엔 17위에 히타치日立제작소, 18위 마쓰시타松下전기(파나소닉), 20위 도시바東芝 등 일본의 전기電機 대기업이 올라 있었지만, 헤이세이 30년에는 모두 사라졌고, 바로 그 위치에 16위의 삼성전자(한국)가 포함됐다.

1990년대부터 본격화한 글로벌화 속에서 헤이세이 초기 절정에 있던 일본의 대기업이 모조리 괴멸해갔음을 알 수 있다. 후술하겠지만, 전기기업만 봐도 일본기업의 존재감

표 1-1 세계 기업 시가총액 랭킹

(시가총액 : 억 달러)

순위	1989년			2018년		
	기업	시가총액	국가	기업	시가총액	국가
1	NTT	1638.6	일본	애플	9409.5	미국
2	일본흥업은행	715.9	일본	아마존닷컴	8800.6	미국
3	스미토모은행	695.9	일본	알파벳	8336.6	미국
4	후지은행	670.8	일본	마이크로소프트	8158.4	미국
5	제일권업은행	660.9	일본	페이스북	6092.5	미국
6	IBM	646.5	미국	버크셔 해서웨이	4925.0	미국
7	미쓰비시은행	592.7	일본	알리바바그룹홀딩스	4795.8	중국
8	엑슨	549.2	미국	텐센트홀딩스	4557.3	중국
9	도쿄전력	544.6	일본	JP모건체이스	3740.0	미국
10	로열더치쉘	543.6	영국	엑슨모빌	3446.5	미국
11	도요타자동차	541.7	일본	존슨앤존슨	3375.5	미국
12	GE	493.6	미국	비자	3143.8	미국
13	산와은행	492.9	일본	뱅크오브아메리카	3016.8	미국
14	노무라증권	444.4	일본	로열더치쉘	2899.7	영국
15	신일본제철	414.8	일본	중국공상은행	2870.7	중국
16	AT&T	381.2	미국	삼성전자	2842.8	한국
17	히타치제작소	358.2	일본	웰스파고	2735.4	미국
18	마쓰시타전기	357.0	일본	월마트	2598.5	미국
19	필립모리스	321.4	미국	중국건설은행	2502.8	중국
20	도시바	309.1	일본	네슬레	2455.2	스위스
21	간사이전력	308.9	일본	유나이티드헬스그룹	2431.0	미국
22	일본장기신용은행	308.5	일본	인텔	2419.0	미국
23	도카이은행	305.4	일본	앤하이저부시인베브	2372.0	벨기에
24	미쓰이은행	296.9	일본	쉐브론	2336.5	미국
25	머크	275.2	미국	홈디포	2335.4	미국
26	닛산자동차	269.8	일본	화이자	2183.6	미국
27	미쓰비시중공업	266.5	일본	마스터카드	2166.3	미국
28	듀폰	260.8	미국	버라이즌커뮤니케이션즈	2091.6	미국
29	GM	252.5	미국	보잉	2043.8	미국
30	미쓰비시신탁은행	246.7	일본	로슈 홀딩스	2014.9	스위스
31	BT	242.9	영국	대만세미컨덕터매뉴팩처링	2013.2	대만
32	벨사우스	241.7	미국	페트로차이나	1983.5	중국
33	BP	241.5	영국	P&G	1978.5	미국
34	포드모터컴퍼니	239.3	미국	시스코시스템즈	1975.7	미국
35	아모코	229.3	미국	도요타자동차	1939.8	일본

순위	1989년 기업	시가총액	국가	2018년 기업	시가총액	국가
36	도쿄은행	224.6	일본	오라클	1939.3	미국
37	중부전력	219.7	일본	코카콜라	1925.8	미국
38	스미토모신탁은행	218.7	일본	노바티스	1921.9	스위스
39	코카콜라	215.0	미국	AT&T	1911.9	미국
40	월마트	214.9	미국	HSBC홀딩스	1873.8	영국
41	미쓰비시지쇼	214.5	일본	차이나 모바일	1786.7	홍콩
42	가와사키제철	213.0	일본	LVMH모엣헤네시루이비통	1747.8	프랑스
43	모빌	211.5	미국	시티그룹	1742.0	미국
44	도쿄가스	211.3	일본	중국농업은행	1693.0	중국
45	도쿄해상화재보험	209.1	일본	머크	1682.0	미국
46	NKK	201.5	일본	월트디즈니	1661.6	미국
47	알코	196.3	미국	펩시코	1641.5	미국
48	일본전기	196.1	일본	중국평안보험	1637.7	중국
49	다이와증권	191.1	일본	토탈	1611.3	프랑스
50	아사히가라쓰	190.5	일본	넷플릭스	1572.2	미국

(출처 : 『주간다이아몬드』 2018년 8월 25일호)

은, 과거와 비교할 수 없을 정도로 작아졌다. 경제 축소와 반비례라도 하듯, 국가 및 지방의 장기채무잔액은 팽창을 지속해 헤이세이 말 1077조 엔이라는 천문학적인 수치를 기록했다. 이 상황은 채무위기에 빠진 그리스나 이탈리아보다도 나쁘다고 한다. 기업뿐 아니라 국가 전체가 언제 파탄하더라도 이상하지 않다는 것이다. 이 쇠퇴는, 일하는 사람들의 생활을 변모시켰다. 예를 들어 1인당 명목 GDP의 추이를 봐도 헤이세이 초기 일본은 미국을 앞지른 적도 있었으나, 1990년대 중반부터 침체하기 시작해 이윽고 홍콩에 뒤처졌다. 2010년대 말에는 세계 20위대 중반으로 한국

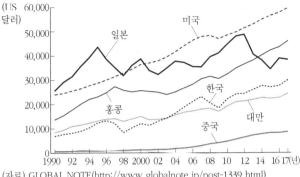

(US 달러)

일본
미국
홍콩
한국
대만
중국

1990 92 94 96 98 2000 02 04 06 08 10 12 14 16 17(년)

(자료) GLOBAL NOTE(http://www.globalnote.jp/post-1339.html)
(출전) IMF

도표 1-1 주요국의 1인당 명목 GDP 추이(IMF 통계)

과 그다지 차이가 나지 않는다.(도표 1-1) 즉, 1990년대 말 이후 세계변화로 일본은 이미 아시아에서도 가장 부유한 나라가 아니다.

그렇지만 이는 헤이세이 30년을 경과한 지금에서야 할 수 있는 말이다. 30년 전, 1980년대 말 시점에서 일본은 자신감이 절정에 달했다. 경제는 호조였고, 그 기반도 약하지 않았다. 내수도 상승하고 있고, 실업률은 최저수준, 학생의 취업전선도 공급자에게 대단히 유리한 시장이라는 것이 일반적인 인식이었다. 그러므로 여유가 있을 때 산업의 체질 개선과 기술혁신을 추진했더라면 "개인소비도 솟아오르고 성장은 지속할 것"으로 여겨졌다. 또한 일본이 "앞으로도 연간 5% 정도 성장을 계속하면 2001년 일본 GNP는 현재의 2배인 약 700조 엔에 달할 것"으로 예상됐던 것이다. 언론은 일본의 미래를 '세계 제일의 부자나라'로 묘사했다. (『요미우리신문』 1989년 1월 10일) 투자자나 기업가뿐 아니라 생활에 다소 여유가 생긴 방대한 '보통 사람들'이 '재테크'에 매달렸고, 브랜드상품이나 고급차, 리조트 회원권을 사들였다. 은행과 언론, 상업자본도 내수확대를 명목으로 이런 움직임을 뒷받침했다. 실제, 1990년의 평균 월수입 랭킹을 보면 TBS, 일본TV 등 매스컴, 일본항공, ANA 등 항공회사, 상사가 상위를 점했고, 주가상승률 랭킹에서는 마쓰자카야松坂屋, 다카시마야高島屋, 이세탄伊勢丹. 미쓰코시三越 등 백화점이 상위에 올랐다. (『주간도요게이자이週刊東洋経済』 2017년 5월 20일호)

사람들의 생활면에서도, 언론과 마케팅의 변화가 앞장서서 버블시대를 떠받쳤다. 당시 아직 휴대전화는 드물었지만, 1가구에 1대였던 전화에 와이어리스 송수화기가 추가되면 '개인 전화'에 가까운 커뮤니케이션 도구가 됐다. 그러므로 이미 가족이라는 단위가 해체되고 개인화가 시작된 것이다. 실재하는 것에 대한 집착이 줄어들고 점차 '버추얼한 자신'에 도취하는 멘털리티가 확산됐다. 철저한 개인화와 리얼리티 증발이 일어나기 시작한 것이다. 당시, '나우이'ナウい('최첨단의'라는 뜻의 신어로 영어의 'now'에서 유래했다-역주)라는 말이 아직 통용되고 있었지만, 세련된 자신을 연출하

는 것이 행복의 실체라고 모두들 믿을 수 있던 시대가 버블의 1980년대였다. 젊은이들은 아직 1990년대 이후 등 미래에 대한 불안은 없었고, 미래는 과거와 다름없이 밝고 풍요로울 것으로 믿어 의심치 않았다. 성장시대의 인간에게는 성장 이후의 사회에 대한 상상력이 작동하지 않는다. 차를 운전하면서 앞이 잘 안 보일 경우 똑바른 길이 있을 것으로 믿어버리는 것과 같아, 커브를 꺾을 수 없는 상태로 벼랑에서 굴러 떨어지고 만다. 버블시대에 사람들은 그런 상황에 처해 있었다.

2년 반 지연된 금리인상

물론 지나친 호조세의 경제에는 큰 리스크가 잠복해 있음을 전문가들이 눈치채지 못했던 것은 아니다. 1985년 9월 선진 5개국 재무장관·중앙은행 총재회의(G5)에서 체결된 플라자합의가 모든 것의 출발점이었다. 미국의 무역적자를 축소하기 위해 각국이 달러약세 유도에 협조하기로 합의했다. 당시, 미국의 대일 무역적자가 비대화했던 만큼 미일이 협조해 엔화강세 달러약세 노선을 취하는 것에 합의했다. 이 합의를 거치며 엔·달러 환율은 불과 1년 만에 달러당 235엔에서 150엔대로 하락하는 등 급격한 엔화강세로 치달았다. 당연히 이로써 일본의 수출산업은 대타격을 입을 터였기 때문에 정부의 재정투입이나 금융완화 같은 경기부양책이 기대됐다. 급격한 엔화강세를 진정시키는 데는 환율시장 개입도 있을 법하지만, 이는 플라자합의에서 금지수단으로 정해졌다. 따라서 일본은행에는 기준금리 인하로 엔화의 유통량을 늘리는 방안이 요청됐던 것이다. 이에 따라 일본은행은 이듬해인 1986년 1월에 기준금리를 5.0%에서 4.5%로 내리고, 이후 4월에 3.5%, 11월에 3.0%로 잇따라 인하했다. 그러나 엔화강세 흐름은 멈추지 않았고, 정부가 손을 써달라는 경제계의 목소리가 커져갔다. 일본은행은 1987년 2월 기준금리를 2.5%로 역대 최저수준으로 끌어내린다. 불과 1년 정도 기간에 기준금리가 절반으로 떨어진 것이다.

금리가 대폭 하락한 만큼, 시장에서는 보다 많은 자금이 쉽게 유통됐고, 반쯤 필연적으로 인플레이션이 우려됐다. 그러나 과거 금리인하의 영향과 달리 이번에는 넘쳐나는 돈이 주식과 부동산 투자로 몰렸다. 1980년대 일본은 이미 물자가 넘쳐나는 사회가 돼 물자도 과잉, 돈도 과잉 상황이었다. 사람들은 상품을 더 사들이는 것 이상으로, 보다 큰 이익을 위해 주식과 부동산에 투자했던 것이다.

이리하여 1986년 4월 우선 도쿄도심의 땅값이 1년 만에

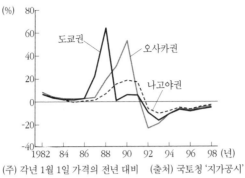

(주) 각년 1월 1일 가격의 전년 대비   (출처) 국토청 '지가공시'

도표 1-2 주요한 도시부의 지가 공시가격 변동률 추이

53.6% 상승했다. 이듬해인 1987년 4월에는 도쿄도 전체 평균 지가가 54% 상승했고, 일부에서는 164%나 급등하기도 했다. 같은 해 가을에는 전국 평균 지가가 상승하기 시작했고, 이어 1988년 4월 도쿄권의 땅값이 65.3%로 역대 최고 상승률을 기록했다.(도표 1-2) 이 땅값 상승으로 도쿄도심을 중심으로 부동산업자들의 '땅투기'가 횡행했고, 각지에서 난개발이 성행했다. 한편 1987년 1월의 닛케이평균주가는 1984년 1월부터 3년 만에 2배인 2만대에 올라섰고, 불과 반년 뒤 2만5000을 돌파했으며 1988년 12월에는 사상최초로 3만대에 도달했다. 1988년 시점이 되면 일본 경제가 '버블'로 불릴 수밖에 없는 상태가 된 것은 명백했다.

따라서 일본은행이 1987년 무렵부터 기준금리 인상을 계

획했던 것은 당연한 움직임이었다. 이미 1986년 3월 시점에서 일본은행 간부는 도쿄도심의 지가가 오르기 시작했고, 주가도 상승이 지속되고 있어 "금융완화의 부작용이 눈에 띄게 나타나고 있다. 금리인하에는 신중에 신중을 기해야 한다"고 판단했다. (가루베[輕部] 『검증, 버블실정[檢証 バブル失政]』) 당시, 정부는 도쿄의 지가상승을 도쿄권의 메가시티화의 움직임으로 간주하고, 사회 전체를 휘감은 버블의 전조라고는 판단하지 않았다. 그러나 보다 신중한 일본은행에는 이를 위기로 보는 인식이 있었다. 미에노 야스시三重野康 당시 부총재는 1986년 가을 시점에서 "연초 이래 3차례 기준금리를 내려 충분히 금융은 완화돼 있고, 4월에 이미 증가의 전조가 보였던 머니 서플라이도 한층 증가해 도심의 지가 상승이 엄청나다. 귀금속 등을 보더라도 머니게임 같은 움직임이 한층 확대되고 있다"면서 정부가 감행하려던 기준금리 추가인하를 견제했다. (앞의 책) 그럼에도 불구하고 기준금리는 이듬해인 1987년 2월에 또다시 0.5% 인하됐던 것이다. 일본은행 간부는 1986년 가을 시점에서 필요한 것은 금리인하가 아니라 금리인상이라고 판단했지만, 대장성大藏省[1]과 대장상인 미야자와 기이치宮澤喜一의 강경한 판단

---

1) 일본 메이지유신 때 창설된 중앙부처로 국가예산, 조세정책, 금융행정을 통괄했으며 특히 재정정책을 실질적으로 결정하는 막강한 부처였다. 중앙성청 개편으로 2001년 재무성으로 바뀌면서 권한이 약화됐다.

에 저항하지 못했다.

결국, 정부와 일본은행이 기준금리 인상에 나선 것은 버블이 제어불능 단계로 확대되어버린 1989년 5월부터였다. 일본은행 간부가 인상의 필요성을 인식하기 시작했던 때부터 이미 2년 반 이상의 시간이 흘렀다. 버블에 대한 대책이라는 의미에서 약 2년 반의 지연은 치명적이었다. 본래 일본은행은 1987년 가을 시점에서 금융정책을 금리인상 방향으로 전환시키려 했다. 그러나 당시의 대장성은, 재계와 미국 정부의 의향을 좇아 금리인상 움직임을 뒤로 미뤘다. 그뿐인가. 1987년 2월에 또다시 금리인하를 하며 버블 움직임을 뒷받침했던 것이다. 결국, 간신히 위기를 깨달은 정부와 함께 일본은행은 기준금리를 1989년 5월에 2.5%에서 3.25%로, 10월에 3.75%로, 12월에 4.25%로 인상해간다.(도표 1-3) 때마침 같은해 4월에는 3%의 소비세가 도입되면서 경제는 방만에서 긴축의 시대로 방향을 틀고 있었다. 닛케이평균주가는 같은해 12월 말 사상최고치인 3만8915를 기록했지만, 주의깊은 관찰자라면 시대의 조류가 바뀌고 있음을 알아차렸을 것이다. 그럼에도 확장을 전제로 투자를 개시했던 기업은 방향전환을 쉽사리 할 수 없었고, 보통 사람들은 여전히 들뜬 기분 속에 있었다.

1980년대 말의 일본경제를 되돌아보면 한편으로는 엄청

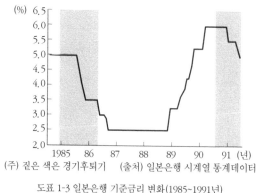

(주) 짙은 색은 경기후퇴기   (출처) 일본은행 시계열 통계데이터

도표 1-3 일본은행 기준금리 변화(1985~1991년)

난 기세의 엔화강세로 국내 제조업은 대타격을 입었고, 이는 특히 중소 제조업에서 심각했다. 다른 한편으로는 내수 확대를 위해 금리가 대폭 완화됐고, 시중에는 대량의 자금이 풀렸지만, 이들은 엔화강세로 이윤이 감소한 제조업을 활성화시키기보다는 부동산이나 주식 투자로 돈을 벌려는 방향으로 사람들을 몰아갔던 것이다. 문제삼아야 할 것은, 당시 정말 필요했던 것이 금리인하나 재정투입이었던 것인가라는 점이다.

왜냐하면 목표는 미국의 무역적자를 축소시키기 위해 일본의 내수확대와 수출주도형 산업의 구조전환을 촉진하는 것이었다. 그러나 엔화강세를 진정한다는 이유로 추진된 금융완화는 내수를 확대시키고 제조업을 지지하기보다 주식과 부동산에 대한 과잉투자를 초래했다. 그렇다면 대미

수출 의존도를 줄이기 위해 필요했던 것은 보다 근본적으로 다른 어프로치였던 것은 아닐까. 이미 1980년대 말, 아시아 시장은 급속히 성장하고 있었다. 미일을 축으로 발전해온 전후 일본의 산업체제를, 아시아와의 관계를 축으로 하는 쪽으로 재편하려면 무엇이 필요한가. 얼마 안 가 일본 기업은 아시아에 대거 공장을 짓게 되지만, 수요면에서도 아시아를 본격적으로 상대하는 체제로의 전환이, 1980년대 말부터 정책적으로 유도돼야 했던 것 아닌가. 그러나 그런 구조전환은 뒤로 미뤄지고, 금리인하에 의한 대응이 우선시되면서 효과는 약하면서 부작용이 터무니없이 큰 결과를 초래했던 것은 아닌가.

일본호, 모로 쓰러지다

결국, 1989년 리쿠르트 사건[2]이 발생해 다케시타 노보루竹下登 정권이 붕괴되고 대장상도 미야자와 기이치에서 하시모토 류타로橋本龍太郎로 교체됐다. 이 과정에서 정부 방침도 엔고억제 중시에서 버블억제 중시로 전환이 꾀해졌

---

2) 일본의 정보·인력 컨설팅 및 파견회사인 리쿠르트의 창업자인 에조에 히로마사(江副浩正)가 부동산 자회사의 주식을 주식시장 상장에 앞서 정관계 유력인사들에게 뇌물로 제공한 사건으로 일본 정계에 엄청난 파문을 일으켰으며 정치개혁의 계기가 됐다.

다. 주가와 지가 양면에서 버블이 이미 제어 불가능할 정도로 팽창하고 있음을 인식한 대장성과 일본은행은, 연거푸 대책을 시행했다. 앞서 언급한 대로 1989년 5월부터 12월에 걸친 금리인상도 그중 하나지만, 또 하나 익히 알려진 것은 대장성 국장 명의로 내놓은 2건의 통달[3]이었다. 하나는 1989년 12월 26일에 대장성 증권국장 명의로 나온 이른바 '가도타니角谷통달'('증권회사 영업자세의 적정화 및 증권사고 미연 방지에 대해'), 다른 한 가지는 이듬해인 1990년 3월 27일 대장성 은행국장 이름으로 발표된, 총량규제 통달 '토지관련 융자의 억제에 대해'다. 전자는 버블경기 속에 흠뻑 빠져 있던 증권회사를 요동치게 했으며 야마이치 증권 파탄의 계기가 됐다. 후자는 부동산 매매에 대한 은행 융자를 재검토하도록 해 땅값거품이 잡대 쓰버치듯 꺼지는 요인이 됐다. 즉 이늘 억제책은 맹렬한 스피드로 달리던 자동차에 급브레이크를 거는 조치였다. 일본경제는 너무도 방종하게 스피드를 냈다. 연료가 과잉 주입되면서 가속페달을 밟고 있는 상태에서, 급브레이크가 걸려 차가 단숨에 옆으로 나자빠졌던 것이다.

증권국의 '가도타니 통달'이 표적으로 삼은 것은 증권사에 횡행하던 '니기리' 즉 고객에 대한 사후적인 손실보전의

---

3) 상급행정기관이 하급기관 및 직원에 대해 직무 명령을 내리기 위해 발송하는 문서.

보증이다. 당시 증권회사는 영업특금, 즉 자금운용을 일임하는 방식의 투자를 확보하는 데 적극적이었다. 이 방식이라면 증권회사 재량으로 막대한 수수료를 벌어들일 수 있기 때문이다. 버블기에는 큰손인 법인고객을 획득하는 경쟁이 치열했고, 투자에 대한 일정의 이율을 고객에게 약속하는 일이 횡행했다. 이것이 '니기리'인데, 투자가 입장에서는 투자인 동시에 일정의 이율이 보증되는 은행예금인 셈이니 수지맞는 장사였다. 그러나 주가가 하락해도 손실을 입지 않도록 하겠다는 보증을 특정고객에게만 하는 것은 당연히 불공평이고, 규칙위반이다. 게다가 이는 어디까지나 경제의 호황을 전제로 하는 구조여서 만약 경제가 장기침체하면 증권회사가 막대한 손실을 입을 것이 분명했다. '가도타니 통달'은 이 '니기리'를 엄금한다는 것으로, 취지는 정당하지만 시기가 너무 늦었다. 막 버블붕괴가 시작되려하는 타이밍에 통달이 나온 탓에 통달이 버블붕괴의 계기 같은 역할을 하게 돼버렸다.

한편, 은행국의 '총량규제'는 부동산에 대한 이례적인 투기열을 진정시키기 위해 은행의 부동산 대출 증가율을 총대출 증가율 이하로 억제하도록 한 지시다. 1980년대 후반과잉유출된 자금의 다수가 부동산 투기로 쏠렸고, 이것이 버블의 큰 원인이 됐던 만큼 경제의 실질적인 상승분을 넘어서 부동산 대출이 이뤄져서는 안 된다는 발상 자체는 지극히 당연한 것이었다. 그러나, 이것도 타이밍이 너무 늦었나. 만약 2년 전에 나왔더라면 버블 거대화를 억제하는 효과를 어느 정도는 거뒀을지 모른다. 그렇지만, 대장성의 움직임은 일본은행과 마찬가지로 너무도 늦었다. 거대 버블보다도 엔화 초강세를 신경쓰는 동안 대책이 늦어졌고, 금리인상과 거의 동시기에 나온 이 정책들은 이미 붕괴국면에 진입했던 경제하락의 움직임을 가속화시키고 말았다. 본래, 국가 정책은 문제의 발생을 예견해 미리 선수를 치지 않으면 안되는데도 현상을 뒤쫓아갔고, 모든 이가 문제를 실감하게 된 다음에야 대책을 세움으로써 문제를 심각하게 만들고 말았던 것이다.

거대함선 일본호가 옆으로 쓰러지며, 마침내 침몰에 이르는 첫 충격이 나타난 것은 1995년부터였다. 이 해 7월, 코스모신용조합의 경영이 파탄했고, 8월에는 효고兵庫은행, 기즈木津신용조합도 파탄, '주센住專문제[4]'가 결정적으로 심각해진다. 1990년 이후 땅값이 대폭락을 계속하는 가운데

---

4) 주택금융전문회사가 버블붕괴 직후 떠안은 불량채권과 그 처리를 둘러싼 문제를 가리킨다. 주센은 도시은행, 신탁은행, 지방은행, 생명보험회사 등의 출자로 1970년대 설립됐는데 예금이 허용되지 않아 은행에서 돈을 빌리거나 주택저당증권을 발행해 자금을 조달했다. 대출금리가 비교적 높지만 심사가 느슨해 버블시기 부동산 대출이 방만하게 이뤄졌다. 1990년대 버블붕괴 후 땅값하락으로 회수불능 채권이 6조5000억 엔에 달하면서 출자 금융기관에도 엄청난 손실을 입혔다.

땅값 상승을 전제로 확대노선을 밟아온 금융업계의 붕괴가 가장 약한 곳에서부터 시작된 것이다. 붕괴는 1997년부터 1998년에 걸쳐 정점에 달한다. 1997년 11월 우선 산요三洋 증권이 파탄했고, 이어 20대 대형은행 중 하나인 홋카이도 척식北海道拓殖은행이 파탄했다. 이어 4대 증권회사의 하나 인 야마이치증권이 '자진폐업'한다.

붕괴는 일본경제의 중추에까지 이르렀다는 것이 확연히 드러났다. 일본호는 이미 구멍이 뚫려 선내에 물이 차는 단 계를 지나 배 전체가 바닷속으로 가라앉고 있었다. 이듬해 인 1998년에는 일본장기신용은행과 일본채권신용은행이 잇따라 파탄을 맞았다. 일련의 파탄 프로세스에는 한 가지 공통점이 있다. 파탄은 대체로 '주센→증권회사→민간은행 →정부계 은행' 등 금융 카테고리로 볼 때 주변에서 중추로 번져간 것이지만, 각각의 카테고리, 요컨대 '호송선단' 내에 서도 열위에 있던 기업이 탈락하고 있다. 홋카이도척식은 행은 20대 대형은행의 일각이긴 하되 최하위에 위치했고, 야마이치도 4대 증권사에서 최하위였다. 은행과 증권회사 전체가 심각한 데미지를 입었지만 미쓰비시은행이나 스미 토모은행은 라이벌 기업과 합병했고, 노무라증권은 그 큰 덩치로 어떻게든 살아남은 반면 열위에 있던 홋카이도척식 과 야마이치는 무리하게 성장하려 한 것이 오히려 화근이

돼 소멸했던 것이다.

야마이치증권 '자진폐업'의 충격

이들 일련의 파탄 중에서 버블붕괴의 심각성을 가장 현저히 드러낸 것은 야마이치증권의 파탄이었다. 야마이치는 1997년 11월 24일 개최한 임시 이사회에서 자진폐업을 염두에 둔 영업중지를 결의했다. 부채총액 약 3조5000억 엔, 고객계좌수 286만 계좌, 예탁 총자산 24조 엔이라는 거대기업의 도산이었다. 야마이치의 파탄을 결정지은 직접요인은 '니기리'로 발생했다가 '도바시'로 한층 부풀어 오른 6400억 엔에 달하는 '평가손실'이었다. '가도타니 통달'에도 있듯이 버블시기 많은 증권회사가 '니기리'에 손을 댔고, 버블붕괴 후에는 이것이 일거에 부채로 돌변했다. 야마이치는 일반고객보다도 법인고객 의존도가 높았기 때문에 '니기리'로 약속한 이익보증을 유지하기 위해 떠안은 손실도 컸다.

게다가 다른 대형 증권회사가 거래법인에 피소돼 배상금을 지불하면서 어떻게든 서서히 문제를 해결하는 방향으로 나아간 반면 야마이치는 오히려 거래기업과의 정면충돌을 피하면서, 문제 해결을 미뤄버렸다. 이것이 '도바시'인데, 결산기가 임박한 법인고객의 평가손이 발생한 펀드를, 결산기가 다른 고객에게 일단 팔았다가 결산기가 지나면 비싸게 되사들이는 방식으로 '평가손'이 표면화하지 않도록 했던 것이다. 평가손의 표면화는 면했지만 방대한 장부외 채무가 발생했고, 이것이 증식을 거듭했다. 하지만 보이지 않도록 했다고 해서 손실이 사라질 리 없다. 본래, 심각한 문제는 회사 전체가 끌어안고 제살을 깎아내는 엄중한 판단을 해나가며 개선에 전력을 기울일 수밖에 없다. 한번 문제를 은폐하기 시작하면 엄중한 상황에 대처하기가 두려워지고, 문제는 한층 심각해져 버린다. 누구나 알 만한 이치를 야마이치 경영진은 진지하게 받아들이려 하지 않았다. 경영자로서 터무니없는 무책임이다.

게다가 문제가 심각화된 뒤의 경영진의 처신도 문제투성이였다. 사정을 모르는 많은 사람들에게는 1997년 11월 24일 '자진폐업' 결정을 공표하는 기자회견에서 노자와 쇼헤이 사장이 돌연 마이크를 쥐고 "직원들은 잘못이 없습니다. 잘못한 것은 우리들이니까요"라며 고개를 숙이고 통곡하던 모습이 기억에 남아 있다.(1장 표제지) 너무도 인상적인 장면이어서 TV는 맨 먼저 이 장면을 내보냈고, 그후로도 버블 붕괴를 다룬 프로그램에서 몇 번이고 방영됐다. 어떤 이는 고통스런 파국을 참담해하는 사장을 동정했을지 모른다. 그러나 보다 많은 사람은 아무리 절망적인 상황이라고 해도 공식회견 자리에서 울며 절규하는 대기업 사장의 모습에, 경영자로서는 보기 딱할 정도의 '유약함'을 느꼈을 것이다. "이건 좀 아니다"라는 게 솔직한 감상이었고, 해외에서는 대개 그런 반응이었던 것으로 짐작된다. 야마이치 사내에서도 노자와의 눈물에 대해 "사원을 생각해 울었던 것이 아니다. 자신을 위한 카타르시스 차원에서 눈물을 흘린 것"이라는 싸늘한 시선이 적지 않았다.(『주간다이아몬드』 2017년 11월 25일호)

이 노자와의 눈물에는 뒷얘기가 있다. 실은, 노자와는 파탄 3개월여 전인 1997년 8월에 사장에 취임할 때까지 회사에 2648억 엔이나 되는 장부외 부채가 있다는 사실을 몰랐다. 회사의 존망이 걸린 중대한 문제이지만 전 사장이나 전 회장으로부터 새 사장에게는 인계되지 않았고, 그는 아무것도 모른 채 침몰중인 배의 선장을 맡게 된 것이다. 오히려 그는 아무것도 모르는 아웃사이더였기 때문에 사장으로 선택됐던 것이다. 그도 그럴 것이 노자와는 본래 거대기업의 리더가 될 인재는 전혀 아니었다. 나가노長野의 다다미 직인 가정에서 태어나 고생 끝에 호세이法政대학을 졸업한 노자와는 야마이치에 입사한 뒤 온후함과 순박함을 무기로 영업 외길을 걸어왔다. 예를 들면 "고향이 같은 고객에게 본가를 통해 흙묻은 채소를 보낸다거나, 방문지에서 꽃이

말라비틀어진 화분을 기저 갔다가 꽃을 다시 피워 돌려 보냈다. 실패한 부하의 곁을 지키며 상사와 큰소리로 말다툼을 벌인다든지, 이내 눈시울을 붉히거나 했기 때문에 부하들에게도 인기가 있었다"고 한다.(요미우리신문 사회부 『회사가 왜 소멸했는가[会社がなぜ消滅したか]』) 즉, 옛 인정파 영업맨의 귀감 같은 사람으로, 영업부장이나 영업담당 전무라면 제격이었겠지만, 여러가지 고려와 이해가 다차원으로 얽힌 대기업의 최고경영자가 될 만한 인재는 아니었다. 본인도 이를 충분히 알고 있어, 전 사장인 미키 아쓰오三木淳夫가 후임 사장을 제안했을 때도 "나는 그런 그릇이 아닙니다"라며 깜짝 놀랐다고 한다. 중대한 비밀을 감춰온 유키히라 쓰기오行平次雄 전 회장 등 집행부는 재간이 없고 호인인 그를 다루기 쉬운 상대로 보고 사장직을 맡겼던 것이다.

야마이치증권 파탄을 잉태한 쇼와사

그러나 야마이치의 파탄에는 좀더 깊은 역사적 배경도 있다. 1897년에 고이케 구니조小池国三 상점으로 출발한 야마이치는 법인 고객을 중심으로 한 공격적 경영으로 다이쇼大正(다이쇼 천황의 재위기간인 1912~1926년-역주)에서 쇼와에 걸쳐 업계 정상의 지위를 확립했다. 야마이치의 거점은 도쿄에 있었고, 오사카에 거점을 둔 노무라증권과 함께 증권업계의 쌍벽을 이뤘다. 그러나 전후 야마이치와 노무라의 균형은 무너졌다. 점령군[5] 주도로 증권의 '민주화운동'이 전개되는 가운데 야마이치는 이 운동이 전후 경제를 어디로 이끌어갈지를 내다보지 못했다.(가와라[河原] 『야마이치증권 실패의 본질[山一証券 失敗の本質]』) 야마이치와 대조적인 것은 노무라로, 이 회사는 조사부문을 통해 미국의 증권업계 정보를 얻기도 하면서, 전후 일본에서는 개인투자자가 증권업 수익의 중심이 될 것으로 판단했다. 노무라는 '민주화'의 흐름을 타고 한발 먼저 개인투자자 확대를 경영전략의 축으로 삼았다. 얼마 뒤 야마이치도 전후 경제의 기반적인 변화를 깨닫고 개인투자자에 힘을 쏟기 시작했지만, 이미 노무라에 상당히 뒤처졌다.

추격자는 뒤처진 것을 만회하기 위해 무리하기 마련이다. 일본경제는 1950년대 중반 무렵부터 상승기류를 탔고, 증권업계도 확장기조에 들어갔다. 야마이치도 1950년대 후반의 몇 년간 종업원은 약 4배, 점포수도 2배로 늘어나는 등 크게 성장했다. 또한 야마이치 증권은 증권업계에서 주도적인 지위를 회복하기 위해 자사가 간사가 되는 법인기

5) 제2차 세계대전 후 1952년까지 일본에 주둔했던 연합군사령부를 가리키며 더글러스 맥아더 장군이 이끌었다. 군정청을 세워 재벌해체 등을 비롯한 각종 개혁조치를 실시했다.

업을 과감하게 획득하고, 증권 2부시장의 공개 러시에서도 간사기업 수를 급격히 늘렸다. 즉, 고도성장으로 향하는 붐 속에서 야마이치는 많은 신흥기업의 주식매매를 청부받았고, 이들 기업의 공개주를 대량 취득했다. 이것은 주가상승이 계속된다면 막대한 이익이 되지만, 역으로 주가하락이 계속된다면 그대로 평가손이 되는 것을 의미했다. 고도성장기라고 해도 경기가 직선적으로 상승 일변도를 걸을 리 없어 1960년대 전반 일시적인 후퇴국면에 들어갔다. 이때의 주가하락 탓에 순자산의 3배 가까운 유가증권을 안고 있던 야마이치는 일거에 궁지에 몰렸다. 1965년 가을, 도쿄 올림픽의 열광이 사라질 무렵 야마이치 증권의 경영위기가 표면화돼 도산직전까지 가면서 경영진은 총사직했다. 대장성을 중심으로 구제책이 마련됐고 일본흥업은행에서 새 경영자가 파견되면서 재생했다.

이 1965년 위기를 초래한 기업체질과, 대장성이 위기를 구제한 경험이 이후 야마이치의 운명을 방향짓게 된다. 야마이치에는 1965년의 절체절명의 위기를 대장성이 구해줬다는 의식이 남아 '대장성과 잘 지내면 어떻게든 된다는 안일한 생각'이 자리 잡았다. 대장성과의 교섭을 담당하는 기획실이 기업경영 전체에서도 중추적인 지위를 점하게 되면서 역대 사장, 회장은 기획실장 출신이 맡게 됐다. "기획실장은 사내사정을 속속들이 알았고, 대장성의 창구로서 사내보고도 했다. 사내의 이면까지 저절로 알게 됐고 사장들과 함께 이를 은폐했다. 야마이치에 숨겨야 할 일이 생기면 생길수록 기획실장은 중용되는 구조"가 만들어졌다.(앞의 책 『회사가 왜 소멸했는가』) 기업국가 일본은 중앙부처와 정치가들, 주요기업이 서로 얽힌 '호송선단'이었다. 이 선단 중에서 야마이치는 예전의 중추에서 밀려났다. 이 어정쩡함이 야마이치에 때로는 과다한 상승지향을 가져왔고, 동시에 중앙부처에 대한 뿌리깊은 종속의식을 낳았던 것이다.

한편으로 야마이치에는 1965년 위기를 경험한 탓에 리스크가 있는 거래에 바로 달려드는 것을 주저하는 보수적 분위기도 뿌리내리고 있었다고 한다. 앞에서 언급한 영업특금도 버블시기 이런 괴상한 거래를 해왔던 것은 대형 증권사라면 어디든 엇비슷했다. 그러나 노무라는 일찍부터 영업특금에 손을 대면서도 형세가 바뀌면 재빨리 손을 뺐던 것에 비해 야마이치의 움직임은 둔했고, 영업특금의 획득경쟁에 늦게 뛰어들었기 때문에 보다 리스크가 큰 거래에 끌려 들어가게 됐다. 특히 1980년대 중반 버블경제가 시작되던 무렵, 사장 요코다 요시오橫田良男는 예탁자산을 20조 엔, 영업이익을 4000억 엔으로 배증시켜 '업계 2위'를 탈환한다는 계획을 세우고 사원들을 몰아세웠다. 이를 실현하려면 영업특금 의존도가 한층 커질 수밖에 없었다.

이렇듯 버블기 이후의 야마이치에 생겨난 것은 예전에 그들이 돌진하던 것과 매우 비슷한 길이었다. 점령기부터 해외 움직임을 주시하며 민첩하게 움직인 노무라와 달리, 야마이치에서는 보수적인 체질과 과거 업계 1위라는 프라이드가 뒤섞였고, 시동이 늦게 걸리면서도 상부가 지시한 방향에 회사 전체가 끌려 들어가는 체질을 벗어나지 못했다. 그리고 마지막에는 대장성의 구제에 의존했던 것이다. 물론 이런 방향으로 야마이치를 향하도록 한 것은 버블기의 금융정책과 그것에 편승한 일본경제다. 1980년대 버블 장세에 흠뻑 잠겨 많은 기업이 기술혁신이나 업태 전환보다는 재테크에 의한 이윤획득으로 치달았다. '법인의 야마이치'는 이들 기업의 의향에 맞춰가며, 견실한 개인영업으로 예탁자산을 늘리는 정공법에서, 상대법인에 이익보증을 주면서 막대한 영업특금을 모으는 쪽으로 방향을 바꿨던 것이다. 버블이 계속되는 한, 이익보증을 해도 그 이상의 운용수익을 거둔다면 충분히 이익을 낼 수 있다는 계산이었지만, 장기적으로 봐도 버블이 언제까지나 계속될 리없었다. 이는 어딘가에서 〈사방이 갑자기 칠흑처럼 바뀌는 연극의〉 암전暗轉처럼 위험한 길이었다. 아마 야마이치에도 이런 리스크에 신경쓰는 사람이 있었을 것이다. 하지만,

상위 3개사를 추월하려면 일부러 리스크가 큰 길을 택해야
한다는 초조함과 프라이드가 다른 의견을 묵살하면서 거대
기업을 파멸의 길로 향하게 만들었던 것이다.

반도체시장에서의 일본의 참패

1990년대 버블붕괴가 도달한 것은 야마이치증권, 홋카
이도척식은행, 장기신용은행 등 거대 금융기업의 파탄이었
다. 그런데 이런 파탄과 수많은 은행의 합병통합을 거쳤음
에도 일본경제는 근본적으로는 회복할 수 없었다. 2000년
대 이후 파탄의 중심은 금융계에서 과거 '재팬 애즈 넘버원'
의 주역이던 제조업의 붕괴로 향해갔다. 그중에서도 일본
의 실패를 두드러지게 드러낸 것은 전기電機산업이다. 1990
년대 말 금융의 실패는 버블시대의 '재테크' 광풍에 휩쓸린
기업의 말로였지만, 2000년대 이후 전기산업의 실패는 보
다 뿌리 깊었다. 일본기업의 체질 그 자체가 1990년대부터
진행된 글로벌화와 인터넷 시대에 적응하지 못한 결과였
다. 1980년대까지 기술에서는 확실히 세계를 선도했던 일
본기업은, 미래의 변화에 대한 장기적이고 깊은 비전을 갖
지 못했고, 글로벌한 매니지먼트가 무엇인지를 이해하는
데 더딤으로써 순식간에 실추했던 것이다.

과거 미일 무역마찰의 주요 원인의 하나였고, 일본 기술력의 상징이기도 한 전기산업은 헤이세이 말에는 옛 모습을 찾아볼 수 없을 정도로 쇠퇴했다. 이 쇠퇴는 1990년대 반도체의 글로벌 경쟁에서 일본 기업이 미국과 한국, 대만 기업에 차례로 패배하던 시기를 기점으로 한다. 지금은 상상조차 할 수 없지만, 1990년대에 세계의 반도체 메이커의 매출에서 상위 10개사 중 6곳이 일본 기업이었다. 1위는 NEC, 2위는 도시바, 3위는 히타치였다. 그러나 그로부터 사반세기 후인 2012년의 상위 10개사에 남은 것은 도시바뿐이다. 1위는 인텔(미국), 2위는 삼성(한국), 3위는 퀄컴(미국)이다.(표 1-2) 이 시점에서 간신히 5위였던 도시바도 얼마 후 자취를 감췄다. NHK에서 화제가 된 프로그램 '전자입국 일본의 자서전' 시리즈가 방영된 것은 1991년이었다. 프로그램은 1980년대 말까지의 미일 반도체 개발의 역사를 추적하고 반도체 분야에서 일본의 '성공'이 얼마나 일본의 창의적 연구와 연계돼왔는지를 여러 에피소드를 곁들여 자랑스럽게 소개했다.

그러나 일본 기업의 세계 반도체시장 제패 기간은 그로부터 10년도 채우지 못했다. NHK 시리즈의 주장은 서서히 역사에 의해 반증됐던 것이다. 니시무라 요시오西村吉雄는 전자입국 일본의 붕괴가 결정적으로 나타난 것은 2012

표 1-2 반도체 메이커의 매출 랭킹(1990년과 2012년 비교)

	1990년	2012년
1	NEC	인텔
2	도시바	삼성
3	히타치	퀄컴
4	모토롤라	TI
5	인텔	도시바
6	후지쓰	르네상스
7	TI	SK하이닉스
8	미쓰비시	ST마이크로
9	필립스	브로드컴
10	마쓰시타	마이크론

(출처) 유노가미 다카시(湯之上隆) 『일본형 모노즈쿠리의 패배(日本型モノ づくりの敗北)』분슌(文春)신서 2013년

년이라고 한다. 그해 "일본의 전자산업은 '총체적 붕괴' 양상을 보였다. 파나소닉, 소니, 샤프의 동년 3월기의 최종적자액은 3사 합계로 약 1조6000억 엔에 달했다. 게다가 반도체에서 엘피다 메모리와 르네상스 일렉트로닉스가 2012년 초 경영위기에 빠진다. 엘피다는 회사갱생법 적용을 신청했고, 미 마이크론테크놀로지에 매각됐다. 르네상스는 산업혁신기구와 자동차회사 등에 의해 구제됐다."(니시무라 『전자입국은 왜 몰락했는가[電子立国は、なぜ凋落したか]』) 일본의 전자산업 생산은 1970년대부터 1990년대에 걸쳐 급상승했고, 2000년 전후로 정점을 찍었다. 그러나 이후 급강하로 반

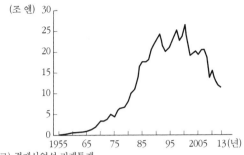

(자료) 경제산업성 기계통계
(출처) 니시무라 요시오『전자입국은 왜 몰락했는가』닛케이BP사, 2014년

도표 1-4 일본 전자산업의 생산액 추이

전했고, 2010년대에는 10년 전의 절반 규모로 쪼그라들었
다.(도표 1-4)

실패의 제1요인은, 일본의 주요 전기산업이 TV시대의 종
언과 모바일형 네트워크 사회의 도래를 충분히 인식하지
못했던 점이다. 2000년대 그들은 TV제조공장에 대규모 투
자를 추진했다. 파나소닉은 2007년부터 박막형TV에 매년
2000억 엔 전후의 투자를 이어갔고, 샤프는 2009년 사운을
걸고 오사카부 사카이堺에 대형 액정패널 제조공장을 건설
했다. 둘다 아날로그 방송에서 지상파 디지털방송으로의
이행을 염두에 둔 투자였지만, 이 무렵은 이미 '방송'에서
'인터넷'으로의 미디어 전환을 예견할 수 있던 시기였다. 플
라즈마든 액정이든 TV는 이제 우리 생활의 기간 미디어가

아닌 것으로 되어가고 있었다. 이런 미래를 내다본다면 '지데지地デジ[6]특수'를 겨냥해 거대한 TV공장을 국내에 건설하는 것은 너무나 근시안적인 선택이었다.

다른 하나는 1990년대부터 글로벌한 규모로 전개된 수평 분업 구조에 일본기업이 적응하지 못했던 것이다. 1990년대 이후 모노즈쿠리[7]의 세계는 계열에 의한 수직적 분업체계로부터 각 분야에서 전문화한 기업이 국경없이 수평분업해가는 네트워크형 체제로 급속히 변화했다. 이 새로운 체제는 '계열', '하청'이라는 종래의 일본적 발상을 무의미하게 한다. 즉 일본 기업들은 오랜 기간 익숙해진 조직 원리의 근본적인 변경을 요구받게 됐다. 이것이 전통적인 일본 대기업에는 좀처럼 쉽지 않았다. 반면 아시아 기업들로서는 예컨대 반도체라면 반도체에서 그 기술에 특화해 거대 규모의 공장과 판매망을 정비했다. 이로써 '종합전기 메이커'임을 유지하는 데 급급한 일본기업에 승리할 전망을 세울 수 있었다. 니시무라는 "반도체와 마찬가지로 전자기기에서도 일본기업은 설계와 제조의 수직통합을 고집한다. '애플+홍하이鴻海[8]'임을 유지하려 하지만 결과적으론 애플도,

---

6) 지상파 디지털 방송으로 일본에서는 2003년부터 시작돼 2011년까지 아날로그로부터 이행을 마무리했다.
7) 숙련된 기술자가 뛰어난 기술로 정교한 물건을 만든다는 의미지만 여기서는 제조업을 가리킨다.
8) 1974년 설립된 대만 최대의 전자업체로 애플의 아이폰을 위탁생산하고 있다.

홍하이도 되지 못했다"(앞의 책)고 지적했다.

일본 대기업이 수직적인 분업체계 유지에 집착하면서 글로벌한 수평분업에 적응하지 못했던 것은, 그들이 반도체가 "절대로 져서는 안 되는 '본업'"으로는 간주하지 않았던 것과도 표리를 이룬다. 일본에서 '전기메이커가 사라지는 날'을 생생하게 묘사한 오니시 야스유키大西康之에 따르면 가전에서 중전重電[9]까지 폭넓게 취급하는 일본기업에게 "반도체는 여러 사업 중 하나에 불과하고 '실패해도 회사가 망할 일은 없다'는 안이함 속에서 경영이 이뤄졌다."(오니시 『도시바 해체 전기메이커가 사라지는 날[東芝解体 電機メーカーが消える日]』)

예를 들면 반도체 분야의 패배로 사운이 크게 기운 것은 NEC이다. 이 회사는 1980년 사장에 취임한 세키모토 다다히로関本忠弘가 일세를 풍미한 PC-9800시리즈 개발을 시작으로 컴퓨터와 반도체 사업을 과감하게 육성했고, 1990년대 중반 매출을 5조 엔까지 늘렸으나 그것으로 끝이었다. 오니시에 의하면 과거 NEC는 반도체와 PC의 매출이 국내 최대로, 일본 최대 IT기업으로 불렸으나 기업으로서의 안정적인 기반은 'NTT'(전 일본전기통신공사)의 하청'인 통신부문에 두고 있었다. NEC가 NTT와의 관계에서 형성된 체질에서 근본적으로 벗어나지는 않았던 것이다. 정부의 독점적 지

---

9) 발전기 전동기 등 회전전기기계, 변압기, 정류기, 개폐제어장치 등을 가리킨다.

배하에서 "전자패밀리 기업의 경영자들은 어느새 민간 기업의 기개를 잃어버렸고, 정부와 NTT의 눈치를 살피는 순종성이 몸에 익었다. NTT로부터 귀여움을 받았지만, 대신 자기 머리로 생각하고, 결단하는 능력을 상실했다."(앞의 책) 여차하면 정부에 울며 매달리면 된다는 인식이 남아 있었고, NTT로부터 부여된 규정에 가장 적정한 기술을 제공하는 것이 자신의 가치가 됐다.

그러나 국가에 의존하게 되면 미래가 없다. 정부 주도로 추진된 일렉트로닉스 분야의 어떤 사업도 큰 성과를 거둔 것은 거의 없다고 오니시는 단언한다. 왜냐하면 '어떤 일이 있어도 이기고야 만다'는 기백이 생기지 않기 때문이다. 각자 출신 회사에서는 되도록이면 가지고 나오는 건 없으면서, 뭔가 갖고 돌아갈 게 있으면 좋다는 식의 태도로 임하기 때문에 조직은 엉거주춤한 방식으로 끝나버린다. 게다가 '나랏님이 지원해줄 것'이라는 안이함이 코스트나 수익성의 전망을 안이하게 한다. 국가 관리는 루틴한 사업을 지속하는 데는 적당할지 몰라도 고속으로 변화하는 신시장을 획득하는 데는 전혀 맞지 않는 것이다. 그럼에도 불구하고, 반도체에서 참패한 일본의 대기업은, 시장 철수 과정에서도 정부에 의존했다. 정부 주도로 NEC와 히타치제작소의 반도체 메모리사업을 구제하기 위해 일본정책투자은행이 출자해 통합조직이 설립됐고, 마찬가지로 히타치, 미쓰비시중기, NEC의 반도체 로직사업에서도 관민펀드의 산업혁신기구(현 INCJ)가 출자해 통합조직이 만들어졌다. 한마디로 불치병인 셈이다.

NEC와 마찬가지로 메인프레임(대형 컴퓨터)를 떠받쳐온 히타치, 후지쓰 등 여타 IT메이커도 1990년대에 힘을 잃어갔다. 이 중 두드러지게 망한 것은 후지쓰다. 후지쓰는 1970년대에서 1980년대에 걸쳐 컴퓨터 개발에서 IBM과 호각지세의 대결을 펼쳤다. 이 시기 미국은 정부와 기업이 체면 따위는 아랑곳없이 일본 때리기에 나섰다. 그러나 당시 후지쓰는 IBM이 제기한 소송에 맞서 거액의 비용을 걸고 법정투쟁에서 싸워 이긴다. 당시의 태도는 대미종속에 치우친 정부보다 훨씬 당당했다.

그러나 1990년대 컴퓨터의 주류가 메인프레임에서 PC로 변화하자 IBM도 후지쓰도 함께 힘을 잃었다. 얼마 안 가 후지쓰는 시대의 변화를 따라잡지 못하면서 사업을 차례로 잘라내 매각하기 시작한다. 컴퓨터는 지금은 '전자계산기'에서 '커뮤니케이션 미디어'로 그 존재양태를 전환해가고 있지만, IBM도 후지쓰나 NEC, 히타치도 이 전환의 의미를 이해하지 못했다. 컴퓨터가 커뮤니케이션 미디어라면 이 미디어는 얼마 안 가 인터넷과 연결되고, 전화나 컴퓨터 등 어떤 미디어도 해내지 못한 정보세계를 출현시킬 참이었다. 이 미래를 내다볼 수 있는지 여부는 요컨대 상상력의 문제이지만, IBM과의 법정투쟁에서 과감히 싸워 이긴 후지쓰도 이 미디어 변용의 귀착점에 대해서는 전혀 깜깜했다.

'가전'의 저주와 신화의 종말

물론 모든 기업이 NEC처럼 정부의존적이었던 것은 아니다. 그중에서도 샤프는 정부와 거리를 두던 대표적인 기업이다. 2000년대 반도체 경쟁에서 한국, 미국, 대만에 패배한 일본의 전기 대기업은 설욕전을 기약하며 액정TV에 기대를 걸었는데, 그 대표도 샤프였다. 2001년 내놓은 액정TV의 히트로 상승기류를 탄 샤프는 고품질 액정TV의 생산에 회사의 전력을 기울였다. 잇따른 거액투자로 액정TV를 위한 대형공장을 건설했고, 일거에 시장을 지배하기 위해 승부를 걸었다. (사진 1-1) 그들이 액정TV에서 대담한 승부에 나선 배경에는 반도체 경쟁에서의 쓰라린 경험 때문으로 여겨진다. 반도체에서는 각 기업이 소규모 투자를 계속한 탓에 거액투자로 일거에 승부에 나선 한국이나 대만의 기업에 패배했다. 때문에 일본기업은 "우물쭈물하다간 또 한국, 대만, 중국 기업에 추월당한다"며 사운을 건 대담한 투자로 승부를 건 것이다.

그러나, 이 승부는 역효과가 났다. 2008년 리먼쇼크 후 그때까지 액정을 중심으로 한 박막형TV의 주전장主戰場이던 선진국 시장에서 TV 판매가 급감했다. 2000년대 초 액정기술에서는 샤프가 타사에 비해 한발 앞섰고, 경영진은 이 기술로 대규모 공장에서 생산을 확대하면 반드시 팔릴 것이라고 믿었다. 그러나, 아무리 최첨단 기술로 액정TV를 만들어도 팔리지 않는 시대가 돌연 닥친 것이다. 도시바나 히타치, 파나소닉보다 규모가 작은 샤프는 액정TV에 모든 것을 걸었다. 그런 만큼 팔리지 않을 경우 기업에게는 치명적이었다.

샤프는 자금회전이 이러지도 저러지도 못하는 상태가 됐고, 사업부문을 매각해야 하는 처지가 됐다. 경제산업성은 산업혁신기구가 2000억 엔을 출자하도록 해 히타치, 도시바, 소니의 액정 디스플레이 사업을 통합한 조직에 샤프도 합병시키려 했지만, 샤프는 응하지 않았고, 결국 대만기업 홍하이에 매각됐다. 이 관민베이스의 통합조직은 2019년 경영부진으로 중국·대만 연합의 기업에 팔렸으니 샤프는 최후에는 바른 판단을 했던 셈이다.

NEC는 사업의 중핵인 반도체에서 한국과 대만 기업에 패했고, 결국 정부에 의존하며 모험을 회피하면서 쇠퇴했

사진 1-1 샤프가 2004년에 설립한 가메야마 공장(미에현 가메야마시)

다. 한편, 샤프는 액정TV에서 사운을 건 도전을 했으나 도박에서 지면서 몰락했다. 요컨대 두 기업은 대조적인 길을 선택했지만 어느 쪽도 결과는 명예롭지 못했다. 리스크를 지지 않는 기업에 미래가 없는 것은 당연하지만, 리스크를 진 기업마저 실패한다면 대체 무엇이 잘못됐던 건인가.

실은, 샤프 실패의 근본적인 원인은 의외로 단순했다. 요컨대 미래에 대한 비전이 잘못됐던 것이다. 그들은 TV시대가 앞으로도 계속될 것이라는 잘못된 전망을 의심치 않았다. 그들이 가메야마시에 최초의 액정TV 공장을 세웠을 때 이미 인터넷의 극적인 확대로 TV시대가 곧 끝날 것이라는 전망이 나오기 시작했다. 일본 기업 중에서는 소니가 일찌감치 이를 깨달았지만, 과거 '휴대용 스테레오' 워크맨으로 세계를 제패한 그들도 '휴대용 인터넷'인 스마트폰에서 애플에 앞서지는 못했다. 샤프의 경우 TV에 대해 소니만큼의 의심도 하지 않았던 것으로 보인다. 'TV'란 미디어 역사의 어느 한 시기에 특정 조건 속에서 구축된 카테고리에 불과하다. 이는 미디어를 연구하는 사람들에게는 알파벳의 A에 해당할 정도이지만, 미디어를 생산하는 사람들에게는 그렇지 않았다. 샤프도, 다른 일본 기업도 보다 선명하고 얇은 TV를 만들면 반드시 팔리게 되어 있다고 믿어 의심치 않았다. 상식의 전제가 의심받지 않았던 것이다.

샤프는 타사보다도 성능 좋은 TV를 만들면 팔릴 것으로 믿었고, 또 판로에서도 종래의 발상에서 벗어나지 못했다. 관심은 선진국 소비자를 겨냥한 고품질 TV 제조에 편중돼 있었고, 신흥국 시장에 대한 판매 개척에서는 한국의 삼성이나 LG에 크게 뒤처졌다. TV시장에서 아직 여지가 있던 곳은 이미 포화 상태인 선진지역이 아니라 이제부터 TV문화를 접할 성장인구를 안고 있는 신흥지역이었을 터였다. 그런데도 일본의 전기기업은 신흥국보다 선진국에서 액정 TV를 파는 일을 우선시했다. 그동안 삼성은 신흥국 TV시장에 본격 진출해 '삼성 브랜드'를 쏘아올렸던 것이다. (도표 1-5) 그들은 기술력을 과신한 반면 세계 경제의 지정학이 바뀌고 있음을 이해하지 못했던 것이다. 그러므로 삼성의 신

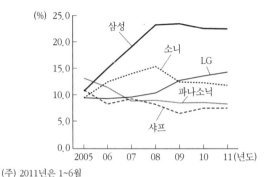

(주) 2011년은 1~6월

(출처) 유노가미 다카시 『일본형 모노즈쿠리의 패배』 분순신서, 2013년

도표 1-5 글로벌 시장에서 디지털TV의 기업별 판매점유율 추이

훙국 본격 진출을 의식하면서도 자신들에게 더 첨단의 기술이 있다면 언제라도 시장은 따라올 것으로 믿고 있었다.

2000년대, 샤프와 마찬가지로 몰락하며 끝내 소멸한 또 하나의 전기 기업은 산요三洋전기다. 산요는 1985년 총매출액 1조5000억 엔에서 버블 붕괴 후에도 확장을 거듭해 2003년에는 매출액 2조5080억 엔에 연결기업을 포함한 사원수가 8만 명을 넘었다. 그러나 성장시장을 잃어가는 상황에서 급속한 규모확대는 경영리스크를 제어불가능할 정도로 키웠다. 이 회사는 2004년 이후 적자가 계속됐고, 인원삭감과 사업 매각을 해야 할 처지에 몰렸다. 궁지 속에서 2005년에는 저널리스트인 노나카 도모요野中ともよ를 회장 겸 CEO로 맞는 이색인사를 단행했다. 노나카는 브랜드 비

사진 1-2 산요전기 회장 취임 기자회견을 여는 노나카 도모요, 왼쪽은 이우에 사토시(井植敏) 전 회장(2005년 4월 8일)

전 '싱크 가이아(Think GAIA 지구와 생명을 위해)'를 내걸고 2차 전지 '에네루프'나 세탁물을 오존으로 세탁하는 세탁기, 생 쌀로 빵을 굽는 홈베이커리 등 친환경을 전면에 내세운 제 품으로 종래 방식의 가전산업에서 변신을 꾀했다. (사진 1-2)

유엔의 SDGs(지속가능한 개발목표)에 앞장 선 10년, 지향점 은 바람직했지만 이미 기존 조직이 지나치게 팽창했기 때 문에 새로운 축을 동원해 기업과 사회를 동시에 변화시키 기란 무리였다. 결국 노나카는 2007년 회장 겸 CEO를 사임 했고 산요는 경영 곤란을 극복하지 못해 2009년 파나소닉 의 연결 자회사에 흡수됐다.

도시바의 실패를 검증한다

헤이세이 시대, '설마 그럴 리가 없다'고 여겼으나 몰락으로 치달은 일본의 전기기업 중에서도 특히 실패 규모와 영향이 컸던 것은 도시바의 실추였다. 도시바는, 그 기원이 막말의 '가라쿠리기에몬からくり儀右衛門(창업자 다나카 히사시게[田中久重])[10]으로 거슬러 올라간다. 근대 일본의 전기화를 중추적으로 담당해 백열전구에서 선풍기, 라디오 수신기, 전기 세탁기, 전기 냉장고, 전기 청소기, 자동식 전기밥솥에 이르기까지 국산 1호는 모두 도시바가 만들었다.

이런 전통에 더해 가전뿐 아니라 중전重電기, 즉 전력 관련 인프라 사업에도 관여하면서 사원수는 약 20만 명, 관련 기업 종업원을 포함하면 약 100만 명에 달하는 거대 기업이기도 했다. 도시바는 이시자카 다이조石坂泰三나 도코 도시오土光敏夫 등 게이단렌(経団連, 일본경제단체연합회-역주)의 정점에 군림한 재계의 거물을 배출하는 등 전통과 규모에서 샤프나 산요와는 격이 다른 기업이었다. 그 도시바가 무너지는 것은 일본이라는 기업국가의 중심축이 붕괴하는 것을 의미했다. 그런데 도시바가 미국의 원자력기술기업 웨스팅

---

10) 가라쿠리 인형은 실과 태엽으로 자동으로 움직이게 만든 인형으로 에도시대의 전통공예다. 다나카 히사시게(1799~1881)는 가라쿠리 기술을 발전시켜 만년자명종 등을 발명하는 등 명성을 얻었다. 개화기가 되자 증기기관, 대포 등의 연구개발과 제조에 힘썼고, 만년에 도쿄에서 도시바의 전신인 다나카제작소를 설립한다. 가라쿠리기에몬은 그의 별칭이다.

하우스(이하 WH)를 거액에 사들인 지 약 10년 만에 원전사업의 무게에 짓눌리며 경영이 파탄, 실질적인 해체로 치닫게 됐던 것이다.

거함의 침몰에는 두 가지 원인이 있었던 것으로 보인다. 우선 조직내부에 억압의 사슬이 엄존했으며 정보도 횡적으로 공유되지 않았다는 점이다. 도시바에서는 '챌린지'라는, 통상의 방법으로는 달성 불가능한 목표를 경영진이 각 부문에 강요했다. 그것이 상명하달식으로 전달되면서 이익을 부풀려 수익이 좋아진 것처럼 꾸미는 부정회계가 만연했다. '챌린지'는 본래 오랜 기간 정상을 유지하는 기업에서 나타나게 마련인 내향적 사풍을 바꿔 각 사원이 적극적으로 업무에 나설 것을 권장하는 표어였다. 그러나 위기 속에서 변질되면서 상사가 제시한 목표에 부하를 복종시키는 억압의 주문이 돼버렸다. 제대로라면 '챌린지' 앞에는 '오픈'이 필요하지만 도시바에서는 정보의 공개성이 크게 결여돼 있었다.

한편으로 도시바 몰락의 직접요인은 그들이 2006년 거액을 쏟아부어 WH를 매수한 데 있다. 매수된 WH는 예전에 미국의 전기업계를 좌지우지하던 WH 모체가 아니었다. WH는 1980년대 일본, 유럽 기업에 추격당하며 경영부진에 빠졌고, 금융과 부동산에서도 실패했다. 방송업으로 변신

했지만 그것도 매각되면서 소멸하고 만다. 도시바가 인수한 것은 이 과정에서 기업에서 떨어져 나간 원자력부문이다. 도시바는 이 원자력부문을 평가액의 몇배나 되는 54억 달러(6600억 엔)를 주고 사들였다. 어리석은 쇼핑이었다. 이미 당시, 1979년의 스리마일섬과 1986년의 체르노빌 사고를 겪으면서 원자력은 결코 안전하지 않고 리스크가 큰 시설로 인식되고 있었다. 그럼에도 도시바가 원전건설에 집착한 이유는 원전수출이 국책사업으로 지정됐기 때문이다. 정부는 기후변화에 대한 대응으로 이산화탄소를 배출하지 않는 원전의 수요가 높아질 것으로 판단했다. 후쿠시마 제1원전 사고 후 원전리스크가 미래에 심각한 부채가 됐음에도 도시바의 경영진은 WH의 경영악화를 심각하게 보지 않고 한층 무모한 원전건설 계획을 내놨다. 마치 옛 관동군을 연상케 하지만, 실은 WH의 경영실태조차 그들은 정확히 파악하지 못했던 것이다.

　도시바의 몰락을 결정지은 WH 인수는 당시 사장이던 니시다 아쓰토시西田厚聡가 주도한 것이다. 그런데 니시다라는 인물을 살펴보면 도시바 문제의 심층에 의외라고 할 정도로 심각한 문제가 잠복해 있음을 알 수 있다. 왜냐하면 오늘날의 대기업 경영자들 중에 니시다만큼 글로벌한 현장의 실전경험과 철학적 기초로 무장된 폭넓은 시야를 가진

사진 1-3 니시다 아쓰토시가 집필해 『사상』(1970년 8월호)에 기고한 논문

인물은 없었기 때문이다. 본래 그가 성장한 곳은 도쿄대학 법학부 대학원 마루야마 마사오丸山眞男[11]와 후쿠다 간이치 福田歡一의 제미[12]였다. 그는 에드문트 후설[13]의 상호주관성 에 대해 대학원생 시절 쓴 논문이 『사상』(1970년 8월호, 이와나 미서점)에 실릴 정도로 준재였다. (사진 1-3) 동시에 그는 마루 야마도 높이 평가했던 이란 여자 유학생을 이란까지 쫓아 가 결혼에 성공한 행동파이기도 했다. 학생운동의 열병 같 은 분위기가 남아 있던 1970년 전후, 니시다는 그 여성과

11) 1914~1996. 일본의 정치학자로, 일본의 정치사상, 파시즘 사상과 운동 등에 관한 다양한 논문을 발표하는 등 전후 민주주의의 대표적 논객으로 활약했다.
12) 일본의 대학에서 교수와 학생들이 공동으로 연구활동을 하는 그룹으로, 보통 10~20명으로 구성된다.
13) 독일의 철학자로 현상학의 체계를 세운 것으로 평가된다.

살기 위해 혁명 전의 이란에 남았고, 그녀가 근무하던 도시바의 공장에 현지 채용됐다. 그리하여 그는 후쿠다 등의 기대를 서버린 채 비즈니스계에 투신한 것이다. 문과계에서 대학원 진학은 대부분 연구자의 길을 가는 것을 의미하던 시대에 니시다의 인생은 파천황이나 다름없었다.

이런 경험을 통해 니시다는 지성이란 무엇인가를 깊이 이해했다. 일반적으로 이과 학생에게는 기본적인 원리의 복잡한 대상에 대한 응용력이 요구되는 것에 비해 문과계 학생에게는 다수의 텍스트에 대한 정밀하고 깊은 이해력이 요구된다. 니시다는 이 양쪽을 겸비한 보기드문 비즈니스맨이었다. 아마 후자는 마루야마나 후쿠다의 제미에서 철저히 훈련됐던 것으로 짐작된다. 특기해둘 것은 다수의 다양한 텍스트의 정밀한 이해라는 실천은 정치사상사 분야에서노, 국제적인 비즈니스 분야에서도 공히 필요한 능력이라는 점이다. 니시다는 아마 후설이나 하이데거에 대한 첨단의 연구문헌을 읽는 것과 같은 자세로 IT나 원전분야의 최첨단 자료를 읽었을 것이다. 이런 능력을 갖춘 경영자는 일본에서는 극히 드물어 니시다는 틀림없이 요즘식으로 말하면 '글로벌 리더'로 불릴 수 있는 인물이었다.

설마 그 니시다가 WH의 거액매수를 주도하며 명문 도시바를 파탄으로 몰아넣게 된 것이다. 니시다는 대체 어디서 잘못된 것일까. 또 도시바는 왜 잘못된 결정에 따름으로써 문제를 한층 심각하게 만들 수밖에 없었던가. 앞에서 언급한 것처럼 일본의 전기산업의 몰락에는 몇 가지 두드러진 패턴이 있다. 첫째, NEC나 후지쓰처럼 미래에 도전하는 것을 포기하고 안락한 공기업 같은 태도로 퇴행한 데 따른 실패이다. 또 하나는 샤프가 그랬듯 미래를 향해 과감히 도전하지만, 비전 자체가 시대에 뒤떨어짐으로써 실패한 것이다. 그러나 이미 살펴본 여러 사례 중 노나카 도모요를 경영자로 맞이한 산요의 움직임은 비전이 없었다곤 할 수 없다. 다만, 그 타이밍이 너무 늦었고, 또 너무 빨랐던 것이다. 도시바의 경우, 경영자의 식견은 매우 높았음에도, 정작 그 경영자가 치명적인 선택을 해버린 것이다.

니시다는 사장 재임 중, 도시바를 몰락으로 이끈 두 가지 치명적인 실패를 범했다. 하나는 정밀검토를 했더라면 장래성에 물음표가 붙었을 WH인수에 터무니없는 돈을 써버린 것이다. 다른 하나는 자신의 후임에 원자력분야에서 한 우물을 파온 사사키 노리오佐々木則夫를 지명한 것이다. 니시다는 반도체분야는 잘 알지만, 원자력은 알지 못한다. 도시바는 거액의 투자로 원자력에 미래를 걸기로 결심한 이상, 원자력분야의 최고위 인사를 후임으로 지명하는 것이 순리라고 여겼을 것이다. 그러나 사사키는 완고하고 남의 말을 잘 듣지 않으며 자기주장이 강한 인물이어서 기업경영자에는 맞지 않았다. 후쿠시마 원전사고를 거치며 원전사업의 장래성에 대한 평가가 급변한 뒤에도 사사키는 원전사업을 확대하는 데 매달렸다. 이런 연쇄적인 오류의 원점이 니시다의 WH인수다. 당시 니시다는 정부가 추진해온 국가적 사업에 기업의 미래를 동반시키려는 욕망에 몸을 맡겼던 것이다.

카를로스 곤 신화에 취한 일본 사회

헤이세이 시대 일본의 산업적 쇠퇴는, 몇 가지 불운에 의해 우연히 일어났던 것이 아니라, 오히려 전후 일본 기업이 끌어안은 구조적 요인에서 절반쯤은 필연적으로 비롯된 것이나. 이것을 이해하는 데 있어서 경영위기에 빠진 닛산자동차를 부활시킨 카를로스 곤의 빛과 그림자만큼 상징적인 예는 없다. 도요타와 나란히 일본 자동차산업의 영웅이던 닛산은, 버블 붕괴 후인 1990년대에 판매부진에 빠져 거의 매년 적자를 냈다. 적자는 누적돼 1999년에는 이자를 물어야 하는 부채가 약 2조 엔에 달하면서 닛산을 도산 직전까지 몰아갔다. 그럼에도 회사 내 많은 조직은 그때까지 구축한 생산·판매체제의 과감한 정리를 꺼렸다.

당시, 닛산은 도요타에 견줄 만한 국내 판매망을 갖고 있었는데 판매점이 '신차가 없으면 점포가 무너진다'고 호소하면 적자가 날 게 뻔한 차라도 신차로 내놓는 체질이었다. 계열기업과는 서로 돕는 관계로, 전체 질서가 유지되는 것을 우선시했다. 경기가 좋다면야 괜찮겠지만, 불황이 장기화할 경우 이 체제는 유지 불가능하다. 그럼에도 질서유지에 집착하면 기업전체가 침몰하게 된다. 두말할 것 없이 야마이치증권이나 많은 전기 기업에서 이미 확인된 패턴이다. 고도성장기 성공체험에서 벗어나지 못한 일본기업은 그 시기 확립된 '일본적 경영'의 질서유지에 집착했다. 버블 붕괴 후 위기의 와중에서도 질서 파괴를 기피함으로써 전체가 서서히 침몰해갔던 것이다.

이처럼 도산 직전까지 치닫던 닛산에 마지막으로 구원의 손길을 내민 것이 프랑스의 르노였고, 그때 파견된 경영자가 카를로스 곤이었다. '마지막으로'라고 한 것은, 닛산은 당시 다임러 크라이슬러나 포드와도 교섭해 구제의 길을 모색했지만 이들 미국 기업들은 손대려 하지 않았기 때문이다. 이 '화톳불 속의 밤'을 르노가 집어든 것이다. 르노는 본래 샤를 드골 장군이 국영화한 기업이다. 전후 오랜 기간 르노는 공기업이었고 주식회사가 된 것은 1990년으로 비교적 최근이다. 완전 민영화는 1996년이고 그 3년 뒤 닛

사진 1-4 무라야마 공장과 닛산차체 교토공장 전면폐쇄 등 리바이벌 플랜을 발표하는 닛산자동차의 카를로스 곤 최고집행책임자(1999년 10월 도쿄시내 호텔)

산을 산하로 흡수한다. 그러므로 이 과정에서 프랑스 정부가 전혀 영향을 미치지 않았다고는 하기 어렵다. 그러나 당시, 일본은 아직 버블 붕괴 후 금융위기의 한가운데에 있었고, 정부도 하시모토 정권이 무너진 뒤, 오부치 정권에서 모리 정권에 이르는 혼란기로 프랑스 정부=르노가 닛산을 수중에 넣는 것의 정치적 의미까지 고려할 여유가 없었을 것이다. 그리고 무엇보다 파견된 '이방인'인 곤이, 순식간에 닛산의 실적을 V자 회복시키리라고 예측한 이는 많지 않았다. 곤의 실력을 얕보고 있었던 것인지도 모른다.

닛산의 최고집행책임자COO에 취임한 뒤 첫 5년간 곤의 활약은 무서울 정도였다. 아무리 연봉이 파격적이라고 해도 그에 걸맞는 성과를 확실히 거뒀던 것이다. COO 취임 4개월 뒤에 그가 발표한 '닛산 리바이벌 플랜NRP'에는 향후 3년간 닛산이 가야할 길이 명확히 제시됐다. (사진 1-4) 연결 베이스로 1조 엔의 코스트 삭감, 이자 딸린 부채의 반감, 2002년도까지 연결매출액 영업이익률 4.5% 달성 등 3가지를 절대적 달성목표(커미트먼트)로 하고 이를 위한 방안으로 무라야마공장 등 5개 공장 폐쇄, 공장 가동률 80% 이상으로 상향, 전 종업원 14%인 2만1000명 인원삭감 단행, 거래처 1145개사에서 600개사 이하로 삭감, 구매코스트 대폭 하향 조정 등이 포함돼 있었다. 이들 방침에는 실은 닛산 기획실의 젊은 사원이 구 경영진에게 제안한 항목들이 다수 포함돼 있었다. 구 경영진은 이를 실행에 옮길 경우 발생할 각 부문의 반발이 두려워 아무것도 손대지 않았던 것이다. 반면 곤은 젊은 사원의 문제의식을 그 자리에서 이해한 뒤 '리바이벌 플랜'에 넣어 실행에 옮겼던 것이다. 이처럼 곤은 닛산에서 군살을 철저히 도려내는 작업을 추진했던 것이다. 단순한 것이지만, 당시의 어떤 일본인 경영인도 해낼 수 없었던 것이다.

곤은 또 차량판매의 주요 타깃을 일본 국내에서 해외 신흥시장으로 철저히 옮겼다. 그런 시장에서 승부하려면 가격이 전부다. 얼마 뒤, 닛산 소형차의 대표격인 마치는 일본인을 겨냥한 차에서 신흥국 시장용 차량으로 재탄생한다. 이 과정에서 신흥국 공장에서도 가공이 용이하도록 복잡한 차체 스타일이 폐지됐고, 원재료 조달에서 판매까지 코스트 다운이 철저히 이뤄졌다. 이렇게 해서 마치는 신흥국의 표준적인 차종이 되면서 판매가 대폭 증가했다. 게다가 닛산은 신흥국 대상 차종에서 선진국 대상 차종을 파생시켰고, 상대국의 경제수준에 맞춰 글로벌하게 생산을 전개하는 체제를 정비했다. 반면 일본 국내시장은 뒷전에 놓였고, 신형차 판매는 정체했으며 판매점 축소도 진행됐다. 그러나 이처럼 일본 국내시장을 버리고 해외 신흥시장을 획득해가는 것은 일본 기업이 살아남기 위한 정확한 방법이었다. 얼마 안 가 닛산 그룹의 종업원들도 국내보다 해외쪽이 다수파가 돼간다. 1980년대 이후 일본 기업이 해외 진개는 가속화하고 있었지만, 이 정도로 과감하게 타깃을 해외 전환한 예는 거의 없다.

이상의 개혁플랜을 단행한 결과 닛산의 실적은 수년 만에 V자 회복이 이뤄졌고, 부품 조달 코스트 삭감면에서 철저한 가격낮추기 교섭이 이뤄지게 되면서 담합이 횡행하던 일본의 산업계에 격랑을 몰고 왔다. 이전 가격베이스로는 수주할 수 없게 된 철강업계가 어려움을 겪으면서 가와사키제철과 일본강관, 신일철과 스미토모금속의 통합도 가속화됐다. 그런 와중에 닛산은 '리바이벌 플랜'에서 약속한 목표를 조기 달성했고 2003년 3월에는 이자 딸린 실질 부채가 제로가 됐다.

곤이 이끌던 닛산의 성공은, 일본 사회에 '곤 신화'를 만들어냈다. 해외에서 온 '이방인' 경영자가 막다른 골목에 몰린 일본기업에 대해 파격적인 개혁을 단행하고, 차례로 장벽을 돌파하며 성장으로 이끌어가는 신화다. 곤이 닛산에 온 것은 일본경제가 버블붕괴의 구렁텅이에서 신음하고 있던 시기였다. 곤은 절망적인 상황에서 일본을 구원하리라는 기대감 속에 영입됐다. 그 기대대로 그는 일본 기업의 적폐를 차례로 타파했고, 산업계에 혁신을 일으켰다. 그의 성공은 '곤 매직'으로 일컬어졌고, 일본 기업들에서 그는 '이상적인 리더'로 추앙받았다. 2004년에는 외국인 경영자 최초로 란주藍綬포장14)도 받았다. 일본인이 곤을 환호하는 심정은 당시 '고이즈미 극장'15)에 대한 환호와도 겹치는 데가 있었다.

곤은 마침내 자신의 이익을 위해 이 신화를 이용하기 시작한다. 그는 신화상의 '이방인=신'으로 닛산에 계속 군림했다. '이방인'에서 '신'으로, 즉 개혁자에서 독재자로 변질

---

14) 일본의 국가포상 중 하나로 회사경영, 각종 단체활동 등을 통해 산업 진흥, 사회복지 증진 등에 뛰어난 업적을 거둔 자에게 천황이 수여하는 포장.

15) 고이즈미 준이치로 전 일본 총리가 재임 중 정치목표를 달성하기 위해 극적인 이벤트 효과를 거두는 수법의 정치를 구사해온 것을 가리킨다.

되기 시작한 것은, 곤이 닛산뿐 아니라 르노의 최고경영책임자CEO도 겸하게 된 2005년 무렵이다. 이때부터 "곤의 목소리는 신의 목소리가 됐다"고 닛산의 전 간부는 회상했다.(『아사히신문』 2018년 12월 24일) 절대적 권력을 손에 넣은 그의 주변에는 예스맨만 남게 된 것이다. 고대사회라면 '이방인' 왕은 권력=권위의 정점에 떠받들여진 뒤 얼마 안 가 왕국에서 추방된다. 그러나 닛산의 경우 모든 권력을 집중시킨 경영자를 그리 간단히 추방할 수 없다. 그 잔여기간이 길어질수록 닛산에서 곤의 역할은 구세주에서 역병신疫病神(역병을 초래하는 나쁜 신-역주)으로 변질된다.

실제로 권력 중추에서 거대기업을 자신의 뜻대로 조종하는 재미에 빠진 곤은 서서히 닛산을 사유화하기 시작했다. 사유화의 실태가 명백히 드러난 것은 2018년에 내부고발에 의해 닛산이 진행한 내부조사를 통해서였고, 이를 세계가 알게 된 것은 그해 11월 19일 도쿄지검 특수부가 그를 체포하면서였다. 여러 사유화의 실태가 드러나자 '곤 신화'는 실추해 산산조각이 났다. 이미 판명된 것만도, 2008년 리먼쇼크로 인해 그가 개인투자에서 입은 약 17억 엔의 손실을 닛산에 전가시켰다. 2010~2014년 닛산에서 실제로 받은 수입 약 100억 엔 중 절반만 유가증권보고서에 기재했다. 게다가 그는 암스테르담의 자회사를 경유해 리오데자네이루와 베이루트에 사적인 목적의 호화주택을 회삿돈으로 구입했다. 또한 그의 친족이나 친구와 관련된, 공사혼동이 명백한 자금유용 의혹을 받고 있다.

이렇게 해서 2018년 말 곤은 약 20년에 걸쳐 군림한 닛산에서 그리고 2016년에 산하에 편입된 미쓰비시자동차에서도 쫓겨났다. 르노는 그를 해임하는 것을 상당히 주저했지만 2019년 1월 최대주주인 프랑스 정부는 곤의 해임을 결정했다. 프랑스 정부로서는 르노에 닛산을 통합시키는 전략목표에 곤의 존재가 장애물이 되고 있는 이상 그를 잘라버릴 필요가 있다고 판단했을 것이다. 한편으로, 곤의 도쿄 구치소 구류는 2018년 11월 19일의 체포에서 2019년 3월 6일까지 수개월간 이어졌다. 구류기간이 길었던 것은 국제사회가 보기에도 지나쳤고, 일본은 인권이 존중되지 않는 나라라는 국제적 비난이 프랑스뿐 아니라 세계 각국으로부터 쏟아졌다.

곤이 권력을 탐하며 닛산을 사유화했다는 비판은, 확인된 여러 사실로 볼 때 부정할 수 없다. 그러나 곤이 그렇게 되도록 만든 것은 누구인가. 이미 살펴온 것처럼 스스로는 아무것도 할 수 없어 외부에서 온 곤에게 기댔고, 얼마 안 가 개혁자에서 독재자로 변신한 곤에게 순종해왔던 것은 닛산 자신이다. 곤을 '기적'을 일으킨 '이상적 경영자'라고 상찬하다가 부정이 드러나자 일순간 죄인 취급하고, 이례적으로 긴 구류기간에 이의조차 제기하지 않은 것이 일본 사회였다. 곤은 결코 처음부터 독재자가 아니었고, 유례가 드물 정도로 유능한 경영자였다. 일본이라는 사회가 그를 독재자로 만들었고, 마침내 그 독재가 만들어낸 죄를 물어 그를 구치소에 집어넣은 것이다. 곤과 닛산을 둘러싼 문제는 일본 사회 근저에 있는 뿌리 깊은 문제를 부각시켰다. 곤의 경우처럼 강력한 리더십에서 억압적 독재로의 변질은 일본 정치에서도 일어날 수 있는 것이었다.

'정권교대'를 전면에 내세운 포스터 옆에서, 기자의 질문에 답하는 민주당 하토야마 유키오(鳩山由紀夫) 대표.(2009년 6월 9일 도쿄 나가타초 당본부)

제2장 포스트 전후정치의 환멸
—— '개혁'이라는 포퓰리즘

버블 속의 액상화──리쿠르트 사건

버블시대의 일본 정치에서 생겨난 것은, 성숙은커녕 썩어 문들어져 가던 55년 체제의 액상화液狀化[1]였다. 헤이세이 직전인 1988년 발각된 리쿠르트 사건은 헤이세이 정치의 액상화를 가속화하는 쇼크로 작용했다. 리쿠르트 사건이 원인이었다고 하긴 어렵지만, 이 사건을 계기로 헤이세이 정치질서는 일거에 유동화로 나아갔다.

리쿠르트 사건은 그간 쇼와 정치를 무대로 되풀이되어온 뇌물사건과 질적으로 다른 기묘한 사건이었다. 이 기묘함은 이 사건에 앞서 벌어진 록히드사건과 비교하면 명확하다. 록히드 사건은 미국의 항공기 산업과 일본 정계의 유착으로 발생한 수뢰사건으로, 우익의 고다마 요시오児玉誉士夫[2], 정상배인 오사노 겐지小佐野賢治라는 전후 정계의 흑막黑幕(뒤에서 조종하는 막후인물-역주)과 운수성 차관 출신의 와카사 도쿠지若狭得治 ANA사장, 그리고 다나카 가쿠에이田中角榮[3] 총리 등 사이에서 거액의 현금이 수수됐다. 그 목적은

---

1) 지진 등의 충격으로 지반이 다량의 수분을 머금어 액체 같은 상태로 변하는 현상.
2) 1911~1984. 일본 우익활동가이자 폭력단 고문. 태평양전쟁 중 해군항공본부 물자를 조달하면서 축적한 자금으로 전후 분열상태이던 우익을 규합했고, 거물정치인에게 정치자금을 제공하는 등 '정재계의 흑막'으로 군림했다. 한일 국교정상화 교섭에도 간여한 적이 있다.
3) 1918~1993. 1972~1974년 일본 총리를 지냈으며 록히드 사건으로 사임한 이후에도 자민당 최대파벌의 수장으로 1980년대 중반까지 일본 정계를 좌우했다. 초등학교 졸업 학력으로 총리까지 오른 서민형 총리로 국민적 인기가 높았다.

항공기라는 거대한 쇳덩어리를 구입하도록 하는 것이었다.

 그에 비해 리쿠르트 사건의 특징은 제공된 것이 미공개 주식이라는, 종래 법적 규제의 바깥에 있던 금융상품이었을 뿐 아니라 양도대상도 극히 넓었다. 주식을 건네받은 정치가로는 나카소네 야스히로中曽根康弘[4], 다케시타 노보루竹下登[5], 미야자와 기이치宮澤喜一[6], 아베 신타로安倍晋太郎[7], 모리 요시로森喜朗[8], 오부치 게이조小渕恵三[9] 등 자민당 실력자 대부분이 포함됐고, 그 범위는 야당에까지 미쳤다. 뇌물 수수 목적도 록히드 사건 등에 비교하면 상당히 애매했다. 일반적으로는 정계나 재계에서 리쿠르트사의 '지위'를 높일 목적으로 알려져 있지만, 그 '지위'라는 것이 대단히 애매한 탓에 뇌물을 제공한 측에 실제로 명확한 목적의식이 있었다고는 생각되지 않는다. 그저 회사에 도움이 될 만한 사람들에게 미공개주식을 대량으로 건넨 것이었다. 뇌물을 건넨 목적도, 받은 쪽의 범위도, 수수 방법도 그전까지의 상식

---

4) 1918~2019. 1982년부터 1987년까지 총리를 지냈으며 재임 중 총리로는 처음 야스쿠니 신사를 공식 참배했다. 1970년대 방위청 장관 시절부터 자위대 재무장을 주장했으며 일본을 미국의 '불침항모'로 비유한 것으로 유명하다.
5) 1924~2000. 쇼와시대 마지막 총리를 지낸 정치인으로 자민당 최대 파벌인 게이세이카이(経世会) 창설자다.
6) 1919~2007. 1991~1993년 총리를 지냈으며, 관방장관 시절인 1982년 역사교과서 왜곡에 대한 사죄를 담은 '미야자와 담화'를 발표했다.
7) 1924~1991. 외무상과 자민당 간사장을 지냈다. 아베 신조 총리의 부친이다.
8) 1937~. 2000~2001년 총리를 지냈으며 도쿄올림픽조직위원장을 맡고 있다.
9) 1937~2000. 1998~2000년 총리를 지냈으며 김대중 대통령과 '21세기 새 한일 파트너십 공동선언'을 발표했다.

을 크게 벗어난 리쿠르트 사건은 그 일탈성 때문에 1988년 부터 1989년에 걸쳐 여론과 언론, 정계 전체를 빨려들게 한 거대한 스캔들이었다.

이미 졸저 『포스트 전후사회』에서 논했듯이 리쿠르트 사건의 의미는 1980년대 이후 등장한 정보사회화, 일본사회의 기반적인 변화를 염두에 두지 않으면 이해할 수 없다. 이 변화국면에서 리쿠르트사의 발전, 창업자 에조에 히로마사江副浩正의 등장, 게다가 리쿠르트 사건의 발생도 우연이 아니라 반쯤은 역사의 필연으로 등장했던 것이다. 실제로 사건의 주역인 리쿠르트사는 에조에가 도쿄대학 재학중 도쿄대학 신문사에서 기업을 상대로 한 영업에 눈을 뜨면서 1960년에 세운 기업으로, 취직정보지를 중심으로 발전했다. 1980년대 이후 리쿠르트의 사업다각화가 본격화돼 1986년에는 NTT에서 슈퍼컴퓨터를 구입해 통신회선 재판매 사업에 나서며 정보통신산업으로의 전개를 꾀한다. 매출도 1982년 792억 엔, 1986년 1383억 엔, 1988년 2692억엔으로 급성장했다. 에조에는 나카소네 정권의 민활노선[10] 속에서 다양한 심의위원회 등에 임명돼 신진 재계인사로서 지위를 구축했다. 그 에조에가 정재계에 커넥션을 한층 굳

---

10) 민간활력 노선의 줄임말로 민간자본으로 사회간접자본을 확충하는 나카소네 정권의 경제정책이다. 구체적으로는 규제완화와 민영화로, 일본전매공사, 일본국유철도 및 일본전신전화공사 등 공기업 민영화가 추진됐다.

사진 2-1 증인환문에서 선서하는 에조에 히로마사 리쿠르트 전 회장(1988년 11월 21일 중의원 리쿠르트 특별위원회에서)

히기 위해 이용한 것이 미공개주식이라는 주식시장의 시스템이었다. (사진 2-1)

즉, 정보화 속에서 급성장한 기업이 주식시장 시스템을 악용해 위법성이 있는 공작을 시도했다는 점에서 보자면, 리쿠르트 사건은 록히드 사건의 후예라기보다는 후일의 라이브도어 사건[11] 등의 선구였던 셈이다. 리쿠르트사가 정권을 뒤흔든 거대 스캔들을 일으켰으면서도 기업으로서는 그 후에도 발전을 거듭한 것은, 이 사건이 사회의 구조적인 변

---

11) 인터넷, 금융 등을 다루는 기업 라이브도어의 분식회계 사실이 2006년 발각되면서 주식시장이 급락한 사건.

용국면에 유래하는 것이었음을 시사한다. 리쿠르트 사건은 정보화라는 현대사회의 근본적인 변화가 일어나던 시대, 일본 사회가 이 변화에 부적응 증상을 보이는 와중에 발생한 사건 중 하나였다. 이 변화 너머에는 라쿠텐이나 소프트뱅크 같은 기업의 대대적 성장마저 이미 예견됐던 것이다.

어찌됐건 리쿠르트 사건으로 다케시타 정권이 무너지자 후임 총리로 선택된 우노 소스케宇野宗佑는 여성스캔들 등으로 2개월 만에 퇴진했고, 후계인 가이후 도시키海部俊樹도 걸프전 대응으로 어려움을 겪다가 소선구제 도입도 달성하지 못한 채 사임하고, 미야자와 기이치가 총리가 된다. 다케시타 정권 붕괴 후 일본의 총리가 어지러울 정도로 속속 교체된 것은 그들이 본래부터 권력의 실질적인 주체가 아니고, 형편에 맞아 총리 자리에 오른 '장식물'에 분과했음을 입증한다. 당시, 정국을 움직이는 권력의 실질적인 중심은 구 다나카파 세력을 승계한 다케시타 노보루와 가네마루 신金丸信[12]을 중심으로 한 게이세이카이経世会에 있었다.

그런데 미야자와 정권시절, 도쿄사가와규빈佐川急便(일본의 택배회사-역주)이 다케시타파의 좌장이던 가네마루 신에게 몰래 건넨 정치헌금 문제가 발각돼 가네마루가 실각하자

---

12) 1914~1996, 일본 정계 실력자로 북한과의 국교교섭을 주도했다. 1990년 방북해 김일성 주석과 만난 뒤 일본 자민당과 사회당, 조선노동당 3당의 '북일수교 공동선언'을 발표했다.

그 후계 문제를 둘러싸고 다케시타파가 오자와파와 반오자와파로 양분됐다. 다케시타의 후원을 얻은 오부치 게이조 등이 오자와를 배제하려는 입장을 굳힌 가운데, 오자와 이치로小沢一郎[13]는 소선거구제 도입에 적극적인 중견·청년층의 지지를 얻었다. 그는 '정치개혁'을 강하게 주장해온 하타 쓰토무羽田孜를 간판으로 하는 하타파를 결성하며 자민당을 뛰쳐나올 결심을 굳혔다. 실제로 1993년 6월 야당이 제출한 미야자와 내각 불신임 결의안에 하타파는 당론에 반대해 일제히 찬성표를 던진 것이다. 결의는 가결됐고, 궁지에 몰린 미야자와는 중의원 해산 총선거로 맞섰으나 이를 계기로 하타파는 집단 탈당해 신생당을 결성했다. 자민당이 중핵에서부터 분열돼버린 것이다. 4대 정권 내내 권력의 실질적인 중심이었던 게이세이카이=다케시타파가 내부분열한 것은, 자민당 중심 정치라는 전제가 근본적으로 성립하지 않게 된 결정적 전환점이었다.

다케시타파 분열 결과, 1993년 8월에는 사회당, 신생당, 공명당, 민사당 등 8개 회파會派[14] 연립의 지원으로 일본신당의 호소카와 모리히로細川護熙[15]를 총리로 하는 정권이 탄

---

13) 1942~. 1990년대 이후 정계개편을 주도해온 정계 실력자.
14) 일본 국회에서 활동을 함께 하는 의원 단체로 한국의 교섭단체에 해당한다.
15) 1938~. 1955년 자민당 체제가 성립된 이후 38년만에 첫 비자민당 총리로 선출됐다. 총리 재임중 정치개혁 제도화에 힘썼다.

생했다. 물론 정권의 탄생을 배후에서 연출하고, 전후 55년 체제의 숨통을 끊은 것은 오자와 이치로였다. 호소카와 정권은 오자와의 지원 내지는 조종을 받으며 소선거구 비례대표병립제 도입 등 선거제도 개혁과 정치자금규정법 개정 등을 실현했다. 그러나 호소카와는 자신과 관련된 스캔들이 불거졌고, 이를 자민당이 집중 공격하자 깨끗이 사임을 결단한다. 그 후 연립의 중추에 있던 오자와는 하타를 총리로 세우지만, 하타 정권은 2개월의 단명으로 끝난다. 이 흐름을 타고 자민당은 사회당 위원장인 무라야마 도미이치에게 총리를 맡도록 하는 신공을 발휘해 정권복귀에 성공했고, 자민당 야당시대는 종막을 고했다. 무라야마 내각 이후 하시모토 류타로橋本龍太郎[16], 오부치 게이조, 모리 요시로와 자민당을 중심으로 한 연립정권이 이어지지만, 모두 단명으로 끝났다.

이처럼 다케시타 정권 붕괴 후 일본 정치는 혼란기에 접어든다. 앞장에서 지적한 것처럼 경제도, 기업 및 금융기관의 재무상황은 악화를 거듭했고, 많은 기업이 도산했으며 구조조정으로 실업률도 치솟았다. 주가와 땅값도 하락을 멈추지 않았고, 빈부 격차도 확대됐다. 일본 사회 전체가 우울한 분위기에 휩싸이면서 1980년대 상찬을 받던 일본적

---

16) 1937~2006. 1996~1998년 총리를 지냈으며, 재임중 행정·재정개혁을 추진했다.

경영과 '재팬 애즈 넘버원'의 다행증적인 구호는 몽땅 사라졌다. 대신 '파탄', '위기', '붕괴', '패전' 같은 숨가쁜 어휘들이 언론의 표층을 뒤덮게 됐다. 1995년 한신·아와지 대지진과 옴진리교 사건이 사회의식 면에서 이 혼미와 우울을 결정적으로 만든 것은 말할 것도 없다.

정치극장의 시스템을 바꾸다──소선거구제 도입

이야기를 되돌려보자. 리쿠르트 사건이 일본 정치에 던진 충격의 마이너스 효과가 이런 정치 혼란과 일탈이었다면, 플러스 효과는 여야 정치인들 사이에 '정치개혁'이 최대 과제라는 공통인식이 생겨난 것이었다. 정치개혁의 중심에 위치한 것이 중의원 선거제도의 소선거구제로의 전환이었다. 시미즈 마사토清水真人는 당시 중선거구제가 내포한 파벌역학 안정화 시스템을 다음과 같이 요약했다.

중의원은 한 선거구 정수가 3~5명의 중선거구제. 자민당은 각 선거구에서 유력 파벌이 경쟁적으로 복수의 후보를 내세우고, 같은 편 때리기도 불사하며 과반수 확보를 지향한다. 야당으로의 정권교체라는 선택지는 사실상 없고, 총리는 헌법에 없는 '정권여당'의 파벌역학으로 선택

된다. 여당의 족의원[17], 횡적소통 없는 각 부처 관료, 업계 등 '철의 3각동맹'이 밀실에서 경제·사회의 이해조정을 맡았다. 각 부처를 통솔해야 할 내각은 구심력을 잃고, 여당 주도 시스템의 그늘에서 국회는 공동화했다.

(시미즈 『헤이세이 데모크라시사[平成デモクラシー史]』)

시미즈가 간파했듯이 전후 일본 정치는 "외양은 의원내각제이지만 주역이어야 할 내각과 국회를 조연으로 강등시킨 '여당·관료내각제'"가 본질이었다. 이 정치체제는 그 밀교密教적 본질을 애매하게 하면서도 현교顯教[18]차원에서 '국회 내 여야 간 공방'이라는 픽션을 공연해왔다. 이 공연은 언론과 여론, 정치가의 무의식적 공모에 의한 것이었다. 사회당이나 공산당 국회의원들은 주요 법안에 대해 자민당 정부에 늘 진지하게 도전장을 내밀고, 국회중계 TV카메라 앞에서 치열한 대립을 연출했다. 그러나 이 정치 대립의 연출은 중선거구제와 55년 체제라는 기반적인 정치 시스템을 전제로 한 대립이었다. 1980년대 말 냉전체제가 종언을 고하고, 보수·혁신의 55년 체제가 붕괴를 시작함에 따라 마침내 그 체제의 전제가 된 선거제도가 '정치개혁'의 초점으

---

17) 일본에서 특정분야·업계의 이익을 대변해 관계부처에 강한 영향력을 행사하는 국회의원.
18) 언어나 문자로 분명히 나타낼 수 있는 교리로 밀교와는 반대의 의미.

로 부상한 것은 필연이었다.

헤이세이 전기의 정치사는, 선거제도 개혁, 특히 소선거구제 도입 여부를 둘러싼 공방으로 점철됐다. 이 점에서 자민당도 사회당도 '수구파'와 '개혁파'로 두동강 났다. '수구파'로 불린 것은 중선거구제를 기반으로 한 '보수' '혁신' 간 대립구도라는 55년 체제 속에서 정치적 기반을 구축한 정치가들이었다. '개혁파'란 그런 자민당 내 파벌정치와 자민·사회 양당의 보완관계를 뒷받침해온 선거제도를 파괴함으로써 자신들의 새로운 권력기반이 구축될 것을 기대한 정치인들이었다. 자민당에서도 사회당에서도 '수구파'는 쇠퇴하고는 있었지만 여전히 주류였다. 그러므로 자·사 양당 어느 쪽이건 선거제도의 본격 개혁으로 스스로 움직일 가능성은 애초부터 높지 않았다. 왜냐하면, 현 상황이 자신의 정치 기반 유지에 반드시 불리한 것만은 아니었기 때문이다.

그런데 예상치 못한 리쿠르트 사건이 발생한 것이다. '이제부터 본격적인 정권 운영에' 나서려던 참에 정권 기반이 직격당하자 다케시타 내각은 '정치개혁'을 전면에 내걸지 않을 수 없게 됐다. 이 흐름 속에서 고토다 마사하루後藤田正晴를 위원장으로 하는 자민당 정치개혁위원회가 당의 '정치개혁대강'을 마련한다. 이 대강에서 중선거구제도의 폐해가 지적되면서 선거제도의 '발본적인 재검토'가 개혁의 근본으로 자리잡게 됐다. 권력 메커니즘의 근본이 금권선거와 정치부패의 온상이 됐다는 비판이 오랜 세월 동안 권력을 유지해온 자민당 내부에서 나오고, 이것이 헤이세이 정치사를 뒤흔든 큰 흐름이 되는 계기를 리쿠르트 사건이 제공한 것이다.

리쿠르트 사건을 계기로 자민당 파벌의 정치역학은 1980년대 말부터 1990년대에 걸쳐 액상화되어갔다. 특히 이 액상화, 아니 멜트다운이 발생한 중심무대는 과거 다나카 가쿠에이에 의해 구축됐고, 다나카가 록히드 사건으로 총리 자리에서 물러난 뒤에도 정계를 지배해온 거대한 정치 권익집단인 다나카파였다. 그리고 마치 핵폭발처럼 주위를 빨아들이며 이 멜트다운을 확대시킨 것은 오자와 이치로라는, 다나카 못지않은 개성 강한 정치가였다. 오자와는 1990년대 일본 정치는 물론, 민주당 정권 탄생에도 결정적인 역할을 했기 때문에 헤이세이 일본 정치는 오자와를 중심으로 움직여왔다고 해도 과언이 아니다. 물론 오자와는 앞에서 본 이항대립에서 보면 '개혁파'의 주동자였다. 보통의 파벌역학이나 정당의 자기보존 능력으로 보자면 일어날 리 없는 중선거구제 파괴가 1990년대 일본에서 극적인 스피드로 추진된 것은 오자와 이치로라는, 다나카 가쿠에이로 시작하면 3대째에 해당하는, 극히 특이한 보수정치인의 움직임을 빼면 이해할 수 없다.

일본신당 붐이 남긴 것

그런데, 오자와라는 태풍의 눈에 의해 다케시타파가 분열할 무렵, 항간에는 일본신당 붐이 강력하게 일고 있었다. 호소카와 모리히로 전 구마모토현 지사가 신당을 세운 것은 1992년 5월 말. 그가 같은 해 7월 참의원 선거를 위해 영입한 후보 중 한 명이 아랍어가 유창한 젊은 뉴스캐스터 고이케 유리코小池百合子[19]였다. 고이케는 가두연설에서 "나를 국회에 보내주세요. 마음껏 설쳐 보이겠습니다"라고 했다. 일본신당은 참의원 선거 비례구에서 4석을 획득했고, 참의원 의원이 된 고이케는 호소카와와 2인3각으로 일본신당의 이름을 전국에 떨쳤다. (사진 2-2)

일본신당의 도약대가 된 것이 이듬해인 1993년 6월의 도의회 선거였다. 도쿄사가와규빈 사건으로 정치불신이 갈수록 심화되면서 일본신당 붐에는 불이 붙었다. 참고로 당시 도의원 선거 쟁점이 된 것은 도쿄 임해부도심 개발 문제였다. 이미 버블경제는 붕괴하기 시작했고, 임해부도심 개발

---

19) 1952~, 방송인 출신 정치인으로 일본 첫 여성 방위상을 지냈으며, 2020년 현재 도쿄도 지사이다.

사진 2-2 참의원 선거에서 첫 당선이 결정돼 호소카와 대표(왼쪽)와 기쁨의 악수를 나누는 일본신당의 고이케 유리코(1992년 7월 26일 도쿄 미나토구 다카나와의 선거사무소에서)

의 막대한 사업비를 누가 어떻게 지불할 것인가가 쟁점이 됐다. 이 선거에서 일본신당은 대승을 거두며 일거에 도의회 제3당이 됐다. 반면 그 충격으로 사회당은 침몰했고, 요식이 차례로 낙선했다. 사회당은 자민당 정권에 대한 불만의 해소창구라는 지위를 일본신당에게 빼앗겼다.

도의회 선거 대승의 여운이 채 가시기도 전에 일본신당은 중의원 선거에 임했고, 이 역시 대승리였다. 붐은 중앙 정치에도 격진을 몰고 왔다. 당시 상징적인 것은 구 효고2구다. 이 선거구는 도이 다카코土井たか子[20] 전 사회당 위원

---

[20] 1928~2014년 사회민주당 소속 정치인으로 일본의 여성 첫 당대표와 여성 최초 중의원 의장을 역임했다.

장의 근거지였는데 참의원을 그만두고 이곳에서 도전한 고이케가 당선한다. 이 선거구는 24년 전 무역상이었던 고이케의 아버지가 출마했다 패배한 곳이기도 한 만큼 운명의 승리로도 일컬어졌다. 그러나 더 중요한 것은 이 선거에서 주요 노동조합이 도이 대신 고이케 지원으로 돌아섰다는 점이다. 그 몇해 전 도이가 이끄는 사회당은 소비세 인상과 리쿠르트 사건에 휘말린 다케시타 정권을 몰아붙이면서 전국에 도이 붐을 불러 일으켰다. 그로부터 수년 뒤에는 붐의 축이 일본신당으로 이동했고, 사회당은 노조의 후원을 잃고 표류하기 시작했다. '전후戰後'가 진정으로 막을 내리던 순간이었다.

이 선거에서 일본신당 신인으로 중의원에 입성한 정치인 중에는 후일 총리가 되는 노다 요시히코野田佳彦[21]를 비롯해 마에하라 세이지前原誠司, 에다노 유키오枝野幸男 등 민주당 주요 멤버가 포함됐다. 즉, 1992년부터 1993년에 걸친 일본신당 붐은 이후 민주당 정권과 2016년 도쿄도지사 선거의 고이케 붐에 이르기까지 사반세기 동안 이어진 일본정치 유동화의 또 하나의 도화선이었다.

물론 헤이세이 초기 일본신당 붐에서 등장한 것이 고이케와 에다노, 마에하라, 노다 등 오늘날에 이르는 '포스트

21) 1957~. 2011~2012년에 걸쳐 민주당 정권의 마지막 총리를 지냈다.

자민당'의 당사자들이었다고 해도 호소카와 정권은 그들의 손으로 탄생시킨 것이 아니다. 호소카와 정권 탄생의 막후를 좌지우지한 것은 앞서 말한 대로 오자와 이치로다. 오자와는 1993년 7월 총선거에서 자민당을 과반수 밑으로 끌어내리더니 비자민 8당파 연립의 움직임을 경이적인 스피드로 묶어냈다. 총선 후 오자와 등은 곧바로 사회당, 공명당, 민사당, 사회민주연합, 민주개혁연합 등 당파와 연립정권 수립 합의를 이끌어냈다. 한편 자민당 과반수 획득실패로 정치의 캐스팅보트를 쥔 일본신당과 신당 사키가케는 통일회파를 결성한 뒤 자민, 비자민 양쪽과 교섭에 들어갔다. 이때 오자와는 한발 앞서 연립정권의 수반에 호소카와를 세우는 방침을 굳히고 일본신당을 끌어들이는 데 성공한 것이다. 당시 비자민의 각당파에는 신당 사키가케의 다케무라 마사요시武村正義 등 오자와에 강한 반감을 가진 인물도 있었지만 완력 좋은 현실정치인 오자와의 민첩함을 따라잡을 이는 없었다.

선거제도 개혁의 전말──개혁파와 수구파

호소카와 정권은 자민당 비판여론을 배경으로 선거제도 개혁을 최대목표로 내걸며 생각도 입장도 다른 여러 당파를 오자와가 솜씨 좋게 하나로 모아 성립한 정권이었다. 그런 만큼 권력기반은 극히 취약했다. 특히 최대의 불안정 요인은 사회당에 있었다. 왜냐하면 사회당은 자민당 정권에 대항한다는 명분으로 신정권에 참가했지만, 정작 중요한 선거제도 개혁에는 부정적인 정치인들이 많았기 때문이다. 게다가 사회당은 당시 선거에서 의석수가 종전의 134석에서 70석으로 반토막났다. 즉, 자민당 이상으로 시대 변화에 뒤처진 탓에 정권에 참가한다고 해도 장기적으로 당에 플러스가 될 전망이 전혀 없었다. 그럼에도 불구하고, 여론의 흐름은 '정치개혁', '선거제도 개혁'에 적극 나설 것을 요구했고, 노조로부터도 서서히 외면받는 상황이어서 사회당은 유리하지는 않을지라도 '개혁'에 적극적인 태도를 보이지 않을 수 없었던 것이다.

실제로, 선거제도 개혁 법안심의에서도 사회당의 어정쩡한 입장이 걸림돌이 됐다. 당시 선거제도 개혁에 대한 '적극파=개혁파'와 '소극파=수구파'의 포진은 호소카와 연립정권 대 야당이 된 자민당 구도에 정확히 대응하지는 않았다. 연립정권 내에도 개혁소극파는 있었고 자민당 내에도 개혁적극파가 있었다. 오자와가 영향력 확대를 위해 '정치개혁'이라는 테마를 활용한 측면이 있고, 이것이 반발을 초래했다. 이런 복잡한 포진 속에서 호소카와는 선거제도 개혁법안의 연내 처리를 꾀했고, 우선 1993년 11월에 중의원에서 법안을 여당만으로 통과시켰다. 그러나 이듬해 1월 참의원에서는 사회당의 조반造反으로 부결되고 만다. 그러자 호소카와는 자민당 내 개혁추진파 의원들까지 참여하는 궐기집회를 열었고, 1월 말에는 호소카와와 자민당 총재인 고노 요헤이河野洋平와의 영수회담을 통해 양당이 법안처리에 합의했다. 이렇게 해서 정치개혁 관련법안은 여야 타협을 거쳐 합의돼 1994년 3월 성립하게 된 것이다. (표 2-1)

그러나 무지개연합은 어차피 무지개연합이었을 뿐이다. '정치개혁'이라는 절대적 목표가 달성된 이상, 결속할 이유는 애매해진다. 그럼에도 구심력을 강화하려 들면, 반발도 강해진다. 본래부터 오자와 정치에 반감이 있었던 신당 사키가케와 선거제도 개혁에 마지못해 따라온 시회당에는 호소카와 정권에서 오자와의 영향력이 커지면 커질수록 반발이 강해지는 필연성이 있었다. 그럼에도 호소카와 총리에 대한 지지율은 여전히 높았고, 호소카와 본인도 정치개혁에 이어 행정개혁과 지방분권, 그리고 세제개혁에 착수하려는 의욕을 보이고 있었다. 그러므로 호소카와가 높은 지지율을 유지하고 있는 동안에는 정권 내 변방에 위치한 사람들도 정권에 정면으로 반기를 들기는 어려운 상황이었다. 그러나 이 호소카와 개인의 인기가 사라지면, 결속의 도금이

표 2-1 1990년대 정치개혁·선거제도 개혁의 움직임

1988년 6월	리쿠르트 사건이 발각. 정치불신이 확산되고 '정치개혁'이 어젠다가 됨
1988년 12월	고토다 마사하루를 회장으로 하는 '정치개혁위원회' 설치. 정치개혁 방향에 대한 논의가 시작됨
1989년 12월	공직선거법이 일부 개정돼 기부금지가 강화됨
1991년 8월	공직선거법 개정안, 정치자금규정법 개정안, 정당조성법안 등 3개 법안이 국회에 제출됨(이른바 '가이후 3안')
1991년 9월	소선거구 비례대표 병렬제에 대한 비판이 강해지고, 여야 쌍방의 반대로 가이후 3안이 폐기됨
1992년 10월	도쿄사가와규빈 사건으로 자민당 실력자인 가네마루 신이 중의원 의원을 사직. 정치개혁 기운이 가속화됨
1992년 12월	공직선거법, 정치자금규정법 일부 개정, 정치윤리의 확립을 위한 국회의원 자산 공개 등에 관한 법률이 성립. 국회의원 자산공개가 의무화됨
1993년 3월	자민당에 의해 정치개혁 4개법안이 제출됨. 중선거구제에서 단순 소선거구제로의 전환이 주장되지만, 야당은 소선거구비례대표 병용제 도입을 주장해 심의가 난항
1993년 6월	미야자와 내각에 대해 불신임안이 제출됨. 자민당 내의 개혁파가 이에 찬성해 성립. 해산총선거를 실시하게 됨. 자민당 내의 개혁파는 탈당해 '신생당'을 결성
1993년 7월	제40회 중의원선거에서 자민당이 패배. 55년 체제가 붕괴하고 호소카와 내각이 성립
1993년 9월	호소카와 내각이 공직선거법 개정(소선거구비례대표 병립제), 중의원선거구획정심의회 설치법안, 정치자금규정법 개정안, 정당조성법 등으로 구성된 정치개혁관련 4개법안을 제출
1994년 3월	정치개혁관련 4개 법안이 일부 수정을 거쳐 성립됨. 참의원 부결로 양원협의회에서 성립

(출처) 요시다 겐이치 「헤이세이 초기 '정치개혁'기의 연구——다케시타 내각에서 호소카와 내각까지」『가고시마대학 이나모리 아카데미 연구기요』 2012년 등에 의거해 작성

벗겨지면서 원심력이 일거에 구심력을 능가하게 된다.

이 암전暗転의 전조는 호소카와-고노 영수회담에서 정치개혁 관련법안 처리의 가닥이 잡힌 직후에 나타났다. 적자국채 발행을 피하기 위해 오자와는 소비세 증세가 필요하다고 판단했지만, 사회당과 신당 사키가케는 이에 강력히 반대했다. 의견 불일치를 보이는 가운데 호소카와는 2월 3일 새벽 1시 회견을 열어 국민복지세 구상을 발표해버린다. 후생대신과 관방장관에게도 알리지 않은 채 발표했기 때문에 정권안팎에서 맹렬한 반발이 일었고, 연립여당 대표자회의에서 철회가 합의됐다. 본래부터 입장이 다른 연립여당이 정치개혁 이외의 정책에서 합의를 이루기는 극히 곤란했던 만큼 정치의 앞날에 암운이 깔리기 시작했다. 이 무렵 자민당은 호소카와의 인기만 사라지면 연립정권의 실속력이 사라질 것을 꿰뚫어 보기라도 한 듯, 사가와규빈그룹에서 빌린 돈 문제로 호소카와에 대한 공격을 강화했다. 미래로의 돌파구가 보이지 않는 데다 신상에 대한 공격이 강화되자 호소카와는 4월 8일에 사의를 표명하며 미련없이 총리직을 내던지고 만다.

1993년 호소카와 정권의 탄생은, 일본신당 붐 속에서 부상한 새로운 세대의 정치인과, 정치개혁을 둘러싼 입장차로 자민당을 뛰쳐나온 오자와 등 보수계 세력들의 합류로

빚어낸 산물이었다. 이 합류는 일시적인 것이었지만, 그 최대 성과는 선거제도 개혁법안의 성립이었다. 이 법안이 성립하지 않았다면 그후의 고이즈미 정치도, 민주당 정권의 탄생도 불가능했을 것인 만큼 엄청난 성과였다. 신당 붐이 총리를 탄생시킨 것도 자민당 지배 시대에는 있을 수 없는 것이었다. 그러므로 확실히 1993년부터 1994년에 걸쳐 일본 정치의 기반은 전환했던 것이다. 그러나 선거제도 개혁 외에는 호소카와 정권이 성과를 남겼다고는 말할 수 없다. 호소카와에게는 위기를 뛰어넘어 정권을 유지해가는 강인함이 없었다. 본래 붐에 의존한 정권이 그런 강인함을 갖기란 불가능했다.

노조의 변절 사회당의 곤경

극장의 기본구조는 그 무대에서 상연되는 드라마의 구성에 상당한 영향을 미친다. 노能(전통 가면극-역주)의 무대에서는 노가, 가부키 극장에서는 가부키가, 근대적인 프로시니엄 무대(객석에서 볼 때 원형이나 반원형으로 보이는 무대-역주)에서는 근대극 상연이 어울리듯이 중선거구제와 소선거구제라는 다른 틀을 전제로 상연되는 정치 드라마는 자연히 서로 다른 경향을 보이게 된다. 1990년대 중의원 선거체제의 근본이 변화한 것은, 만년야당으로 무사태평했던 사회당의 존속을 곤란하게 만들었다. 다른 한편으로, 이 기반의 변화는 자민당 내부의 정치역학도 격변시켜 파벌역학의 영향력을 약화시키고 총리=당수로의 권력집중을 가능케 했다. 사회당은 이 역학의 역사적 변화에 마지막까지 둔감했던 탓에 얼마 안 가 역사 속으로 사라졌다. 이 변화의 의미를 누구보다도 빨리 깨닫고 최대한 활용했던 이는 총리가 된 고이즈미 준이치로小泉純一郎[22]였다.

1990년대 사회당의 급격한 쇠퇴에는 몇 개의 복선이 있었다. 그중에서 가장 결정적인 것은 노동조합의 변화다. 1980년대 초까지 일본 노동조합은 일본노동조합총평의회(총평), 전일본노동총동맹(동맹), 중립노동조합연락회의(중립노련), 전국산업별노동조합연합(신산별) 등 4개로 나뉘어서 있었고 총평이 전 조직 노동자의 36%인 약 450만 명을 거느린 최대조직이었다. 다카노 미노루高野実에 의한 온가족, 온지역 투쟁노선이 오타 가오루太田薰·이와이 아키라岩井章의 경제투쟁 중시노선으로 바뀐 뒤에도 총평은 사회당의 주요한 지지모체로 강력한 영향력을 유지했다. 그런데 1980년

---

22) 1942~. 2001~2006년 일본 총리를 역임했고, 재임중 우정민영화 개혁 등에 앞장섰다. '일본 최고의 선동가'라는 별명이 있을 정도로 대중 연설에 능하며, 퇴임이후에도 일본 국민의 지지가 높다. 2011년 후쿠시마 원전사고 이후 '탈원전' 운동에 앞장서고 있다.

대 들어 노사협조지향의 '동맹'을 중심으로 노동조합 전체를 재편·통일하는 움직임이 강해진다. 이는 일본관공청노동조합협의회(관공노) 중심의 총평과 민간기업조합 중심의 동맹이라는 구조 속에서 공공 부문의 축소와 민간부문 확대에 대응하는 움직임이었다. 1980년 민간의 산업별단일노동조합(단산)을 추진하는 노동전선통일추진회가 발족하면서 전기노련, 철강노련, 전력노련, 자동차총련 등 민간 대기업 노조의 이니셔티브에 의한 노동조합 통일의 움직임은 가속화했다.

이 통일화 움직임에서 간과해선 안 되는 것은 좌파계의 관공노를 배제하려는 흐름이 명확해졌다는 점이다. 통일추진회는 1981년 '노동전선통일의 기본구상'에 기초해 그들의 움직임을 "우익적 재편이라고 일방적으로 단정하며 교조적인 비방·방해를 꾀하는 단체, 조직 등에 대해서는 강경 대응"하겠다고 밝혔다. 이에 총평 집행부는 '반자민, 전체 야당의 결집'이나 '선별주의 반대'가 통일화의 전제임을 확인하지만, 조직 내부의 의견 불일치도 나타나면서 민간노조 주도의 통일화 움직임에 끌려가게 됐다. 오타 가오루나 이와이 아키라 등 일찍이 총평의 춘투노선을 리드했던 고문들은 민간주도의 통일화가 전후 노동운동을 자멸하게 만들 것이라며 비판을 강화했지만, 이와이의 기반인 국노는 국

표 2-2 최대 노동조합 '렌고(連合)'의 형성

1982년	전일본민간노동조합협의회 결성, 내셔널센터의 합동에 의한 노동전선통일을 목표로 설정
1986년	제5회 전일본민간노동조합협의회 총회에서 이듬해 가을까지 내셔널센터를 연합체로 이행하기로 결정
1987년	민사당계의 전일본노동총동맹과 중간파인 중립노동조합연락회의 해산. 전일본민간노동조합연합회(민간연합) 발족
1988년	좌파 비공산당계의 전국산업별노동조합연합 해산, 민간연합에 합류
1989년	사회당계인 일본노동조합총평의회가 해산해 합류를 결정. 민간연합이 발전개조해 일본노동조합총연합회(렌고)가 결성됨

(출처) 일본노동조합총연합회 웹페이지(https://www.jtuc-rengo.or.jp/) 등

철분할과 민영화 속에서 조직자체가 붕괴 위기에 처했고, 일본교직원조합(일교조)을 비롯한 다른 관공노도 예전의 힘을 상실했다.

그리하여 1987년 전일본민간노동조합연합회(민간연합)이 발족했다. 가맹단산單産[23] 수 55개, 산하 조합원수 539만 명이었으나 1989년에 총평계의 단산이 가세해 78개 단산, 조합원 약 800만 명의 거대한 전국통일노조가 됐다. (표 2-2)

일본노동조합총연합회連合(렌고) 발족과 함께 그때까지의 노동운동을 주도해온 동맹, 중립노련, 신산별은 1988년까지 해산했고 총평도 1989년 해산했다. 공산당계 노조는 이에 반발해 전국노동조합총연합(전노련)을 결성하지만, 제한된 세력으로 머물렀다. 또 총평의 렌고로의 통합을 비판해

---

23) 단산은 기업별 노조를 단위조합으로 하는 산별연합체를 가리킨다.

온 오타 가오루, 이와이 아키라, 이치카와 마코토市川誠 등 예전의 총평 간부도 일련의 움직임에 반발해 전국노동조합 연락협의회(전노협)를 결성하지만, 소규모 조직에 머물렀다.

자멸로 치닫는 사회당의 혼란

총평을 중심으로 한 관공노 계열 노동조합이 내부붕괴로 치달은 것은 사회당의 조직적 기반을 두드러지게 약화시켰다. 확고한 조직적 기반을 상실한 사회당은, 1990년대 들어 내리막길로 치달았다. 그 얼마 전 사회당에는 총평계 노동조합에 의존하는 좌파정당에서 유럽 사회민주주의 정당처럼 풀뿌리적인 저변을 가진 리버럴 정당으로 전환할 최후의 찬스가 있었다. 쇼와에서 헤이세이로 전환할 무렵 일었던 도이 붐이 기회였다.

1986년 여름 중의원 중·참 합동선거 참패의 책임을 지고 이시바시 마사시石橋正嗣가 사회당위원장을 사임하자 후임에 첫 여성 당수인 도이 다카코가 취임했다. 도이는 빈틈없는 준비를 토대로 똑부러지는 발언들을 이어갔고, 당시 '마돈나'로 일컬어진 여성 후보들을 적극 옹립하는 등 여성층을 겨냥한 선거전술을 전개하면서 쇠퇴일로의 사회당을 부활로 이끌었다. 특히 1980년대 말 소비세 도입과 리쿠르트

사건으로 다케시타 정권이 궁지에 몰리자 '안 되는 것은 안 된다ダメなものはダメ'라는 단순하고도 호소력 짙은 구호로 대중의 마음을 사로잡았다. 1989년 참의원 선거에서 자민당은 36석을 얻은 반면 사민당은 46석을 획득해 자민당을 비개선 의석[24]을 합쳐도 과반수가 못되도록 몰아 붙였다. 1990년 총선거에서도 도이의 사회당은 1960년대 최전성기에 버금가는 136석을 얻었다. 도이가 이 무렵 시도한 것은 사회당의 중심을 '계급'에서 '젠더'로 전환하는 것이었다. 이 전환 이후에는 '지역'과 '세대' 즉, 지방과 고령화 문제를 축으로 하는 새로운 사회당의 전략이 부상할 참이었다. 이 시기 사회당에는 정권교체를 이룩할 수권정당으로의 변신이 기대됐다.

그러나 사회당 주류 정치인들의 반응은 무뎠다. 다나카파에서 다케시타파로 고스란히 이어진 자민당식 금권정치에 대한 반감이 극에 달한 이 시기, 도이 사회당이 중의원에서 더 많은 후보자들을 옹립할 수 있었다면 자민당을 압박해 정권교체의 주도권을 쥐는 것도 불가능하지는 않았다. 또 사회당이 노조의 당에서 여성의 당으로, 지역과 고령자, 청년, 신자유주의에 의해 희생되어가는 다양한 시민을 대

---

24) 일본 참의원에서는 의석수의 절반을 3년마다 선거로 선출한다. 그러므로 절반은 비개선의석이 된다. 반면 중의원의 경우 선거 때마다 전원을 선출하기 때문에 비개선의석은 없다.

변하는 당으로, 그 성격을 확실하게 전환시켰더라면 1990년대 일본 사회가 사회당을 저버리는 일도 없었을지 모른다. 그러나 당시 사회당 내부에서조차 각 선거구에 복수후보를 세우는 데 주저했고, 애당초 정권교체는 기대조차 할 수 없는 규모의 후보만을 옹립할 수 있었다. 만년야당에 익숙한 사회당에서는 도이를 기수로 정권에 도전하기보다 도이의 분투로 당의 쇠퇴에 제동이 걸린 데 안도한 사람들이 많았다. 요컨대 위기의식이 부족했던 것이다. 결국, 사회당은 천재일우의 찬스를 살리지 못했고, 살아남기 위한 실마리를 놓쳐 버렸다.

게다가 총평이 렌고로 흡수되면서 노동조합의 기반을 잃었고, 1991년 통일지방선거 패배의 책임을 지고 도이가 위원장에서 물러나자 사회당 내부분열과 혼란은 돌이킬 수 없을 정도로 치달았다. 이 혼란은 결국 사회당 일부가 오자와에 동조해 호소카와 정권에 참여하는 방향으로 이끌었고, 그에 반발하는 다른 쪽이 연립정권에서 이탈해 자민당·사회당·신당 사키가케 정권에 참여토록 했다. 도이의 후임 위원장인 다나베 마코토田辺誠가 가네마루 신과 가깝다는 이유로 퇴임하자, 그 뒤를 이은 야마하나 사다오山花貞夫가 전자 쪽에 매진했다. 야마하나는 오자와를 중심으로 하는 호소카와 연립정권의 움직임에 적극 협력했고, 본인도 호소카와 정권의 정치개혁 담당대신이 됐다. 소선거구제 도입에 저항하는 사회당에 대응하기 위해 일부러 사회당 대표에게 책임자를 맡도록 한 오자와다운 책략이 쉽게 읽혀진다. 도이는 중의원 의장 취임을 부탁하러 온 야마하나에게 사회당 위원장이 호소카와 정권의 각료로 입각해서는 안 된다고 충고했지만, 야마하나는 오자와와의 연대를 선택했다. 그 직전에 실시된 총선거에서 사회당은 의석이 134석에서 70석으로 급감하면서 수년 전 도이가 획득한 미래 자원을 모두 잃고 말았던 터라, 더 이상 자력으로 정권획득은 불가능한 상태였다.

점차 쇠약해지는 사회당이 버둥거리며 오자와 등의 움직임에 합류한 것은 사회당의 미래에 마이너스였다. 이미 언급한 대로 소선거구제 개혁은, 사회당에게는 플러스기 되지 않는다. 자민당에 대항하는 정권교체 정당이 되려면 사회당이 후일의 민주당처럼 보다 중도적인 시민정당으로 변신하는 것이 불가결했다. 기세 좋던 도이 사회당조차 불가능했던 것이, 쇠퇴기미가 현저한 사회당에서 될 턱이 없었다. 게다가 사회당에서는 선거에서 의석수 급감의 책임을 지고 야마하나가 위원장을 사임하면서 후임 위원장에 입장이 다른 무라야마 도미이치가 선출됐다. 그 결과 호소카와 정권에 참여한 야마하나 등과, 무라야마를 중심으로 하는 당 사이에 균열이 깊어졌다. 이 혼란스런 상황이 호소카와 정권의 정치개혁 관련법안에 사회당 참의원 의원들이 반기를 들게 된 원인이지만, 위원장인 무라야마 본인도 입각한 멤버들과 개인적으로 가깝지 않았다. 특히 전 위원장인 야마하나와는 긴밀한 소통이 없는 등 사회당은 실질적인 분열상내였다. 이런 상태의 정당에서는 연립정권에 참여했더라도 오자와에 대항해 존재감을 나타내기란 도저히 불가능했다.

결국, 호소카와 퇴진 후의 연립정권 운영에서 사회당은 당초 하타 내각에도 참여할 생각이었지만, 오자와 등이 신생당, 일본신당, 민사당 등 의원 130명으로 새 교섭단체를 만들기 위해 나서자 이에 반발하며 정권에서 이탈한다. 오자와는 사회당보다 훨씬 큰 대규모 교섭단체를 만들어 하타정권을 힘으로 운영하려 했을 것이고, 그런 큰 중심이 생겨나면 사회당은 조만간 붕괴할 것으로 예상했다. 한편, 정권을 되찾으려는 일념에 불타던 자민당이 사회당에 추파를 보냈다. 노나카 히로무野中広務에 의하면 사회당이 정권에서 이탈하자 사회당 정치인과 친분이 있던 가메이 시즈카亀井静香와 가지야마 세이로쿠梶山静六, 노나카 등이 접근하기 시작하면서 '무라야마 총리'의 흐름이 굳어졌다고 한다. (미쿠리야[御厨]·마키하라[牧原] 편 『노나카 히로무 회고록[野中広務回顧録]』 비자민의 권력기반 확립을 꾀하던 오자와에게 '호소카와 총리'가 전술의 일종인 것과 마찬가지로, 정권을 탈환하려는 자민당에게도 '무라야마 총리'는 전술적인 선택 이상은 아니었다. 즉 무라야마 내각 탄생에서 사회당이 수행한 역할은 어디까지나 소극적이었으며, 자민당 회생이라는 당리당략에 이용됐던 것이다.

호소카와 정권 참여로 소선거구제 도입에 반대할 길이 막혔고, 그로부터 이탈해 봤자 이번에는 자민당의 권력 복귀를 돕는 디딤돌로 전락한 사회당에게 이제 남은 것은 애잔한 임종뿐이었다. 1996년 1월 무라야마는 총리를 사임했고, 정권은 하시모토 류타로에게 계승됐다. 거의 동시에 사회당은 사회민주당으로 개칭했고, 얼마 안 가 하토야마 유키오鳩山由紀夫[25] 등이 이끄는 민주당과 당대당 통합을 결정한다. 그런데 하토야마가 이를 거부하면서 개별 입당으로 바뀐다. 이 때문에 민주당으로 옮긴 이, 사회당에 남는 이, 신당을 결성하는 이 등으로 뿔뿔이 흩어지면서 사회당은 글자 그대로 공중분해됐다. 무라야마 도미이치의 회고에 의하면 총리시절, 사회당 국회의원들은 '정권의 일을 남일'처럼 여겼다. 무라야마는 "모처럼 사회당 위원장이 총리

---

25) 1947~. 일본 정치 명문가 출신으로, 증조부 하토야마 가즈오는 중의원 의장을 지냈고, 조부 하토야마 이치로는 총리를 지냈다. 민주당 대표시절인 2009년 8월 중의원 선거에서 압승하며 54년 만에 정권교체를 달성한 뒤 총리가 됐으나 오키나와 후텐마 기지이전 문제 등에서 정책혼선 책임을 지고 2010년 6월 총리를 사퇴했다.

대신이 돼 정권을 쥐고 있으니 사회당은 이 기회에 당세를 확장하든가, 당의 정책을 실현한다든가 여러 할 일이 있다고 생각했다. 그러나 당시 사회당 의원들은 '여당이 되니 마음대로 말도 못한다', '야당시절이 좋았다'며 불만스러워했다."(야쿠시지[薬師寺] 편 『무라야마 도미이치 회고록[村山富市回顧録]』) 아주 글러먹었던 것이다.

자민당을 때려부순다──고이즈미 극장의 작동방식

　사회당을 디딤돌로 되살아난 자민당 정권은, 하시모토 내각에서 주센住専문제와 야마이치증권을 비롯한 금융위기에 대응하는 한편 오키나와 후텐마普天間기지 반환에 관한 미국과의 합의를 마무리지었다. 1996년 10월에는 소선거구비례대표병립제에 의한 첫 중의원선거에서 승리하며 제2차 하시모토 내각이 출범했다. 하시모토는 제2차 내각에서 행정개혁에 본격 착수해 성청省庁(한국의 부처에 해당하는 중앙관청-역주) 재편으로 나아갔다. 동시에 1997년 11월에는 재정구조개혁법을 통과시키고, 적자국채를 삭감해 재정재건으로 향하는 길을 열려 했다. 그러나 1998년 7월 참의원 선거 참패의 책임을 지고 사의를 표명하면서 하시모토 내각은 2년 반 만에 막을 내렸다. 뒤이어 등장한 오부치, 모리 등 두 내각은 모두 인기가 없었고 자민당에 대한 불만은 커졌다. 특히 정권 말기 모리 내각은 지지율이 최악이어서 불신임 결의안 성립을 노린 '가토의 난'을 초래할 정도였다. 정치, 경제 모두 혼미한 가운데 일본은 바뀌지 않으면 안된다는 정서가 분출했다. 그런 감정의 분출은 정치적으로 이용가치가 있다. 이 변화에 대한 열망 속에 재등판을 꾀한 하시모토 류타로와 고이즈미 준이치로가 대결에 나섰으나 가두 전술에서 언론의 관심과 대중적 인기를 거머쥔 고이즈미가 총리 자리를 차지했다.

고이즈미 정권은 과거의 어느 자민당 정권과도 다른 포퓰리즘형 정치를 전개했다. 굳이 말하자면 대중적 인기를 정치적인 힘으로 삼는다는 점에서 일본신당의 호소카와 정권에 가까웠지만, 고이즈미는 호소카와보다도 훨씬 교활했다. 그는 파벌 기반이 없는 점을 역이용해 조각組閣에서도 총리의 권한을 전면에 내세우며 종래의 파벌안배 인사에서 벗어나 각료와 당 인사를 모두 직접 결정하는 '총리주도'를 국민에게 과시했다. 많은 여성을 각료에 임명했으며 다나카 마키코田中真紀子[26]를 외무상에 임명했을 뿐 아니라 이시하라 노부테루石原伸晃를 행정개혁·규제개혁상, 민간 출신의 다케나카 헤이조竹中平蔵를 경제재정정책담당상으로

---

26) 정치인으로 다나카 가쿠에이 전 총리의 딸이다.

시명했다. '구조개혁없이 경기회복 없다'는 슬로건으로 도로관련 4개 공단, 석유공단, 주택금융공고公庫 등 민영화를 포함해 '성역없는 구조개혁'을 추진하겠다는 방침을 내세웠다. 구조개혁 노선이 환영받으면서, 고이즈미 내각은 약 80%의 경이적인 지지율을 기록했다.

고이즈미 정권에서 정책운영의 주축은 다케나카 헤이조를 좌장으로 한 경제재정자문회의였다. 하시모토 행정개혁을 계기로 탄생한 이 회의체를 고이즈미는 대장성 주계국이 주도하는 성청 다테와리縱割り식[27] 예산편성을 관저주도의 예산편성으로 전환하는 장치로 십분 활용했다. 즉, 추진하려는 정책의 구체안을 먼저 경제재정자문회의에서 입안토록 하고, 이를 각료회의 결정으로 뒷받침함으로써 대장성의 실무조정을 방향짓는 것이다. 이 과정에서 기획과 승인, 실시 등 3가지 기능이 나뉘어 순환하는 시스템이 만들어졌고, 이는 활용 가치가 컸다.

기획의 주체인 경제재정자문회의에서 다케나카는 우선 일부 재무성, 경제산업성의 전 관료와 정무비서관 등 측근과의 '비밀회의'를 열어 전략목표를 가다듬었다. 이를 기초

---

27) 각 성청이 중앙정부에서 자치단체에 이르기까지 관할 별로 지배하는 피라미드형 행정시스템을 가리킨다. 특히 부조리한 역할분담이나 각 성청의 관할의식 과잉으로 행정서비스가 비효율에 빠지는 폐해를 가리키는 용어로 많이 쓰인다. 이하에서는 '관할주의'로 번역했다.

로 자문회의 "민간의원 4명이 연명으로 급진적인 제언이 담긴 '민간의원 페이퍼'를 자문회의에 제출한다. 어느 정도의 타협은 염두에 두고 70~80점 선에서 착지를 노린다. 야구로 치면 '〈투수가 타자를 희롱하기 위해〉 스트라이크 존보다 높게 던진 공'인 셈이다. 민간의원과 이에 반대하는 각료들 간에 격론이 벌어지면 마지막은 고이즈미가 '총리 재량'을 발휘해 1건 낙찰"로 마무리하는 무대회전의 정형적인 연출기술이 만들어졌다.(시미즈, 앞의 책) 이렇게 해서 2001년 6월에는 '경제재정에 관한 기본 방침 2001'이 각의 결정된다. 여기에는 경제자산을 효율이 낮은 부문에서 성장분야로 돌리는 '구조개혁' 단행과 우정郵政분야 3개 사업의 민영화, 국채발행 30조 엔 이하 억제, 공공투자의 대폭삭감, 사회보장제도와 지방재원의 전면 재검토 등 고이즈미 개혁의 주축이 될 정책 대부분이 담겼다.

마침내 고이즈미 정권은 우정 민영화를 구체제 타파의 결전장으로 삼는다. 2004년 9월 경제재정자문회의와 각료회의[28]에서 우정민영화의 기본방침이 결정되지만, 그 최대목표는 재정투융자의 축소였다. 막대한 우편저금과 간이보험 자금이 국가 재정의 돈주머니가 되면서 적자재정과 특수법인의 비효율적 운영을 떠받치고 있다는 지적을 받아왔

---

28) 한국의 국무회의와 같다.

다. 이들 자금이 정부기관이 아니라 개인이나 민간 투자에 쓰이게 되면 경제 활성화가 기대된다는 주장도 제기됐다. 반면 우정사업을 기반으로 한 재정투융자가 이뤄지지 않으면 국가재정이 위기에 빠지는 것 아니냐는 비판, 재정투융자의 축소보다 특수법인 재검토를 우선시해야 한다는 주장, 민영화로 지방 우체국이 존립하지 못하게 되는 등 우편의 공익성이 침해된다는 반론도 만만치 않았다.

찬반양론의 소용돌이 속에서 고이즈미 정권은 2005년 4월 우정민영화 관련법안을 국회에 제출했다. 국회에서는 야당은 물론 자민당 내에서도 우정족의원을 중심으로 강경한 반발이 있었고, 조반의원도 다수 나왔다. 중의원에서는 간신히 가결됐으나, 참의원에서는 법안이 부결되면서 폐기됐다. 고이즈미 총리는 민영화의 찬반을 국민에게 묻겠다며 즉각 중의원 해산과 총선거로 맞섰다. 자민당에서는 민영화에 반대한 의원은 공천에서 배제됨에 따라 신당을 결성하거나 무소속으로 출마해야 했다. 이들 의원의 선거구에 자민당 집행부는 '자객'으로 불리는 대항후보를 공천했다. 의원들은 줄줄이 낙선했다. (사진 2-3) 철저한 반대파 분쇄는 '우정 민영화'를 총선거의 유일 절대 쟁점으로 삼은 고이즈미식 '극장정치'의 교묘한 전술이었다. 그 결과 고이즈미 자민당은 압승했고 선거 후 특별국회에서 법안은 가결됐다.

사진 2-3 우정민영화 관련법안에 반대한 노다 세이코에 대항하는 '자객'으로
기후 1구에 입후보한 사토 유카리(오른쪽)의 지원유세를 하는 고이즈미 총리
(2005년 9월 6일 기후시)

　고이즈미 정권은 무엇이었는지 살펴보기 위해서는 고이
즈미에 일관되게 비판적이었던 노나카 히로무의 시점에
서 출발하는 것이 좋다. 노나카는 고이즈미 정권이 한마디
로 '한편의 연극'이었다고 간주한다. 도로공단 민영화를 예
로 들면 고이즈미 개혁으로 '시행동결' 지시를 받은 공사들
대부분은 그후 동결이 해제돼 예정대로 실현됐다. "그것은
결국 연극"이었을 뿐이라고 노나카는 단언한다. 그러나 당
시 언론도 학자도 경제인도 고이즈미의 화려한 '연극'을 환

영했다. 보통 사람들은 고이즈미의 싸움 연기에 열광했다. "그의 정치수법을 지켜보며 일본은 망하겠구나 싶었다"고 노나카는 말했다. (미쿠리야·마키하라 편 앞의 책) 바닥부터 철저히 쌓아 올라가는 정치를 신봉해온 노나카는 고이즈미의 포퓰리스트 정치에 강한 혐오감을 느꼈던 것이다.

하기야 고이즈미에게도 노나카는 처음부터 적이었다. 그가 자민당 총재선거에 출마하면서 "자민당을 때려 부수겠다"고 선언한 것은 유명하지만, 그 자민당이란 다케시타 노보루 밑에서 더욱 넓게 뿌리를 뻗었고, 오자와를 이단이라고 배척하면서도 하시모토 류타로나 오부치 게이조가 승계해간 구 다나카파=게이세이카이가 지배하던 자민당을 가리킨다. 고이즈미의 싸움이란, 무엇보다 우선은 다케시타파-하시모토파와의 대결이고, 당내 기반에서 열세인 그는 이 대결에서 이기기 위해 대중의 압도적인 지지를 얻는 포퓰리즘 정치를 필요로 했던 것이다. 그리고 노나카는 하시모토, 오부치 2대에 걸쳐 대파벌을 지켜온 경호대장이었다. 이 때문에 고이즈미 입장에서 보면 노나카는 '저항세력'의 대표였다. 그 저항세력은 야당보다도 자민당 내부가 훨씬 버거웠고, 정말로 '자민당=게이세이카이를 때려부순다'는 각오가 없다면 싸움에 이길 가망이 없었다.

고이즈미와 자민당과의 관계는 1990년대에 걸쳐 치열한 대결을 거듭해온 오자와와 자민당 간의 관계와는 질적으로 달랐다. 오자와의 경우, 자민당을 뛰쳐나와 신당을 만들고, 권모술수를 동원해 자민당을 궁지에 몰았지만, 그 정치 수법은 구 다나카=다케시타파와 매우 흡사한 것이었다. 그러나 고이즈미가 자민당의 지배체제와 싸우기 위해 도입한 것은 오자와적인 수법 대신 직접 언론 앞에 나서서 자신의 말과 퍼포먼스로 적이 누구인지를 시사하고, 대중을 자기편으로 끌어들임으로써 정세를 전환시키는 방법이었다.

우치야마 유内山融는 고이즈미 정권의 정치수법에는 두 가지 일관된 특징이 있다고 지적한다. 첫째는 "인상적인 한마디의 활용"과 "선악의 대립구도를 강조하는 정치의 극장화"를 통해 유권자의 감정적 지지를 확보해가는 것이다. '적'이 누구인지를 '한마디'로 지목하고 자신을 그 강력한 적에 대항하는 도전자로 연출한다. 이는 포퓰리즘의 전형적인 수법이고, 오사카나 도쿄에서 하시모토 도오루橋下徹[29]나 고이케 유리코의 정치, 또는 도널드 트럼프의 정치수법과도 통한다. 두 번째로, 그는 "여당과 정부 내 반대를 물리치고 톱다운식 정책 결정으로 다양한 구조개혁을 실행"했다. 즉 '조정'보다 '단행'을 선호했고, 이런 점이 '강한 총리'

---

29) 1969~. 변호사 출신 정치인으로, 오사카부 지사와 오사카 시장을 지냈다. 대중적 인기는 높았지만, 독단적 업무스타일과 극우성향 때문에 하시모토와 파시즘을 합친 '하시즘' 또는 '하시스트'라는 별명이 붙었다.

라는 이미지를 만들어내는 점에 주목했던 것이다. 이러한 고이즈미 정치의 특징은, 그가 여타 자민당 정치인에 비해 극히 짧은 시간축으로 사안을 판단했던 것도 배경이라고 우치야마는 지적한다. 고이즈미에게 "컨센서스나 서로 돕는 관계에서 얻어지는 중장기적인 이익은 안중에 없고, 총리나 당총재가 본래 갖고 있는 권한을 마음껏 이용해 약속한 정책을 실현하는 데 정력을 쏟았다."(우치야마 『고이즈미 정권[小泉政権]』)

이상 살펴본 것과 관련지어 말하자면, 고이즈미 내각은 헤이세이 기간의 모든 내각 중에서도 가장 '성공'한 내각이다. 역으로 말하면, 헤이세이의 일본에서 고이즈미적이지 않은 방식으로 성공한 정권은 없다. 호소카와 정권의 성취는 한계가 있었고, 자민당·사회당·사키가케 정권 하에서 사회당은 자멸의 길을 걸었다. 하시모토 정권은 경제 위기로 힘을 소진했고, 무엇보다 민주당 정권은 헤이세이 최대의 실패사례가 됐다. 아베 정권은 고이즈미 이상으로 장기 집권하면서도 고이즈미 정권 같은 명확한 성취가 이뤄지지는 않았다. 반면 확실히 고이즈미는 처음 선언한 것을 거의 달성했다. 그러므로 역시 이는 '성공'한 정권인 것이다. 문제는, 민주당 정권의 '대실패'와의 비교를 덧붙이면, 헤이세이 시대 정치의 성공은 고이즈미 같은 포퓰리즘적 방식으로만 달성할 수 있는 게 아니냐는 의문을 갖게 한다는 점이다. 호소카와 정권부터 고이즈미 정권을 거쳐 아베 정권에 이르기까지 헤이세이 정치는 포퓰리즘과 결탁했다. 그러므로 고이즈미 정권의 '성공'은, 그 자체가 헤이세이 정치의 '곤란'을 입증하는 사례로서 재검토돼야 한다는 것이다.

민주당 정권의 탄생과 '정치주도'

고이즈미 정권의 '성공'은 상당 부분 고이즈미 개인의 포퓰리스트적인 퍼포먼스 능력에 의존했다. 이를 역설적으로 증명한 것은 고이즈미의 뒤를 이은 자민당 3개 정권의 혼란과 실추다. 고이즈미의 '구조개혁' 계승을 선언하면서 출범한 제1차 아베정권은 정치주도에 집착한 나머지 정·부관방장관과 총리 보좌관으로 구성된 관저 집행부와 각 성청 간 의사결정의 이원구조를 만들어내면서 대열이 흐트러졌다. 게다가 아베는 고이즈미의 우정민영화에 반대한 '수구파'를 복당시킴으로써 '자민당을 때려 부수는' 것조차 불사하는 고이즈미식 구조개혁 정권의 이미지는 퇴색됐다. 잇따라 드러난 각료들의 불상사에 더해 '연금 납부기록 분실' 문제로 설상가상의 궁지에 몰린 아베는, 병세가 나빠지자 2007년 9월 퇴진의사를 표명했다. 뒤를 이은 후쿠다 야스오福田康夫[30], 그 후임인 아소 다로麻生太郎[31] 정권은 둘 다 구 자민당 정치부활의 이미지가 강해 국민에게 인기가 없었다. 아소 정권에 이르러서는 정권발족 직후에도 지지율이 53%, 수개월 뒤에는 15%라는 최저공 비행으로 국민에게 버림받았다. 고이즈미 정권 시대, 사람들은 자민당보다도 '자민당을 때려부수겠다'는 '고이즈미 극장'에 매료됐던 것이다. 그러므로 그가 떠난 자민당이 중의원의 압도적인 의석수에 안주할 경우 국민이 그 한심한 꼴에 단념하는 것은 당연한 결과였다.

이런 과정을 거쳐 2009년 8월 30일 중의원 선거에서 민주당이 115석에서 308석으로 의석수를 3배 가까이 늘리며 압승했다. 자민당은 고이즈미 정권 때 획득한 300석에서 119석으로 줄어들며 완패했다. 하토야마 유키오가 총리가 되고 정권교체가 실현됐다.(2장 표제지) 민주당의 압승은 상당부분 포스트 고이즈미 자민당 3대 정권의 자멸에 의한 것이었다. 당시, 하토야마는 이 선거를 '혁명적'이라고 형용했지만, 그 '혁명'은 혁명에 의해 탈취된 것이 아니라 국민이 못난 꼴을 거듭 보이던 자민당에 정나미가 떨어지면서

---

30) 1936~. 2007~2008년 총리를 지내 아버지 후쿠다 다케오와 함께 일본 헌정사상 첫 부자 총리가 됐다.

31) 1940~. 아소탄광의 창업주 집안 출신으로, 2008~2009년 총리를 지냈다. 극우성향에 고압적 태도로 종종 물의를 빚었고, '일제강점기의 창씨개명은 조선인의 희망에 따라 이루어졌다'는 등 망언으로 한국인들의 공분을 사기도 했다.

거저 얻은 것이었다. 확실히 정권교체가 실현되자 사람들은 고양됐다. 하토야마는 "메이지유신 이래 관저주도의 폐해를 제거하기 위해 정치주도로 바꾼다"고 선언했고 관저주도의 정치에서 시민주도 정치로의 전환을 정권의 축으로 내걸었다. 관저정치에서 시민정치로——이는 '콘크리트에서 사람으로'라는 또 다른 슬로건과 함께 많은 사람들의 공감을 불러 일으켰다. 하지만 이를 실현하기 위해 정치주도를 어떤 방식으로 발휘할 것인가가 포인트가 될 것임은 분명했다. 그러나 '정치주도' 방법론은 정권을 획득한 민주당 내부에서조차 확실하게 공유되지 않았다.

'정치주도'는 한참 전인 호소카와 정권이 붕괴될 무렵부터 일본정치의 주제였다. 호소카와 정권 때 성립된 정치개혁 관련법에 의해 선거제도 개혁이라는 의미의 '정치개혁'은 일정한 결론이 났다. 중의원 선거시스템이 쇄신됐고, 이로써 극장의 구조는 바뀐 것이다. 그러나 이 극장에서 상연되는 드라마의 각본가, 또는 연출가는 누구인가. 그때까지의 일본이라면 무대에서 드라마를 연기한 것은 정치인들이지만, 그 연출은 관료가 하는 것이 일반적이었다. 그러나 1980년대부터 1990년대에 걸친 사회의 극적인 변화 속에 관료주도로 정치의 뒷무대를 돌리는 시스템이 결정적으로 파탄했다. 여론과 언론도, 많은 정치인들도, 일부 관료들도 그렇게 간주했다. 구조개혁, 즉 관료주도에서 정치인 주도로의 전환은 협의의 '정치개혁=선거제도 개혁'에 이은 1990년대 정치의 테마가 됐다.

이런 의미에서 '정치주도'에 최초로 나선 것은 하시모토 내각이다. 하시모토가 단행한 성청재편은 그 일환이었지만(표 2-3), 관료의 저항을 배제하고 규제철폐를 실현할 필요가 있었다. 이 분야는 정보통신을 비롯해 물류, 금융, 토지, 고용, 의료, 복지 등을 망라했다. 예를 들어 금융에서는 은행·증권·신탁의 업무분야 구분철폐, 물류에서는 운송수단과 무관하게 물자가 일관 유통되는 시스템(복합일관운송)의 실현, 항공업계에서는 대기업 3개 회사(동아국내항공 포함)의 과점체제 타파, 정보통신에서는 지역·시외·국제 등 통신역 구분이나 통신업에 대한 진입장벽 철폐 등이다. 오늘날에는 상당한 정도로 실현된 것이지만 1990년대에는 아직 해결할 과제였다. 미·일 경제마찰에서 글로벌화로 향하는 흐름 속에서, 다양한 진입장벽으로 업계를 보호해온 일본 사회의 시스템은 파탄했다. 그러나 막상 규제철폐에 나서면 관료와 업계, 정치권의 '족族' 등 삼위일체의 기득권 수호 장벽에 부딪히게 되는 것이었다. '개혁'을 내건 헤이세이의 역대정권은 각기 다른 방법으로 이 장벽과 충돌했다. 그런 의미에서 '정치주도'는 헤이세이 정치를 관통하는 주제였다.

표 2-3 하시모토 내각이 주도한 성청재편

구 성 청	신 성 청
총리부, 경제기획청, 오키나와개발청, 총무청, 과학기술청, 국토청	내각부
총무청, 우정성, 자치성	총무성
법무성	법무성
외무성	외무성
대장성	재무성
문부성, 과학기술청	문부과학성
후생성, 노동성	후생노동성
농림수산성	농림수산성
통상산업성	경제산업성
운수성, 건설성, 국토청, 홋카이도개발청	국토교통성
환경청, 후생성	환경성
국가공안위원회	국가공안위원회
방위청	방위청

　　민주당은 전신인 구 민주당 시대(1996~1998)부터 '정치주
도=관저지배의 타파'에 열의를 보였다. 하시모토 정권 시절
구 민주당 대표였던 하토야마 유키오와 간 나오토菅直人[32]
는 "행정개혁은 대장성의 해체·재생"부터라며 관료 시스템
의 핵심인 대장성에 본격적으로 메스를 들이댈 것을 요구
했다. 그들은 당시부터 '가스미가세키霞ヶ関[33] 개조계획'을
만드는 동시에 총리직속의 행정개혁추진실을 설치해야 하

---

32) 1946~. 2010~2011년 총리를 지냈으며, 재임시절 동일본 대지진과 후쿠시마 제1
　　원전 사고를 겪었다.
33) 일본 도쿄 지요다구에 위치한 관청가로, 중앙부처들이 집결해 있다.

고, 또 관료 페이스에 휘말리기 쉬운 심의회 방식의 정책결정을 폐지해 관저주도·국회주도로 정책을 결정하는 체제를 구축해야 한다고 주장했다. 하시모토 정권 당시 관료시스템을 개조하지 않는 한 일본재생은 없다는 인식이 많은 정당에 공유되고 있었기 때문에, 자민당, 신진당, 민주당 할 것 없이 대규모 성청재편을 급선무로 여겼다. 성청재편은 이미 가스미가세키에서도 기정사실화됐고, 수술의 상처를 얼마나 작게 만드느냐가 관료들의 남은 관심사였다. 그리고 제 당파가 규합해 민주당이 결성된 뒤에도 하토야마·간을 리더로 하는 흐름은 변함이 없었던 만큼 민주당의 반 가스미가세키적인 자세는 유지됐다.

문제는 그러나 정치주도의 알맹이였다. 즉, 성청 관할주의 행정과, 업계의 기득권익, 이를 정치의 장에서 수호하는 족의원 등 삼위일체 체제를 단지 타파하는 것만이 아니라 이를 대체해, 보다 소통이 잘되고 민의를 제대로 반영하는 동시에 국가의 장기적 운영이라는 관점에서도 지속가능한 정책결정 구조를 어떻게 구축할 것인가. 이 물음에 고이즈미 정권이 내놓은 답은 다케나카 헤이조를 중핵으로 한 경제재정자문회의를 성청 관료시스템에 대항토록 하고 중대 국면에서는 총리의 연기력을 전면에 내세운 퍼포먼스 정치가 떠받치는 구조였다. 반면 민주당 정권이 내세운 것은 국가전략국 구상과 매니페스토[34] 정치의 양대 축이었다. 즉, 민주당은 고이즈미 시대 경제재정자문회의를 대신해 국가 전략국을 창설, 이를 정치주도의 기둥으로 하는 한편 고이즈미 정권의 극장정치를 매니페스토에 의한 언론정치로 대체하려 했던 것이다. 확실히 방침은 고이즈미 정권보다 훨씬 진지했다. 고이즈미 정권의 전략에는 어딘지 모를 허세와 괴이함이 느껴졌지만 민주당의 방침은 정공법이었다. 그러나 역사에서 증명된 성과는 외견상의 우열과는 정반대로 고이즈미 정권의 완승, 민주당 정치의 참패였다.

국가전략국 구상의 오류와 전말

요컨대 민주당 정권의 실패는 정치주도 실패에 최대의 원인이 있었고, 그 상징이 국가전략국 구상이었다. 이 구상의 단서는, 1990년대 초 제3차 임시행정개혁추진심의회(행혁심) 중간보고에서 성청 관할주의를 혁파하기 위해 '내각예산국' 설치가 논의되던 무렵으로 거슬러 올라갈 수 있다. 이 제안은 대장성의 맹렬한 저항에 부딪혀 최종답신에서는 "내각예산국을 설치해야 한다는 논의도 있지만, 우리나라를 비롯한 주요 선진국에서 보듯, 예산편성은 세제, 세입을

---

34) 종래의 선거공약과 달리, 구체적인 예산과 추진일정 등을 갖춘 정책목표.

담당하는 조직에서 함께 수행돼야 할 것이고, 이 체제에 의해 재정투융자나 세제, 금융 등 수단과 함께 다양한 행정수요에 대한 대응도 가능하게 된다"고 구태여 적시하는 등 대장성에 예산조정권이 집중된 현 상황이야말로 바람직하다고 인증하는 결과로 끝났다. 행혁심에 장기간 간여했던 나미카와 시노並河信乃는 "성청측은 자신들에게 치명적인 문제가(행혁심에서) 다뤄질 것 같으면 OB위원에게 브레이크를 걸도록 한다든가 심의위원 등 관계자를 상대로 철저한 사전조정을 한다든가"라며 그 거부반응이 "무시무시했다"고 했다. (『아사히신문』 1993년 10월 20일)

이 중앙성청과 족의원이 일체가 된 저항을 배제하기 위해 호소카와 정권과 고이즈미 정권이 공통적으로 기댄 것은 국민의 압도적인 지지였고, 하시모토 정권은 구 다케시타파가 가진 다수의 힘에 의지했다. 헤이세이 시대를 관통하는 이 흐름 속에서, 고이즈미는 하시모토 행혁으로 탄생한 경제재정자문회의를 철저히 활용했다. 그 설치근거가 된 내각부설치법에는 이 조직체가 '경제전반 운영의 기본방침'뿐 아니라 '재정운영의 기본, 예산편성의 기본방침'에 관한 중요사항에 대해 조사 심의한다고 명시됐다. 즉 이는 예전 '내각예산국' 구상이 형태만 달리한 모습이었다. 고이즈미는 정적 하시모토가 남긴 유산의 이용가치를 간파하고

이를 중앙성청, 족의원과 싸우는 교두보로 삼은 것이다. 이렇게 해서 고이즈미 정권기에는 매년 8월 각 성청의 개산概算요구[35]에 앞서 경제재정자문회의가 예산편성에 대한 '주요 방침'을 내놓으면 이것이 각의결정되면서 재무성은 그에 따라 각 성청의 개산요구를 사정하는 흐름이 만들어졌다. 예산의 큰 골격에 대해 먼저 각의결정을 하는 것으로, 성청의 간부관료나 족의원의 영향을 통제했다.

한편 내각이 중앙성청 관료들을 장악하는 데 결정적으로 중요한 것이 주요 포스트에 대한 인사권 확보라는 점은 일찌감치 인식됐다. 이를 위해 필요한 것은 내각인사국의 설치다. 이 구상이 구체화된 것은 후쿠다 야스오 정권 때로 2008년 '공무원제도의 종합적인 개혁에 관한 간담회'가 국가공무원 인사의 일원관리를 위한 내각인사청의 창설을 제언한다. 인사청 업무에는 국가종합직의 채용이나 배치는 물론 관리직 이상 인사의 조정이 담겼다. 총무성인사·은급(공무원연금-역주)국과 인사원의 기능도 통합돼야 한다고 명시됐다. 즉, '돈'과 관련한 내각의 통합기능을 강화하는 축이 내각예산국 구상이라면 '사람'에 대한 통합기능 강화의 축은 내각인사국 구상이었다. 보고서가 나오자 후쿠다 내각

---

35) 각 중앙부처가 이듬해 정책을 실시하는 데 필요한 경비의 견적서를 재무성에 제출하는 것을 가리킨다.

은 자민당 내 수구파 반대를 무릅쓰고 같은 해 4월 내각인
사청 신설을 포함한 국가공무원제도개혁기본법안을 각의
결정해 국회에 제출했다. 당시, 참의원이 야당우위의 국회
인 만큼 법안의 성립은 어려울 것으로 보였지만, 자민당과
민주당 간에 법안수정이 합의되면서 여야의 찬성다수로 성
립했다.

  내각인사청은 정치주도의 내실화에서 중요한 의미를 가
질 수 있었지만, 아소 정권의 인사청 설치에 대한 태도가 불
명확하면서 표류했다. 그리고 후술하겠지만, 민주당 정권
에서는 국가전략국 구상이 전면화하면서 내각인사국 구상
은 뒷전으로 밀려나 설치되지 못했다. 그리하여 제2차 아베
내각에서 관방장관인 스가 요시히데菅義偉를 중심으로 인사
국 신설 움직임이 강화되면서 2014년 내각관방에 설치되기
에 이르렀다. 현재, 성청 간부 포스트의 인사권을 총리관저
가 쥔 것은 아베 정권의 관저주도 정치에서 대단히 큰 의미
를 갖는다.

  요컨대 정권교체를 실현한 민주당 정권이 정치주도를 강
화하기 위한 최소한의 준비는 이미 자민당 시대에 거의 갖
춰졌던 것이다. 예산편성에서는 고이즈미 정권이 활용한
경제재정자문회의의 역할을 한층 확대하면 좋았을 것이
고, 인사에서는 후쿠다 야스오 정권의 노력으로 법적 근거

가 이미 부여된 내각인사국을 실제로 설치해 관료에 대한 관저의 영향력을 강화했더리면 좋았을 것이다. 고이즈미가 하시모토 정권의 유산을 활용한 것처럼, 민주당은 정적인 자민당이 남긴 유산을 활용하는 것이 효율적이었다. 그런데 총선거에서 대승을 거둔 민주당은, 그때까지 자민당 정권이 내부 대립을 불사하면서 실현한, 정치주도 장치를 어정쩡하다고 간주했고, 정치주도를 한층 철저히 하기 위한 자신들의 구상으로 대체했다. 그 상징이 국가전략국 구상이었던 것이다. 총선 직후 민주당은 간 나오토를 국가전략 담당대신에 임명하고 당의 정조회장[36]과 겸임토록 하는 등 당과 내각의 의사결정을 일원화했다. 그때까지 관방장관이 맡아온 정책조정 기능과 재무성이 맡아온 예산결정 기능을 아우르는 강력한 사령탑을 구축하려던 것이었다. 게다가 외교방침을 포함한 국가비전도 국가전략국이 담당하도록 해 실제로 실현된다면 총리 이상의 실질적 권력을 전략국이 쥘 가능성이 있었다.

국가전략국 구상에서 두드러지듯 민주당이 지향한 것은 영국식으로 정부와 여당을 일체화시키고, 정책결정에서 명실공히 '정'을 '관'의 위에 두는 것이었다. 그러므로 정권운영의 근간은, 간사장이나 정조회장 등 여당 간부가 내각의

---

36) 정책안건과 조사·연구 및 입안작업을 하는 당 내부기관인 정무조사회의 대표.

중추적인 포스트에 들어가 당=내각 체제를 실현하는 것이었다. 그러나 하토야마, 간, 오자와 트로이카의 미묘한 밸런스로 실현된 민주당 정권에서 간사장인 오자와는 입각하지 않았고, 국가전략 담당대신이 된 간이 정조회장을 겸임하는 것도 실현되지 않았다. 그 결과, 초기 구상과는 정반대로 당과 정부가 분립하는 체제가 되고 말았다. 하토야마 정권이 이처럼 첫단추를 잘못 끼운 채 출발하게 된 것은 간이 당까지 아우르며 영향력을 키우는 것을 꺼린 오자와의 의도와, 오자와가 정부를 아우르며 영향력을 확대하는 것을 꺼린 간의 의도가 충돌했고, 두 사람을 하나로 뭉치게 할 리더십을 하토야마가 발휘하지 못한 결과로 보인다. 가장 긴요한 당=정부 일체화가 실현되지 못한 시점에서 민주당 정권에는 이미 실패로 향하는 적신호가 켜진 셈이다.

화려한 계획을 내세웠지만 전혀 실현되지 않은 것은 아무것도 내세우지 않은 채 조금씩 전진하는 것보다도 나쁜 결과를 낳는 경향이 있다. 민주당 정권은 '정'과 '당'의 일체화를 전제로 했기 때문에 자민당 정권에서 양자 간의 조정 기능을 맡는 당의 정책조사회나 사전심사제를 폐지해버렸다. 그 결과, 당의 논의를 정부 정책에 반영하는 상시적인 구조를 상실하는 결과가 됐다. 게다가 정부 내에서도 관방장관의 역할과 국가전략 담당대신이 수행하는 역할의 경계선이 애매했다.

만약 내각의 정책조정 기능을 국가전략국이 한손에 쥐게 된다면 관방장관은 불필요하다. 그러나 그때까지의 어느 정부에서도 이 역할은 관방장관의 몫이었고, 제도적으로도 그렇게 설정됐다. 당연히 국가전략국 구상을 추진하면 관방장관과 알력이 생기게 마련이다. 또한 '정'과 '관'의 관계에서는 각 성에 대신과 부대신, 정무관 등 여당 정치인으로 구성되는 정무3역 회의를 두어 정책결정의 중추로 삼는 한편, 성 차원의 정책을 범정부 차원에서 조정하는 역할을 해온 사무차관 회의를 폐지하고, 이를 대신들의 각료위원회로 대체했다. 즉, 각 성 관료의 최고직인 사무차관의 권한을 극소화해 이를 '정치주도'로 대체한 것이다. 그 결과 관료들이 주체적으로 정책결정에 관여하는 회로도 대폭 사라졌다. 그들은 "시킨 것만 하면 된다"라는 체제가 된 만큼, 만약 각료위원회나 정무3역 회의가 분열된다면 모든 것이 붕괴되는 리스크를 정권이 지게 됐다.

정권 발족 후 일찌감치 이런 문제가 발생했던 만큼 고이즈미 정권에서 경제재정자문회의 담당 대신으로 중대한 역할을 수행했던 다케나카 헤이조가 민주당 정권에 대해 "미시적으로는 좋은 정책도 있지만 전체를 부감하고 관리하는 거시적 조정기능이 없다"고 비판한 것은 타당했다. (『아사히신문』2009년 10월 21일) 후일 제2차 아베 정권의 주축이 되는 스가 요시히데도 민주당 정권 발족 당시 국가전략국에 대해 "경제재정자문회의와의 구체적인 차이를 잘 모르겠다"고 했다. (『아사히신문』 2009년 9월 7일) '콘크리트에서 사람으로'를 비롯해 민주당이 매니페스토를 통해 표방한 정책에는 자민당이 오랜 기간 누려온 기득권의 굴레를 깨뜨리겠다는 임팩트가 있었다. 그러나 민주당 정권은 먼저 거버넌스 설계에서 몇차례 결정적인 실수를 범했다. '정'과 '당'을 일원화하겠다는 원칙을 관철하지 못했을 뿐 아니라 오히려 양자의 제도적인 조정 시스템을 파괴해버린 탓에 '정치주도'의 이름 아래 '관'을 권력중추에서 배제하게 됐고, 이로써 내각이 과다한 조정 리스크를 지게 됐다. 게다가 정부 내에서도 핵심인 국가전략국 구상은 그간의 내각관방 체제와 모순됐다. 새로운 중심축을 내세우면 구조적으로 정권의 각 기능이 뿔뿔이 분산될 위험이 있었다. 이래서는 이문은커녕 본전도 찾을 수 없게 된다.

아베 정권——액상화하는 정·관계와 '관저(官邸)주도'

지금까지 살펴본 것으로 제2차 아베 정권의 장기적인 안정성이 왜 생겨났는지에 대한 대략의 이유는 명확해졌다.

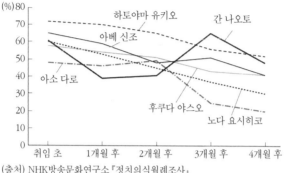

(%)80

70 ─ 하토야마 유키오   간 나오토

60

아베 신조

50

40 ─ 아소 다로

30

20 ─ 후쿠다 야스오

10   노다 요시히코

0

취임 초　　1개월 후　　2개월 후　　3개월 후　　4개월 후

(출처) NHK방송문화연구소『정치의식월례조사』
(http://www.nhk.or.jp/bunken/yprpn/political/2019.html)에서 작성

도표 2-1 민주당 정권과 포스트 고이즈미 정권의 지지율 변화

민주당 정권시대, 하토야마, 간, 노다 등 3대 총리의 내각
지지율은 죄다 발족 당시의 60~70%대에서 말기에는 20%
전후로 내려 앉았다. 지지율 급락은 국민의 커다란 기대가
단기간에 큰 실망으로 바뀌는 패턴이 빚어 은 결과나. 국민
은 실망을 반복하면서 차츰 민주당 정권을 포기했다. 민주
당 정권 3대 내각의 연속추락은 정치주도의 실패에서 기인
한다는 점에서 제1차 아베 내각, 후쿠다, 아소 등 포스트고
이즈미 3대의 추락과 닮았다. (도표 2-1) 그러나 민주당 정권
의 경우, 정치주도를 정권의 축으로 내세운 만큼 실패는 치
명적이었다. 그리하여 2012년 12월에 실시된 중의원 선거
에서는 자민당이 118석에서 294석으로 3배 가까이 의석을
늘리며 압승했다. 민주당은 지난 중의원 선거에서 획득한

표 2-4 정권교체 당시 의석수 변화·주요 낙선자

	2009년		2012년	
	선거 전	선거 후	선거 전	선거 후
자민당	300	119	118	294
민주당	115	308	230	57
주요 낙선자	이시하라 히로타카(石原宏高), 규마 후미오(久間章生), 오타 아키히로(太田昭宏), 니시무라 신고(西村眞悟) 등		다루토코 신지(樽床伸二), 센고쿠 요시토(仙谷由人), 고가 잇세이(古賀一成), 히라노 히로후미(平野博文) 등	

(출전)『중의원 의원 총선거 일람』

308석의 5분의 1 이하인 57석을 얻는 데 그쳤고, 현직 관방장관과 대신이 차례로 낙선하는 괴멸적인 참패를 기록했다. 3년간의 민주당 정권운영이 얼마나 국민을 실망시켰는지를 상징하는 결과다. 정권은 민주당에서 자민당으로 되돌아갔지만, 이 '정권교체'는 실은 3년 전 일어난 일과 매우 흡사하다.(표 2-4) 자민당의 대승리는 스스로 쟁취한 것이라기보다 민주당 정권의 대실패로 굴러 들어온 승리였다.

수차례 정치주도의 실패를 거치면서 아베 정권은 민주당이 내건 래디컬한 정치주도를 부정하고, 이를 교활한 관저주도로 대체했다. 실제로 관저가 성청의 관료들을 뜻대로 움직이고, 예산의 방향을 결정하는 것은 내각인사국과 경제재정자문회의로 충분했다. 관방장관은 성청의 국장급 인사를 관리함으로써 성청 전체에 대한 절대적인 영향력을 발휘할 수 있었고, 고이즈미 정권처럼 포퓰리즘과 경제재정자문회의의 민간인 활용을 솜씨있게 조합하면 여론에 '정치주도' 이미지를 만들 수 있었다. 게다가 민주당 정권의 실패가 너무도 참담한 것이어서 사람들은 더 이상 이런 식의 '정치주도'라면 딱 질색이었다. 새로운 민주주의의 형태, '정'과 '관'의 관계를 구축하는 것 따위보다 우선 먼저 경기나 회복시켰으면 좋겠다고 생각하기 시작했다. 이런 사회 분위기의 변화에 민감하게 대응함으로써 아베의 자민당은 민주당을 분쇄시킨 것이다.

그 결과 얼마 안 가 관저와 중앙성청 간에 기묘한 사태가 나타났다. 호소카와에서 시작해 하시모토, 고이즈미 등 자민당 3대, 제2차 아베 내각에 걸쳐 입장이 각기 다른 정권을 관통해온 정치주도의 조류에 의해 관저가 중앙성청을 조작하는 도구는 모두 갖춰져 있었다. 민주당 정권이 사용하다 손해를 본 도구를, 제2차 아베정권은 관방장관을 중심으로 사용한 것이다. 그런데 제2차 아베 정권은 경제재정자문회의를 부활시켰지만, 그 밖에 일본경제재생본부의 산업경쟁력회의 등 정관민 회의체가 여러개 만들어져, 대체 정권이 추진하려는 중심 과제가 무엇인지 애매하게 됐다.

이른바 '아베노믹스'[37] 자체는 1990년대부터 추진된 구조

---

37) 아베 신조 총리가 2012년부터 시행한 경제정책으로, 과감한 금융완화와 재정지출 확대 등을 통해 일본을 디플레이션과 엔화강세에서 벗어나도록 하겠다는 내용이다.

개혁을 한층 앞으로 밀고 나가는 새로운 기축이라곤 할 수 없었다. 아마 아베의 본심은 헌법개정을 포함한 보다 이데올로기 색채가 강한 방향이었겠지만, 이는 국민들 사이에 폭넓은 반대여론이 존재한다.

그런 한편으로, 헤이세이 시대를 관통한 정치주도 조류에 휩쓸리면서 중앙성청 관료들 사이에서는 관청의 전통이나 방침을 지키기보다, 관저의 의향을 촌탁忖度[38]하는 태도가 침투했다. 정관의 긴장관계에 액상화 현상이 발생한 것이다. 이런 현상의 심각한 문제점이 드러난 것은 2017년부터 2019년에 걸쳐 관저 및 총리주변과 문부과학성, 재무성, 후생노동성이 주고받은 의사록과 공문서, 데이터 등 '기록'의 신빙성이 문제가 되면서였다.

최초로 문제가 된 것은 모리토모森友[39]・가케加計학원을 둘러싼 관저와 문부성 간의 움직임이었다. 그중에서도 가케加計학원 문제[40]에서는 이 학원이 추진하는 에히메愛媛현 이마바리今治시의 수의학부 신설을 인가하도록 "관저 최고위층이 요구한다"라는 문서가 문제가 됐다. 이 문서는 내각

---

38) 일본발음은 '손타쿠'로, 본래는 '남의 마음을 미루어 헤아린다'는 뜻이지만, 구체적인 요구나 지시가 없이도 윗사람이 원하는 방향으로 행동하는 것을 뜻하는 의미로 확대됐다.

39) 학교법인 모리토모 학원이 오사카부 도요나카시에 초등학교를 짓는 데 필요한 국유지를 평가액의 14% 수준인 헐값에 사들인 사건.

40) 가케학원 그룹이 운영하는 오카야마이과대학에 수의학부를 인가하는 과정에서 아베 총리의 입김이 작용했다는 의혹사건.

부와 문부과학성이 주고받은 것을 기록한 것으로, 날짜도 참석자도 명기됐다. 문서에는 문부과학성이 "'안된다'는 선택지는 없고, 사무적으로 처리할 것을 빨리 하지 않으면 책임을 지게 된다"는 내용도 있었다. 이 기록에 대해 관저는 문서의 '출처'가 명확하지 않은 '괴문서'라며 신빙성 자체를 부정했다. 한편, 문부과학성은 문서의 "존재는 확인되지 않았다"는 미묘한 표현으로 넘기려 했다. 그러나 마에카와 기헤이前川喜平 전 문부과학성 사무차관이 기자회견을 열며 사태는 일변한다. 마에카와는 재임중 총 6차례, 담당자들 간의 회합이 있었고 담당자로부터 2016년 9월 28일과 10월 4일에 문서가 제시됐다고 언명했다. 그런 다음 문부과학성이 관저의 요구에 간단히 따르지 않은 이유도 논리정연하게 설명했다. 게다가 이 증언에서는 관저의 실력자가 마에카와에게 직접 압력을 넣었던 점도 밝혀졌다. "총리는 자기 입으로 말하지 않으니, 내가 대신 말하겠다"는 총리 보좌관의 발언이 총리의 의지로 현장에 전달됐다.

일련의 기록이나 증언에서 분명해진 것은 가케학원에 수의학부의 신설을 인가토록 하려는 관저와, 이를 인가할 공정한 근거가 없다는 문부과학성의 의견대립이다. 문부과학성측의 근거는 두 가지로, 첫째는 수의사가 부족하다는 증거가 없다는 점이다. 가축이나 반려동물의 수는 감소경향으로, 농림수산성은 '수의사 부족은 없다'는 입장이었다. 두 번째로 가케학원의 신청서에는 동물의료를 세계적인 생명 과학으로 발전시키기 위한 실적이나 전망이 포함돼 있지 않은 점이다. 이 점에서는 오히려 같은 시기 수의계 학부의 신설을 희망하던 도쿄산업대학이 조류인플루엔자 연구기관을 보유하고 있는 등 실적이 있었다. 충분한 근거가 없는 만큼 신청을 각하하거나, 특별히 교토와 이마바리 양쪽에 소규모의 학부 설치를 인가하는 방안이 합리적이었다. 그러나 관저의 압력은 가케학원에만 학부신설을 인가하도록 하는 것이었다. 이는 이미 관저 권력의 남용이고, 게다가 공적인 기록을 인정조차 하지 않으려는 관저의 태도에 비판이 집중됐다.

문부과학성은 관저의 강한 요구에 맞서 관청으로서 지켜온 논리를 방패로 대항하려 했다. 그러나 주요 성청은 관저의 의향을 촌탁해 공적기록을 직접 조작하는 추태를 부리기 시작했다. 그 무대가 된 것은 재무성으로, 모리토모森友학원 문제과 관련한 공문서의 조작 사실이 드러났다. 아베 총리 부인과 친분이 있는 모리토모 학원에 재무성 긴키近畿 재무국이 오사카부 도요나카豊中시의 국유지를 대폭 할인 해준 것인데 문제가 발각된 뒤 재무성이 결재 완료된 공문서를 추후에 조작한 사실이 밝혀진 것이다. 매각 계약 시의 문서에는 모리토모학원이 국유지를 임차·구입하기까지의 경위와 학원의 요청에 재무국이 어떻게 대응했는지를 기술한 대목이 있었지만, 조작된 문서에는 이 대목이 삭제됐다. 또 기록에 있던 각료출신 인사, 국회의원 비서의 이름과 발언 내용도 삭제됐다. 이는 한마디로 공문서 위조이자, 범죄행위다. 재무성이 관저의 의향을 알아서 살피며 이런 행위를 한 것은, 재무성의 권위를 크게 실추시켰다.

문부과학성과 재무성의 사안은 다르지만, 근본적인 문제구조는 동일하다. 즉, 일련의 정치주도 흐름이 관저주도라는 결과를 가져왔고, 해산·총선거를 반복하며 장기집권을 실현한 아베 정권하에서 관저와 성청의 역관계는 격변했다. 이런 가운데 기회를 엿보는 데 민감한 관료들 사이에서 관저에 대한 과잉적응 현상이 나타났던 것이다. 특히 주목할 가치가 있는 것은, 이 과잉적응의 과정에서 생긴 제반 문제가 기록이나 데이터의 신빙성과 관련돼 불거졌다는 점이다.

헤이세이 시대 일본이 추구해온 정치주도란, 공적인 의사결정의 주체를 행정기관의 관할주의 메커니즘에서 끄집어내 총리관저가 됐건 시민과 정치인들의 이니셔티브가 됐건 누군가의 강력한 리더십 하에 두려는 움직임이었다. 그러나 행정에서 빼앗은 결정권은 의사결정 프로세스가 확실히 기록되고 공개됨으로써 그 공정성이 검증되지 않는다면 새로운 독재의 싹이 된다. 제2차 아베정권은 민주당 정권의 실패를 뒤집고 관저주도의 기본형을 확립한 것으로 보인다. 그러나 그 최대 위험은 관저와 성청의 관계가 액상화하는 가운데 공적기록에 기반한 정치의 공정성이 뿌리부터 손상되면서 전체가 허구화한 것이다. 우리들은 정보와 기록, 데이터, 지식이 폭발적으로 증식하고, 점점 경계없이 유통되는 사회에 살고 있다. 이 사회에서는 이런 기록을 폐쇄된 조직 내에 남겨두는 것이 불가능하게 되고, 동시에 그들의 신뢰성이 근본부터 문제시되고 있다. 정치주도 문제에 앞서 공적기록과 지적소유권, 정보공개의 문제인 것이다.

오염수 등을 보관하는 탱크가 부지에 들어찬 도쿄전력 후쿠시마 제1원전
(2015년 9월 25일)

제3장 쇼크 속에서
변모하는 일본
—— 사회의 연속과 불연속

'실패'와 '쇼크' 사이

이 책은 '머리글'에 헤이세이 시대를 '실패'와 '쇼크'라는 관점에서 되짚어보겠다고 했고, 제1장에서는 헤이세이 30년에 걸쳐 경제, 특히 일본기업의 실패에 대해 고찰했다. 제2장에서는 정치, 특히 일본신당과 사회당, 민주당의 실패, 자민당을 포함한 정권들이 추진한 정치주도의 실패를 살펴봤다. 제3장에서는 사회, 즉 가족이나 지역사회, 개개인의 인생 실패를 짚어볼 계획이다. 그러나 실은 사회의 '실패'라는 시점은 경제나 정치의 '실패'만큼 명백하지 않다. 왜냐하면 '실패'란 어떤 주체가 지향한 목표를 실현하지 못하고, 오히려 그와는 현저히 다른 결과를 초래한 것을 가리키기 때문이다. 경제활동의 목표는 거의 정해져 있는 것이고, 목표를 내거는 것은 정치가의 숙명이다. 하지만, 우리들의 인생 목표란 무엇인가. 또는 지역사회나 사회 전체에 통일된 목표 같은 게 존재하는가. 목표의 불일치야말로 사회의 숙명이고, 인생의 목표도 여러가지다. 상호 모순, 대립하는 다양한 목표 같은 것을 사람들은 머릿속에 그리면서 하루하루 충돌하고, 서로 타협을 계속하는 것은 아닐까.

따라서 엄밀히 말하자면 사회의 '실패'라는 건 있을 수 없다. 어떤 사람의 '실패'가, 다른 사람에게는 '성공'인 것이 사회의 정상적인 상태이기 때문이다. 다음 장에서는 문화에 대해 논하겠지만, 실은 문화의 '실패'도 본래 정의상, 있을 리 없는 이야기다. 문화는 정치나 경제와는 다르고, 그것을 꾸려가는 자체가 목표를 향한 가치 있는 과정이며, 어떤 목표를 위해 현재를 수단화하는 활동이 아니다. 따라서 헤이세이 시대를 '잃어버린 30년'으로 파악하는 것은 정치나 경제 시점에서는 유효하겠지만 사회나 문화의 시점에서는 그 유효성은 한정적인 것이 된다. 사회의 '실패'와 '성공'은 늘 동거하고 있고, 문화는 본래 '실패'가 있을 수 없는 영역이다.

'머리글'에서 내세운 '쇼크'는 '실패'와 연계되는 것도 있지만, 연결지을 수 없는 경우도 있다. 전형적으로는 한신·아와지대지진이나 동일본대지진은 헤이세이 일본을 뿌리째 뒤흔든 '쇼크'였지만, 그 자체는 '실패'가 아니다. 왜냐하면 거기에 어떤 사회적인 주체의 의지는 간여하지 않았고, 인지의 세계 바깥에서 초래됐기 때문이다. 그러나 예를 들면 고베 포트아일랜드[1]의 액상화는 도시공학적으로는 '실패'라고 해야 할 것이다. 게다가 동일본대지진에서 일어난 후쿠시마 제1원전사고는 전후 일본의 원자력정책이 초래한 명백한 '실패'다. 도시공학이나 원자력공학은 본래 이런 대지

---

1) 고베항에 지어진 인공섬으로, 고베대교와 미나토섬 터널에 의해 고베시 중심부와 연결돼 있다.

진이나 쓰나미에 충분히 대비하지 않으면 안되는데도 전혀 이뤄지지 않았기 때문이다. 따라서 모든 '쇼크'가 '실패'는 아니지만, 인지를 넘어선 원인에 의한 '쇼크'가 '실패'를 초래한 것이 있다면 우선은 언급해두는 것이 가능해 보인다.

그런데 실은 그 역관계도 있을 수 있다. 예를 들어 우리들은 '그는 수험에 실패해 쇼크를 받았다'고 말하는 경우가 있다. 물론, 누구라도 자신이 그런 경험은 하고 싶어하지 않겠지만, 그렇게 말하지 않을 수 없는 경우가 있을지 모른다. 이 경우 '수험에 실패했다'는 것은 본인이 목표로 한 학교의 입시에서 잘되지 않았다는 것을 가리키고, 이는 그가 능동적인 주체로서 설정한 목표와 실제로 한 행위의 결과가 일치하지 않았기 때문에 '실패'인 것이다. 여기서의 '쇼크'는 '불합격'이라는 결과에 의해 본인에게 수동적인 방식으로 야기된 심리적 결과다. 이를 조직이나 사회 단위에서 생각해도 기본적으로는 마찬가지다. 어떤 시대에 조직이나 사회가 지향한 목표가 실현되지 못하고 매우 다른 결말에 이른 '실패'에 의해 해당 조직이나 사회 전체가 '쇼크'를 받는 경우가 있다. 즉 '쇼크'라는 단어에는 객관적인 '외부로부터의 돌연한 힘'이라는 의미와, 어떠한 '실패'에 의해 해당 개인이나 조직, 사회가 받는 '심리적 결과'라는 의미가 모두 포함된다.

이 두 가지 '쇼크' 즉 주체의 외부에서 초래된 '쇼크'와 주관적인 심리로 발생하는 '쇼크'의 경계선은 실은 보기보다 꽤나 애매하다. 예를 들면 헤이세이에 일어난 두 차례 대지진의 경우에도 그것들은 일차적으로는 외부에서 벌어진 사실에 의해 초래된 '쇼크'이지만 동시에 우리들이 집합심리적으로 경험한 '쇼크'이기도 하다. 본래 주관과 객관은 그다지 명확히 나눠지는 것이 아니라 한 동전의 양면인 것이다. 그러므로 헤이세이 일본을 덮친 다양한 쇼크, 예를 들면 '버블붕괴'의 쇼크, '1.57쇼크'(1989년)에서 '라이브도어 쇼크'(2006년), '곤 쇼크'(2018년)에 이르기까지 발생원인은 여러 가지이지만, 그 사건으로 사회 전체가 커다란 심리적 '쇼크'를 입었다는 점은 공통된 것이다. 참고로 세간에서 말하는 '리먼 쇼크'는 일본식 영어로, 국제사회에서는 '2008년 금융위기'로 통한다. 즉, 일본인은 일본어 특유의 애매함을 이용해 '경제위기'를 '쇼크'로 받아들임으로써 이를 반쯤은 심리화하고 있는 것이다.

이런 '쇼크'의 몇 가지는 '공포'라는 감각과도 연결돼 있다. 헤이세이 시대를 통틀어 많은 '쇼크'가 사회 외부에서라기보다 사회 내부의 확신범에 의해 초래된 것이다. 그런 의미에서 헤이세이 최악의 '쇼크=공포'는 1995년 옴진리교 사건이지만, 세계적 차원이라면 물론 2001년 9월 11일 미국 동시다발테러다. 이들 '테러'는 우리들이 사는 사회질서에 대해 근본적으로 적의를 품은 집단에 의해 사회 내부에서 사회에 결정적인 '쇼크=공포'를 주는 것 자체를 목표로 한 범행이다. 그들에게 테러의 '성공'은 사회에서는 곧 '쇼크=공포'가 된다. 그 결과, 사회는 여러 차례 경험한 쇼크에 과잉반응하면서 모든 아웃사이더, 즉 자신들의 사회에 적의를 품을지도 모르는 이를 사회에서 배제하려고 한다. 이 때문에 '내부의 적'의 다양한 이미지가 언론에 등장하고 법률이 정비되며 보통 사람들도 불안감을 키우는 등 소위 '침묵의 나선'(엘리자베스 노엘레-노이만)에 함몰되면서 민주주의가 질식해가는 것이다. 이는 테러리스트들이 의도하는 바이다.

그러나 옴진리교사건을 비롯해 헤이세이 일본을 뒤흔든 테러나 범죄는 본래 일본 사회가 내포한 모순이나 뒤틀림과 관련돼 있고, 사회의 실패가 초래한 결과이기도 하다. 미국의 동시다발테러에는 실은 미국에 대한 '블로백'blow back[2]이 있음을 찰머스 존슨이 지적했다. 본래 블로백이란 비밀정보요원이 외국에서 흘린 유언비어가 본국에 역류해 뜻하지 않은 효과를 야기하는 현상을 가리켰으나, 의미가 확장되면서 미국의 대외정책이 상정외의 결과를 초래하

---

[2] 군사력을 앞세운 미국의 강력한 대외정책이 의도하지 않은 결과를 초래하는 것을 가리키는 정치학 용어.

는 현상 일반을 가리키게 됐다. 그러므로 1990년대 이후 구미에서 증가한 테러의 많은 부분은 "미국이 일찍이 제국주의적인 행동을 한 것에 대한 보복"이다. (존슨『미 제국에 대한 보복』) 테러리스트가 무방비의 미국시민을 표적으로 하는 것은 그들이 해상에서 순항미사일을 발사하는 미군 병사나, 고성능 폭격기를 탄 미군 병사를 겨냥하는 것이 불가능하다는 것을 알기 때문이다. 즉 사회 내부에서 초래된 '쇼크'의 다수는 실은 그 사회가 범한 몇겹의 '실패'가 낳은 결과인 것이다.

그러나 일본사회에는 이렇게 해서 발생한 다양한 참사를 사회 '실패'의 결과라기보다 외부에서 초래된 '쇼크'로 받아들이는 경향이 강하다. 물론 후쿠시마 원전사고를 단순한 '쇼크'로 간주하는 이는 적지만, 옴진리교 사건이나 미야자키 쓰토무宮崎勤의 유아연속유괴살인사건, 고베의 '사카키바라세이토酒鬼薔薇聖斗'의 연속아동살상사건, 아키하바라秋葉原 묻지마 살인사건, 또한 사가미하라相模原시의 장애인 시설 '쓰쿠이야마유리원津久井やまゆり園'에서 일어난 대량살인사건3) 등은 모두 범행동기가 불가해한 것으로, 광기에 의해 돌연 저질러진 '쇼크' 이상의 것으로서는 이해되지 않는

---

3) 2016년 7월 26일 심야 이 시설의 전 직원이 침입해 중증 장애인과 직원 등에게 무차별적으로 흉기를 휘둘러 19명이 숨지고, 26명에게 중경상을 입힌 사건.

다. 버블붕괴도, 중간층의 붕괴를 초래한 격차확대도 '1.57 쇼크'로 알려진 초저출산도 '지방소멸'로 일컬어지는 인구감소도, 모두 헤이세이 일본이 불가항력적으로 입은 사회적인 '쇼크'로 받아들여지는 경향이 있다. 이렇듯 '쇼크'로 간주하고 요령부득의 일로 받아들이는 수용 패턴은 사회가 정책이나 정치적 타협이 야기한 실패들을 '실패'로 인식하며 그 구조적 문맥을 정면에서 응시하는 것을 곤란하게 만들고 있는 것이다.

두 차례 대지진과 후쿠시마 원전사고

헤이세이 일본사회를 습격한 여러 쇼크 중에서 가장 심각한 피해를 안긴 것은 2011년 3월 11일 동일본대지진이다. 지진 직후, 나는 피해지를 세 차례 방문했다. 처음은 미야기宮城현 센다이仙台 남쪽의 피해가 심각했던 유리아게閖上와 아라하마荒浜, 북부로는 이시노마키石巻에서 미나미산리쿠南三陸를 돌아봤다. 두 번째는 이와키いわき시에서 후쿠시마 제1원전에 일반인이 접근할 수 있는 지점까지 북상했고, 세 번째는 이와테岩手현의 가마이시釜石에서 게센누마気仙沼까지 남하했다. 이와테현, 미야기현과 후쿠시마현의 피해지는 양상이 크게 달랐다. 이와테와 미야기에서 연연히

이어진, 잔해의 황야 한가운데 섰을 때, 그 장렬함에 가슴이 미어졌다. 쓰나미에 휩쓸려 한 순간에 사라진 2만 명에 달하는 목숨, 그 인생의 궤적과 기억의 무수한 파편. 반면 후쿠시마의 곤란은 그런 풍경만으로는 보이지 않는다. 게다가 후쿠시마 제1원전의 북쪽과 남쪽도 양상은 전혀 다르다. 원전의 남쪽에서는 작업원을 태운 차가 오가면서 거리는 기묘한 활기를 띠었다. 그러나 북서방면에서는 방사능 오염이 지금까지도 남아, 지역의 미래는 엄혹하다. 그리고 모든 장소에 공통된 것은 육지에서 바다로 펼쳐진 너무도 아름다운 자연과, 재해의 비참함 사이의 눈이 아찔할 정도의 대비였다.

자연풍경의 아름다움과 심각한 상황 간의 괴리는 그 상황이 눈에 보이지 않는 후쿠시마에서는 특히 컸다. 사고 1년이 지나도 원전 부지 내에서는 격납용기에 녹아내린 핵연료를 식히기 위해 쓰인 수백 톤의 물이 매일 고농도 오염수로 변해 계속 저장됐다.(제3장 표제지) 사고 당시 널리 퍼진 방사성물질을 제거하는 작업이 진행됐지만, 제염 효과도 분명치 않고 폐기물을 일시 보관하는 임시 적치장 설치도 주변 주민들의 반대로 난항을 겪었다. 사고로 발생한 총비용의 추계는 21조5000억 엔으로 당초 견적보다 배나 늘어났다. 정부는 폐로와 배상, 제염과 중간저장시설을 위해

표 3-1 '두 대지진'이 초래한 피해

	한신·아와지 대지진	동일본대지진
발생일시	1995년 1월 17일	2011년 3월 11일
매그니튜드	7.3	9.0
진도 6이상의 현	1개현(효고)	8개현 (미야기·후쿠시마·이바라키·도치기·이와테·군마·사이타마·지바)
피해구조법 적용 지자체	25개 시정(2개 부현)	241개 시정촌(10개 도현)
사망자수	6434명	1만9689명
행방불명자수	3명	2563명
부상자수	4만3792명	6233명
피난소 수 (피크 시)	1138개소	2417개소
피난소 생활자 수	30만7022명	46만8600명
가설주택 수	4만8300동	5만3316동
자원봉사 활동자수(연인원)	137만7300명	154만5667명
가옥피해수	63만9586동	125만4746동
피해총액	약 9조9000억 엔	약 16조9000억 엔

(출처) 내각부『헤이세이 30년도판 방재백서』, 부흥청『피해자 등의 상황』, 효고현『한신·아와지대지진- 효고현 1년의 기록』, 전국사회복지협의회『동일본대지진 자원봉사 활동자수 추이』에서 작성

국비투입을 결정했지만, 폐로작업은 난항을 거듭했다. 재난 후 수개월간은 전국의 관심이 집중됐고, 피해지에 지원이 답지했지만, 세월이 경과할수록 피해지는 엄혹한 현실에 직면했다. 피해지 3개현에서 지진 후 2년 동안 11만 명의 인구가 줄었고, 주민 전원이 피난해야 했던 원전 주변 마을들은 귀환 전망이 보이지 않는 상태였다. 산리쿠 해안에

사진 3-1 한신·아와지 대지진으로 쓰러진 가옥에 화재가 발생, 화염과 연무에 뒤덮인 고베시가지(1995년 1월17일)

서 추진된 거대 방조제 건설도 해안의 풍경을 훼손한다는 우려가 제기됐다. 지진이 발생한 지 몇 년이 지나도록 주택의 고지대 이전은 좀처럼 진척되지 않았고, 재난 관련 사망자도 수천 명을 웃돌았다.

동일본대지진과 후쿠시마 원전사고는, 헤이세이뿐 아니라 전후를 통틀어 일본이 경험한 최대의 사건이었다. 그러나 거슬러 올라가면 16년 전인 1995년에 일본을 근저부터 뒤흔든 대지진이 발생했다. 1995년 1월 17일 아와지섬 북부를 진원으로 한 대지진은 효고兵庫현 남부에 괴멸적 피해를 입혔다. 지진의 진동은 많은 지역에서 진도6이었고, 한신阪神간(오사카와 고베 사이의 지역-역주)에서는 관측사상 처음

으로 진도7을 기록했다. 사망·행방불명 6437명, 부상 4만 3792명, 피난소 생활 30만 명 이상, 주택피해 약 64만동, 이재민 30만 명 이상, 피해총액 약 10조 엔. 당시까지 전후 최악이었던 1948년 후쿠이福井지진을 넘어 간토대지진 이래 사상 최대의 지진피해로 기록됐다. (표 3-1) 지진 직후 도로, 철도, 전기, 수도, 가스, 전화 등 라이프라인이 단절돼 광범위한 지역에서 전혀 기능하지 못했다. 한신고속도로는 10여 곳이 붕괴됐고, 산요山陽신칸센도 끊겼으며, 지하철도 여러 곳에서 터널이 붕괴했다. 인공섬인 포트아일랜드와 롯코 아일랜드六甲アイランド(고베시 히가시나다구에 있는 580ha 규모의 인공섬-역주)는 지반이 액상화를 일으키며 크게 침하했다. 고베시 나가타구長田区 등 목조주택이 밀집한 지역에서는 화재로 막대한 피해가 발생했다. 무너져 내린 고속도로와 넘어진 고베 도심의 빌딩군, 불타오르는 시가의 영상이 연일 TV로 전해지면서 사람들을 망연자실하게 했다. (사진 3-1)

재해 피해의 중심은 고베시였다. 고베시는 전후, 적극적으로 구획정리사업을 추진했고 대규모 도시정비를 진행했다. 그 집대성이 롯코산 기슭의 흙을 깎아내 고베만에 대대적으로 조성한 두 개의 인공섬이다. 그중 하나인 포트아일랜드의 개발은 고도성장기 새로운 항만시설 건설이 급선무로 떠오른 가운데 추진됐다. 포트아일랜드는 1966년에 착공돼 1981년 완공되었고, 다른 하나인 롯코아일랜드는 1972년 착공해 1988년에 완성됐다. 모두 광활한 면적의 땅이었다. 고베시는 시의 사업으로 거대한 시가지를 만안에 조성하고 매립에 쓸 대량의 토사를 깎아낸 롯코산 기슭에도 대규모 뉴타운을 조성했다. 개발을 마칠 무렵, 대규모 토지조성은 자연의 섭리를 심히 모욕하는 행위로 "이런 난폭한 짓을 하면 과연 자연이 복수하지 않을까", 이미 지반 침하 기미가 보이는 인공섬은 "지진에 괜찮을까" 등의 비판이 제기됐다.(『아사히신문』 1981년 7월 29일) 실제로 대지진은 고베시가 추진해온 도시개발의 취약성을 백일하에 드러냈다. 고속도로와 인공섬 등 최신기술을 구사했을 도시 인프라들은 괴멸적인 피해를 입었다. "일본의 우수한 건설기술의 정수"로 간주되던 것들이 이처럼 취약했던 것은 "일본 최대의 산업이 기술적으로 불건전한 것인가. 그렇지 않으면 부패한 것인가, 아마 둘 다였을 것이다."(개번 매코맥『공허한 낙원』)

  2011년 동일본대지진과 1995년 한신·아와지대지진은 고도성장기 일본식 개발주의의 위험성을 근저에서 지적한다는 공통점을 지닌다. 지진은 원전이나 고속도로, 인공섬 같은 기술의 한계를 드러내 보였을 뿐 아니라 전후 흔들림 없을 것으로 여겨지던 사회의 기반이 의외로 무르고, 불안정함을 일깨웠다. 1995년의 지진은 직하형이었기 때문에 붕괴 충격은 고층빌딩이나 고속도로 등 도시 인프라에서 두드러졌다. 2011년의 재해는 바다의 쓰나미에 의한 것으로, 광대한 지역에 미쳤으며, 에너지 공급체계가 근본부터 의문시됐다. 두 차례 지진으로 현대 일본의 대도시와 그 광대한 배후지 양쪽 모두 도마에 오른 것이다. 또한 고도성장기에 발전해 1970년대에 확립된 도시개발과 에너지 공급체계 전체에 심각한 물음표가 붙게 됐다.

옴진리교 사건과 미디어의 허구

일본 전체가 고베시가지를 괴멸시킨 대지진의 충격 한가운데에 있던 1995년 3월 20일, 이번에는 도쿄 도심에서 사람들을 한층 격하게 뒤흔든 사건이 반생했다. 옴진리교 신도에 의한 지하철 사린사건이다. 이날 오전 8시경 도쿄 도심을 달리는 지하철 여러 대의 차량 내부에 화학무기로 쓰이는 신경가스 사린이 살포돼 승객과 역무원 등 13명이 숨졌고 5800명 이상이 중경상을 입었다. 사건 발생 2일 후 경시청은 야마나시山梨현 가미쿠이시키上九一色촌에 있는 교단본부 시설에 대해 강제수사를 실시했다. 시설에서는 사린 등 화학무기 제조설비가 발견됐다. 체포된 교단간부의 진술로 1989년 사카모토 쓰쓰미坂本堤 변호사 일가살해사

사진 3-2 옴진리교의 '제6 사티안(시설-역주)'의 뒤쪽 입구에서 강제수사에 들어가는 경찰들(1995년 5월 16일 오전 5시 40분, 가이쿠이시키촌)

건[4]과 1994년 마쓰모토松本사린사건[5]은 물론 지하철 사린사건까지 모두 옴교단의 조직적인 범행인 것으로 밝혀졌다.

강제수사 시작부터 5월 16일 교조인 아사하라 쇼코麻原彰晃, 본명 마쓰모토 지즈오松本智津夫의 체포까지 약 2개월간 일본사회 전체가 이 특이한 교단에 대한 요령부득의 감정에 휩싸였다. (사진 3-2) 1995년 3월의 옴진리교사건은 헤이세이 전기 일본을 습격해 사람들의 일상의식을 뒤바꾼 또 하나의 쇼크이다. 이 쇼크로 인한 일상의식의 변화는 6년 뒤

---

4) 1989년 11월 4일 옴진리교 간부 6명이 옴진리교 문제를 파고들던 사카모토 변호사와 가족 3명을 살해한 사건.
5) 1994년 6월 27일 나가노현 마쓰모토시에서 옴진리교 신자가 신경가스인 사린을 무차별 살포해 8명이 숨진 사건. 전시가 아닌 상황에서 화학무기 사린가스를 민간인에게 사용한 세계 최초 사례다.

미국에서 발생한 동시다발테러에 의한 의식 변화를 예감케 했다.

무엇보다 옴진리교는 매우 미디어적인 종교였다. 그들은 1980년대 이후의 교세확장 과정에서 SF애니메이션이나 TV 게임의 이미지를 빌려 정보세계와 신자들의 신체적 실천을 연결시키는 기술적인 수법을 개발했다. 그들이 반복해 강조해온 종말의 이미지는 대체로 애니메이션의 일부 장면들을 짜깁기한 것이었다. 예를 들면 '아마겟돈'에서 서양의 기독교문명에 동양의 불교문명이 패하고 초능력자만이 살아남아 '구제계획'을 실행한다는 옴의 교리는 외계 행성인들에 의해 멸망위기에 놓인 인류를 일본인 정예가 탄 전함 야마토가 구제한다는 애니메이션 「우주전함 야마토宇宙戦艦ヤマト」의 줄거리를 모방한 듯 보인다. 가미쿠이시키촌의 교단시설 곳곳에 설치된 공기청정기 명칭이 애니메이션에 등장하는 방사능제거장치 이름에서 유래하는 등 세세한 점에서도 유사성이 지적됐다.

또, 옴진리교는 조직을 '국가'인 양하면서 외부로부터의 독립성을 특별히 강조했다. 신자는 '출가'하는 것에 의해 현실세계에서 가능세계로 이주하는 것이라고 간주했다. 가미쿠이시키촌의 사티안의 모습이 나타내듯 신자는 외부와의 교섭가능성을 부정하고, 내부에 폐쇄된 환경세계를 다양한 테크놀로지를 이용해 확장시켰다. 이런 환경세계의 확장은, 자신과 타자 간의 원근법을 부정하고, 외부의 타자들을 존재해서는 안 될 것으로 거부하는 것조차 가능케 한다. 자기 부정과 타자 부정이 상승하는 구조이다. 실제로 옴 신자들은 사카모토 변호사 일가 살해에서 마쓰모토 사린사건, 내부신자 살해, 지하철 테러사건 등 '타자=외적'의 침입을 끊임없이 두려워하고, 그들을 말살하기 위해 범행을 되풀이했다.

1995년 3월 이후 지하철 사린사건의 쇼크로 옴진리 교단 특유의 타자공포감을 이번엔 거꾸로 일본 사회가 갖게 됐다. 사건 후 TV에서는 엄청난 물량의 특별 보도프로그램이 편성됐고 높은 시청률을 획득했다. 이 시기 TV는 거의 전면적으로 '옴' 관련 소재로 뒤덮였다. 요양시설에 있던 한 여성은 신문투고를 통해, 시설 거주자들이 옴사건 프로그램을 "에도가와 란포江戸川乱歩[6]의 드라마를 보듯, 모두 두려워하면서도 꽤 즐겁게" 시청했다고 했고(『아사히신문』 1995년 6월 6일), 또 다른 25세 여성은 "만나는 사람들과 최소 1분은 옴진리교 이야기를 했고, 집에 돌아오면 엄마와 혼이 나간 듯 TV에 몰입했으며, 밥을 먹으면서도 옴진리교 이야기

---

6) 1894~1965, 일본의 추리소설가. 본명은 히라이 다로이고 '에도가와 란포'는 미국 소설가 '에드거 앨런 포'에서 따온 필명이다.

만 했다"고 말했다. (『SPA!』 1995년 6월 14일호) 신문의 경우 스포츠지나 석간신문뿐 아니라 종합지에서도 속속 센세이셔널한 제목으로 보도가 이뤄졌고, 오보도 되풀이됐다. 이는 사람들이 극히 기괴한 사건에 대한 강박적인 호기심과 불안에 휘둘리는 과정이었다. 즉, 옴진리 사건의 '쇼크'란 교단 신도들에 의한 범행만을 가리키지 않고, 그런 쇼크로 촉발돼 일본사회 전체가 빠져든 타자에 대한 공포심의 고양, 강박적인 타자 배제 등 모든 활동을 포함했다.

1995년 3월부터 5월에 걸쳐 쓰나미처럼 소용돌이쳤던 옴진리교사건을 둘러싼 언론의 언설은, 이 사건을 '모략' 혹은 '마인드컨트롤'에 의해 일어난 것으로 해석하기 일쑤였다. '모략'이란 일련의 범죄를 옴교단의 배후에 있는 폭력단이나 우익, 공안, 전 KGB나 북한 공작원, 통일교회 등 '어둠'의 조직이 꾸민 모략에 의해 벌어진 것으로 해석하는 입장이다. 이 해석 자체가 몹시 괴이한 것이었지만, 일련의 보도에서 옴 교단의 '숨은 부대'의 실태가 밝혀지고 있는 가운데 이 정도의 '배후'가 있다면 그보다 더한 '배후'도 있는 것 아닌가라는 억측이 바탕이 됐다. 옴사건을 누군가의 '모략'으로 해석하는 이 발상은, 역시 외부 개입을 음모론적으로 이해해온 옴교단 자체의 발상과 데칼코마니 같은 관계를 이룬다.

한편으로 옴진리교 문제에 일찍부터 대응해온 사람들이 보기에 옴 사건은 교조인 아사하라가 신도들에 대해 실시한 '마인드컨트롤'의 결과였다. 입문 단계에서 약물사용이나 골방 감금, 비디오, 테이프의 제한없는 반복, 공포체험을 반복 재현시키는 수행 등 교단은 신자의 사고와 감각을 조작가능한 것으로 만들어가는 기술을 발달시켰다. 옴교단은 신자들의 인격을, 고도로 구성된 마인드컨트롤 테크닉에 의해 교조가 바라는 인격으로 바꾸었던 것이다. 세리자와 슌스케芹沢俊介가 정확히 지적한 것처럼, 이는 교단에 발을 들인 신자의 자아가 깨끗이 소거되는 것을 가능하게 한다. 즉 "파괴적인 컬트에 속해 있을 때의 모든 행동은, 마인드컨트롤된 것이기 때문에 마인드컨트롤이 해제된 지금의 자신과는 무관계"하다는 자기부인이 가능하게 된다. (세리자와 『'옴 현상'의 해설『オウム現象』の解読』)

이렇듯 '모략'이나 '마인드컨트롤'에 의한 옴사건의 해석은, 이 사건을 받아들이는 사회 쪽의 일상과는 철저히 이질적인 것으로 옴신자들을 타자화한다는 공통점이 있다. '모략'론은 옴 교단의 이해불능한 행위를, 현대 일본사회가 안고 있는 반사회적 집단의 악랄한 의도에 의한 것으로 간주한다. '마인드 컨트롤'론은 옴 신자들의 행위를 교조의 '광기'로 조작된 집단적 비정상으로 간주하고, 이 광기와 우리

들 자신의 정기正氣=일상은 철저히 불연속적이라고 여긴
다. 어떤 것이든 '옴'이란 불쌍긴 하되 '우리들'과는 다른
세계 사람들이고, 그 다른 세계를 지배하는 것은 교조의 '광
기' 혹은 '어둠'의 조직이라는 뜻이다. 1995년에 휘몰아친 옴
보도는 사건에 이러한 해석을 부여하는 것으로, 사람들의
공포심을 자극하면서도 우리 자신의 리얼리티가 뿌리부터
추궁당할 가능성을 박탈하면서 사건이 흥미진진한 이야기
만으로 소비되는 것을 가능케 했다. 그렇기 때문에 앞의 신
문투고자처럼 "에도가와 란포의 드라마라도 보듯 모두 무서
워하면서도 꽤나 즐거이" TV에 몰입할 수 있었던 것이다.

　그러나 헤이세이 시대상에 있어서 옴 사건을 판단하는
중요한 열쇠는, '우리쪽'의 세계와 '저쪽' 세계를 잇는 매개
안에 있다. 물론 그것은 미디어다. 옴진리교의 아사하라 교
조와 교단간부들은 언론 보도가 전혀 허위(페이크)이며 조작
된 것에 지나지 않는다고 비판하면서 신자들에 대한 언론
의 영향을 차단하려 했다. 이 점에서 옴진리교는 오늘날의
트럼프 정권의 언론 비판보다 훨씬 선구적이었던 것이다.
예를 들면 교단의 잡지 『바지라야나 삿차』(제7호)는 언론의
정보가 '원월드one world주의자'에 의해 맘먹은 대로 조종돼
"100% 왜곡됐다"고 주장했다. 언론이 행사하는 '세뇌의 테
크닉'은 "마치 우리들로부터 손발을 떼어내고 급기야 머리

까지 빼앗으려 한다." 이런 세뇌환경에서 자기 존재를 해방하려면 "불필요한 정보를 섯아웃"하고 "정보를 제대로 활용하는 방법을 가르치는" 것이 불가결하다. 그리고 그들에 따르면 이 "칠흑같이 컴컴한 정보사회"에서 벗어날 방법을 가르쳐주는 것이 그들의 '최종해탈자'인 것이다.

그러나 한편으로 옴교단은 매우 열심히 TV에 출연했고 미디어 속에서 이미지 연출을 꾀했다. 일련의 사건보도에서는 교단의 홍보를 맡은 조유 후미히로上祐史浩의 발언이 주목됐지만, 아사하라 쇼코 스스로도 사건이 명백해지기 전에는 TV프로그램에서 비트 다케시ビートたけし[7]와 대담하고 '아침까지 생방송TV!' 프로그램에 출연하기도 했다. TV에 등장한 조유의 말솜씨는 교단의 언론에 대한 탐욕스런 태도의 단면이다. 본래 아사하라 쇼코가 '교조'로 되는 출발점도 잡지 보도에 있다. 1980년대 중반 일부 초능력에 관심 많은 청년들에게 읽혀지던 잡지 『트와일라잇존』에 아사하라는 '공중부양'이 가능한 초능력자로 종종 등장했다. 이 미디어 노출도 당시 요가교실 교사였던 아사하라가 적극적으로 잡지에 선전한 결과였다. 잡지에서는 핵전쟁에 의한 종말 이미지와 '수행'이나 '해탈'의 실천을 연계하는 아사하라의 스토리 만들기가 먹혀들면서 독자가 확대됐다. 즉 옴진

---

7) 일본의 영화감독 겸 배우, 코미디언, TV사회자로 본명은 기타노 다케시.

리교는 언론을 본래부터 거부해 미디어와 관련없는 환경에 틀어박혀 있던 것이 아니다. 한편으로는 언론을 '거짓말쟁이'라고 비난하고 "언론의 세뇌에서 보호"하기 위해 신자의 미디어 접촉을 제한하면서도 다른 한편으로는 언론에 바짝 다가서고 언론이 연출하는 교단 이미지에 지속적으로 민감한 태도를 보였던 것이다.

헤이세이 첫해에 상실한 자아

동일본대지진으로부터 22년 전, 한신·아와지 대지진과 옴진리교 사건에서 6년 전인 헤이세이 원년(1989년), 옴진리교 사건으로도 이어질, 자아의 붕괴를 상징적으로 드러낸 사건이 발생했다. 다름아닌 미야자키 쓰토무宮崎勤[8] 유아연속 유괴살인사건이다. 전 일본을 뒤흔든 이 사건이 마지막까지 결여했던 것은, 1960년대 말 나가야마 노리오永山則夫가 벌인 연속사살 사건에는 확연했던 현실감, 아무리 참혹하고 혐오스러운 것이었다고 해도, 자아에 대한 확실한 감각이다. 현실감의 부재는, 나가야마가 나고 자란 곳이 아바시리網走와 아오모리青森로 일본 열도의 끝자락인 반면 미

---

8) 1988~1989년에 도쿄와 사이타마 일대에서 여자아이 4명을 연속으로 유괴해 살해한 범인으로, 2008년에 사형이 집행됐다.

야자키가 태어나 자란 곳은 도쿄의 이쓰카이치초五日市町[9]
로, 근교농촌에서 '교외'로 급속히 변모하던 장소였던 것과
대응한다.

이쓰카이치에서는 1970년대 중반 도로를 광폭으로 확장
하는 공사로 마을 풍경이 급변했다. 예전의 농촌적 근린성
이 급속히 사라져갔고, 지역 전체가 차를 이용하면 한노飯
能나 이루마入間, 가와고에川越, 하치오지八王子, 사가미하라
相模原 같은 주변 도시로 직결되는 대도시교외에 편입돼갔
다. 나가야마의 범죄가, 전국적인 가향상실家鄕喪失 속에서
등장했다면 미야자키 사건은 모터리제이션motorization[10]에
의한 급격한 교외화를 배경으로 한다. 그리고 1980년대 〈일
상에 대한〉 미디어 침투의 폭증에 의한 리얼리티의 변용이,
대도시 교외를 무대로 가장 철저하게 진행됐던 것이다.

미야자키가 저지른 살인들은 극도로 잔인한 것이었다.
그 집요한 잔인함은 예전 나가야마 노리오의 살인에서 느
껴지는 매정함과는 극도로 대비된다. 피해자는 저항할 수
없는 4~7세의 여자아이였다. 미야자키는 그들을 꾀어 차에
태우고 산속으로 데려갔고, 그들이 불안해하며 울면 목을
졸라 죽였다. 사체를 비디오로 촬영하고 음부를 희롱하는

---

9) 도쿄도의 서부지역에 있던 자치단체로 현재는 아키루노(あきる野)시에 편입됐다.
10) 자동차가 광범위하게 보급돼 생활필수품화되는 현상.

가 하면 두개골을 불태우고 자른 뒤 골의 일부를 먹기도 했다. 동시에 그는 '이마다 유코今田勇子'라는 이름의 범행성명을 피해자 가족과 언론에 보냈고, 피해자의 뼈를 골판지 상자에 담아 피해자 집 현관에 갖다놓기도 했다. 사체나 뼈에 대한 유별난 집착은 엽기적이었고, 체포 뒤 엄청난 양의 비디오와 만화로 꽉 찬 방이 공개되면서 사건의 괴이함이 한층 두드러졌다.

요시오카 시노부吉岡忍는 미야자키가 살인에까지 이르게 된 의식의 심층을 다룬 『M/세계의, 우울한 첨단M/世界の, 憂鬱な先端』에서 미야자키에게 주체라는 감각의 부재와, 그 자신이 저지른 살인의 흉악성을 잇는 역설적인 회로를 부각시켰다. 미야자키는 첫 공판에서 "깨지 않는 꿈을 꾸고, 그 꿈속에서 저지른 것 같은 느낌이 든다"고 진술했다. 자신의 범행을 부인하는 것이 아니라, 그 자체의 현실감이 희박하다는 진술이다. 미야자키 사건에서는 속속 "유아를 죽이고, 토막낸 뒤 양 손목을 구워 먹었다는 역겨운 진술을 고백하면서도 범행 당사자는 매끈한 표정으로 피고석에 서 있는" 식의 괴리가 문제시됐다. 이 사건은 당시, 그의 방에 산더미처럼 쌓인 비디오에 놀란 언론이 오해하듯 성적인 망상에 찬 성격이상자의 범죄가 아니다. 미야자키는 어릴 적부터 신체의 생생함을 병적으로 싫어했고, 타인과의 육체적

접촉이나 성기를 혐오했다.

그런 그가 빠져든 것은 "수많은 애니메이션과 테마송, 고질라, 롤리타 콤플렉스, 루빅큐브, 프로레슬링, 테니스, 퀴즈와 퍼즐…. 어느 것이나 빠져들면 빠져들수록 비현실적이 되는 현실"이었다. 그는 고교시절 비디오플레이어를 자기방에 갖추고 있었고, 고교를 졸업하자 원래 사진전문학교였던 단기대학에 다니기 시작했다. 그렇다고 사진에 열정을 기울인 것도 아니었지만, 얼마 안 가 여성의 속옷이 아슬아슬하게 보이는 사진이나 유아의 하반신 사진을 촬영해 사진잡지에 투고하는 데 열중했다. 그는 렌즈를 통해 "상대를 물체로 다루고, 빼앗고, 공격하고, 지배하면서, 우쭐해하는" 자신을 발견했다. 졸업 후 인쇄회사에 취직할 무렵 비디오 수집에도 열중하기 시작했다. 요컨대, 카메라나 비디오 수집은, 내면적인 성장을 멈추고 어린애 같은 졸음증의 세계 속으로 퇴행한 미야자키가 주변 세계에 '주체'로서 간여할 수 있는 얼마 안 되는 회로였다.

그러나 촬영에 대한 탐닉이나 비디오 수집이 그 순간에는 다소간 관능적으로 느껴진다 해도 거기에는 타자가 없다. 현실은, 붙잡으려 하면 할수록 비현실적이 되고, 그런 다음에는 "텅 비어 있는 주체, 공백 상태의 자기 자신과 부딪힌다." 미야자키의 경우 그러한 자신의 공허함을 피사체인 유아에 대한 연쇄살인으로 바꾼 결정적인 모멘트가 할아버지의 죽음이었다. 미야자키에게 할아버지는 주위의 세계를 의미 있는 것으로 만드는 유일한 준거점이었다. 조부의 죽음으로 주변 세계는 온통 퇴색해버렸고, 가족들조차 '동거인' 이상으로는 느껴지지 않게 됐다. 그가 세계를 회복하려면 할아버지 같은 존재를 재림시키지 않으면 안된다. 그 때문에 미야자키는 몇 번이고 할아버지의 유골함을 열어 그 뼈를 먹었으며, 살해한 유아의 뼈를 먹었다. 그것은 유아들의 "육물체肉物体를 태우고 먹고 보냄으로써 할아버지가 소생하도록 하려는 생각"이기 때문이었다. 그는 사체와 유체를 '골형태骨形態', '육물체'로 부르며 그 인격성을 부인하면서도 이 타자 아닌 타자의 신체를 문자 그대로 먹음으로써 자신에게 동화시키려 했다. 그렇게 함으로써 극단적인 지점에서 타자의 존재를 매개로 세계=할아버지를 회복하려고 했던 것이다.

미야자키 사건은 헤이세이 시대에 잇따른 엽기적 살인 사건의 선구가 됐다. 예를 들면 1997년에는 고베 연속아동 살상사건이 일어난다. 범인인 14살 소년이 11세 아동을 죽여 머리를 절단한 뒤 본인이 다니던 중학교 정문 앞에 놓아두고 '사카키바라세이토酒鬼薔薇聖斗'라는 이름으로 범행성명을 발표했다. 사체를 다루는 방식이나 공들여 지은 가명으로 발표한 범행성명, 해부에 대한 비정상적인 흥미, 그리고 범행이 자신을 귀여워 해주던 할머니의 죽음을 계기로 이뤄진 점 등 미야자키 사건과 공통점이 있다. 특히 사건이 일어난 고베시 교외의 뉴타운은 앞서 살펴본 것처럼 고베시가 산을 깎아 조성한 마을로, 마을로서의 오랜 기억을 갖지 못했다.

게다가 미야자키의 살인이 할아버지를 불러내는 의식이었던 것과 유사하게 이 소년의 살인도 '바모이도오키신[11]' 앞에서의 '성스러운 실험'으로 여겨졌다. 소년은 눈 앞에 있는 인간이 '부서질 수 있는지' 어떤지를 확인하려고, 즉 상대가 '물체'에 불과한지, 아니면 '영혼'이 있는지를 확인하기 위해 살인을 저질렀다고 한다. 상대에 영혼이 있다면 일반 물체보다는 '부서지기 어려울' 것이다. 이를 '바모이도오키=바이오 모도키(생명이 있는 듯한)' 초월자 앞에서 실험했다고 한다. 적어도 소년은 실험 과정에서 눈 앞에 있는 상대가 영혼을 가진 인간이라는 감각을 상실한 것이다. 이것도 미야자키가 할아버지의 사후, 가족을 '동거인' 이상의 존재로 느끼지 못했다는 것에 대응한다. 타자가 타자로서 느껴지지 않는 이상, 그러한 타자가 말을 걸어오는 것도, 자기를

---

11) 다른 세계에서 사는 생명체로 소환술에 의해 현세계에 나타나기 때문에 소환수로 불리는 신의 일종.

확실한 존재로 느끼는 것도 불가능하다. 소년은 언제까지나 '투명'한 존재일 뿐, 이 세상에서 존재감을 가진 적이 전혀 없다.

확대되는 격차──미래에 절망하는 청년들

1995년과 2011년 일어난 두 차례 지진과 사회인프라의 결정적인 파괴, 특히 후쿠시마 제1원전사고는 개발과 성장에 매진해온 우리들의 사회에 자연이 앙갚음이라도 하듯 일어난 심대한 쇼크였다. 한편, 옴과 미야자키 사건은 우리 사회 자체가 내부에 '역겨운 타자'를 안고 있음을 깨닫게 했다는 의미에서, 내부에서 발생한 쇼크였다. 바꿔 말하자면 두 차례 지진이 던진 질문은 우리와 '자연'과의 관계이다. 반면 옴 사건 등이 던진 물음은 우리와 '타자'와의 관계이다. 지진을 통해 헤이세이 일본은 발전에 넘어서는 안 되는 한계가 있음을 알게 됐다. 후자의 사건이 제기한 것은 고도로 균질화, 정보화한 사회에서는 자신과 타자의 관계가 근본적으로 변질돼버렸다는 점이다. 그렇다고는 해도 이 모든 사건이, 한 순간에 엄청난 충격을 가한 쇼크였다는 점은 공통적이다. 반면 헤이세이 시대를 뒤흔든 쇼크에는 〈권투의〉 보디블로처럼 보다 지속적으로 사회를 변모시켜온 것도 있다.

보디블로처럼 일본을 덮친 쇼크에는 글로벌한 신자유주의의 조류가 관통하고 있다. 이 조류 속에서 헤이세이 일본 사회에는 균열이 생겼으며 격차가 거스를 수 없게 확대됐다. 역으로 헤이세이 직전은, 가장 격차를 보기 어려운 시대였다. 1984년 경제기획청이 발표한 조사결과에서는 64.2%가 자신의 생활에 '만족'했고, 특히 의료·보건, 생활환경, 가족관계에서 만족도가 높았다. 이 상황은 이들 항목의 만족도가 하락해가는 이후와 비교해 상징적이다. 계층귀속 의식에서도 자신이 '중상' 내지 '중하', 즉 중간층에 속한다고 생각하는 사람은, 80%를 넘었다. 자신을 '상상'이나 '상하' 즉 상층으로 여기는 이는 5.4%에 불과했고, '하상'이나 '하하' 즉 하층으로 여기는 사람도 10.5%였다. 같은 시기 총리부의 조사도 비슷한 결과였다. 당시 일본인의 압도적 다수가 같은 중간층에 속해 있다고 인식하고 있었던 것이다.

그러나 이 1억 총중류總中流의 상황이 헤이세이가 시작될 무렵, 버블경제 속에서 변질되기 시작한 것이다. 변화의 방아쇠는 부동산 가격의 상승이었다. 버블경제 결과, 자산을 이미 가진 자와 갖지 못한 자의 격차가 확대됐다. 자기 소유의 집이 없는 사람들은 부동산 가격이 너무 올라 앞으로 평생 집을 가질 수 없음을 깨달아야 했다. '격차사회'라는 단어가 언론에 등장하기 시작했고, 격차가 확대되고 있다고 답한 사람이 늘어났을 뿐 아니라 상대적 박탈감으로 자신은 하층에 속한다고 답하는 사람도 늘어났다. 1980년대 말은 계층면에서 일본인들 의식에 균열이 확실히 생기기 시작하던 순간이었다. 그때까지는 경제적인 격차가 있다고 해도 미래에는 작아질 거라고 믿을 수 있었다. 그러나 버블 이후 사람들은 미래에도 격차가 줄어들기는커녕 확대될 것 같다고 깨닫기 시작한 것이다. 미래에 대한 절망은 현재를 바라보는 시각도 변화시켰다.

그리고 버블 붕괴 후인 1990년대, 격차 확대는 수입이나 커리어 면으로도 확대되어갔다. 불황이 이어지고 기업 도산이 증가하는 가운데 청년 취직난이 극적으로 심화됐다. 이제는 자가를 살 수 없는 정도가 아니라 만족할 수 있는 취업이 불가능하고 안정된 수입도 얻을 수 없는 청년층이 늘어났다. 1980년대에는 비교적 쉽게 돌파할 수 있던 인생의 허들까지 일거에 높아져 버렸던 것이다. 버블 붕괴는 일본인의 경제적인 기반을 허물었고 계층귀속 의식을 하락시켰으며 미래에 대한 희망을 무너뜨렸다. 청년들의 인생 불안정화와 장래 기대소득 수준의 하락이 극점에 달한 것이 1990년대 말부터 2000년대였다. 이 무렵에는 자산뿐 아니라 소득에서도 격차가 확대하고 있다고 여기는 사람이 70%

를 넘었고, 자신을 '승자그룹'과 '패자그룹'으로 나누는 사고방식이 확산됐다. 일본은 다행중적인 소비사회에서 불안투성이의 격차사회로 바뀌었던 것이다.

야마다 마사히로山田昌弘는 2000년대 초 프리터(파트타이머나 아르바이트, 무직상태의 청년)나 취직이 안 돼 진학한 대학원생, 취직을 위해 유학한 학생, '히키코모리' 상태의 청년 등 수입기반이 불안정한 청년을 400만 명 이상으로 추정했다. 이 중 버블 붕괴 후의 '취직빙하기'에 취직활동을 할 수밖에 없어 파견사원에 만족해야 했던 방대한 규모의 청년이 있다. 야마다는 1990년대 이후의 사회변화를 '리스크화'와 '양극화'라는 두 가지 모멘트의 복합작용으로 파악한다. 리스크화란 인생 플랜의 안정성 상실이다. 미래는 직선적으로 내다보이지 않게 됐고, 개개의 인생도 단편적이고 유동적이고, 예측불능한 것이 되었다. 양극화란 격차 확대가 불가역적으로 진행돼 사회가 일부의 '승자'와 다수의 '패자'로 분열해가는 것이다. 같은 연령, 학력, 분야에서도 몇 가지 우연적인 요소로 두드러진 격차가 발생하게 됐다. 게다가 이 격차는 수입만이 아니라 보다 질적인 것이라고 야마다는 지적한다. 정사원을 계속 유지할 수 있는 사람과 프리터를 계속할 수밖에 없는 사람 간에는 '입장(스테이터스)의 격차'가 발생한다. 정사원은 수입의 안정성은 물론 사회보험이나 업무 연수 등 유형무형의 혜택이 있지만, 프리터는 수입만이 아니라 장래의 전망도 불안정하다.(야마다『희망격차사회[希望格差社会]』)

이는 요컨대 정치, 경제의 실패에서 비롯된 사회의 실패이다. 능력이나 의욕에 의해 수입에 격차가 생기는 것 자체가 '실패'는 아니다. 그러나, 1990년대 일본에서 발생한 것은 그 이상의 것이었다. 즉, 버블 붕괴와 정보화나 글로벌화의 진행에 의한 경제구조 변동 속에서 대기업의 비교적 높은 지위나 전문적 직종은 여전히 보호된 반면, 그 악영향이 청년층이나 주변적인 노동자에게 집중됐다. 게다가 신규졸업자 일괄채용[12] 등 정사원 고용에 대한 종래 관행은 유지됐던 만큼 역사의 우연에 의해 발생한 차별이 고정화하는 경향을 낳았다. 미국처럼 노동자가 보호되지는 않지만 실패해도 재기가 가능한 것으로 여겨지는 사회도 아니고, 북유럽처럼 사회보장제도에 의해 노동자의 권리가 보호되는 사회도 아니다. 보이지 않는 벽에 둘러싸인 채 격차가 부쩍 확대되는 딱한 상황이 심각해져 간 것이다.

이 변화의 끝에 있는 것은 사회불안의 심화다. 1980년대까지 일본에서는 "생활기반이 안정돼 있고 예측가능성이

---

12) 기업이 졸업예정 학생을 대상으로 매년 일괄적으로 구인하는 일본의 관행으로, 재학중 채용시험을 통해 내정한 뒤 졸업 후 곧바로 근무토록 한다.

높고, 생활목표가 뚜렷하고, 동시에 대부분의 사람이 목표에 도달가능"했다. 그러므로 많은 사람들이 희망을 갖고 있었고, "높은 저축성향도, 미래에 대한 신뢰라는 의미에서 일본인의 심리적 안정"의 증표였다. 그러나 이후 사회 불안정과 양극화가 심화되면서 사람들은 "장래의 생활파탄이나 생활수준 저하에 대한 불안"에 시달리기 시작했다. 그리고 "많은 사람들이, 고생해도 보상받지 못하고, 보다 좋은 생활을 위해 노력해도 헛일이라고 체념하기 시작한다. 희망의 상실에 의한, 의욕의 포기"라고 야마다는 지적했다. 즉 경제적 격차의 불가역적인 확대는 '스테이터스'의 격차를 낳고, 그것은 인생에 대한 '희망'의 격차가 되어갔다. 이렇듯 청년들 사이에는 미래에 대한 불신감이 퍼졌다. 야마다는 앙케이트 조사에서 프리터 청년들을 "장래의 불안을 두려워하지만, 불안을 느끼지 않기 위해 실현가능성이 낮은 꿈에 매달리는" 이들로 규정했다. (앞의 책)

불안과 절망에 의욕을 잃은 나머지 선을 넘어 흉악한 범죄로 치달은 예가 2008년 발생한 아키하바라 도오리마通り魔 사건[13]이다. 범인인 가토 도모히로加藤智大는 1982년생, 버블 붕괴 후 사회에 나온 포스트 단카이 주니어 세대이다.

---

13) 2008년 6월 8일 도쿄시내 아키하바라에서 발생한 무차별살상 사건으로, 7명이 죽고 10명이 중경상을 입었다. 도오리마는 '묻지마 살상'을 가리킨다.

아오모리 신흥주택지에서 자란 그는 중학교까지는 우등생이었지만, 현내 최고명문고인 현립아오모리고교에 입학한 뒤 성적이 하향곡선을 그렸다. 결국, 부모가 바라던 홋카이도대학에는 진학하지 못하고 자동차정비사를 육성하는 단기대학에 진학했지만, 정비사 자격을 취득하지 못했다. 학교를 나온 뒤에는 굴욕감과 고독감을 안고 파견사원 등을 전전하다가 해고에 대한 불안감을 끊임없이 느끼며 제멋대로 직장을 그만두는 일을 되풀이했다. 그 뒤 그는 인터넷 게시판에 글을 올리는 일에 과도하게 집착한다. 현실의 사회관계에서는 존재가치를 입증하지 못해 인터넷 상의 관계에서 최후의 안식처를 구한 것이다. 게시판에서 그는 자신이 사회의 '패자그룹'이며 그렇게 된 것은 모두 남 탓이라고 썼다. 그는 "승자그룹은 모두 죽어버려"라는 글을 올리고는 아키하바라의 보행자천국에 트럭을 몰고 돌진한 뒤 칼을 들고 낯선 행인들을 차례로 찔러 살해했다.

그의 인생의 절망은, 일본경제의 절망과 시기적으로는 불가사의할 정도로 겹친다. 물론 양자의 인과관계가 검증 가능한 것은 아니지만, 1990년대 말부터 2000년대 시기의 폐색감閉塞感이 인터넷 세계에 보다 강하게 투영된 만큼 현실사회에 대한 인터넷 세계의 공격적 집단심리에 그도 영향받았을 것이다. 사회는 '승자그룹'과 '패자그룹'으로 나뉘고 '패자그룹'에 부활의 기회는 없다. 그러므로 자신을 '패자그룹'에 속한다고 여기는 이들은 '승자그룹'에 대한 저주에 집착한다. 그렇지만 인터넷 의존은 그의 범행의 프로세스를 매개하긴 하되 그 자체가 범행의 원인은 아니다. 오히려 근본 문제는 미래에 희망을 거의 가질 수 없다는 점, 미래에 있는 것은 불안뿐이라는 점이었다. 희망없는 상황에서 가토의 피해망상적인 사고가 인터넷을 매개로 증폭된 과정이 그의 게시글에서도 확인된다.

즉 문제의 근본은 가토 같은 인물의 특이한 사고에 있는 것도, 청년들의 히키코모리나 타자공포에 있는 것도, 또한 청년의 일상에 침투한 인터넷 사회에 있는 것도 아니다. 당연히 그들이 제기한 문제들을 '자기책임'으로 돌릴 수는 없다. 헤이세이 시대, 버블붕괴와 글로벌화의 격랑 속에서 일본 사회는 장기불황에 대처해야 했지만, 그럼에도 신규졸업자 일괄채용이나 대학에서의 면학의 경시, 정사원과 그 외 피고용자에 대한 차별, 젠더차별, 즉 기존 시스템들을 줄줄이 남겨둔 채 임시방편적 대응을 거듭했다. 그 결과 청년들에게 가혹하고 뒤틀린 질서가 사회의 헤게모니를 쥐게 된 것이다.

혼다 유키本田由紀는 1990년대 이후의 청년세계를 조명한 논집에서 지금의 일본에서는 '비전형고용'('비정규'고용이란 말에 포함된 네거티브한 인상을 피하기 위해 이 용어가 사용됐다)의 규모가 다른 선진국들과 비교해서도 상당히 커졌고, "전형고용과 비전형고용 사이의 자산격차가 다른 선진국들에 비해 두드러졌고, 전형고용 참여루트가 신규졸업 때로 한정되는 경향이 있기 때문에 한번 비전형고용·실업·무직 상태에 빠진 청년은 거의 영속적으로 빈궁상태에 놓여질" 확률이 높다고 지적했다. 또한 운 좋게 정사원으로 채용되더라도 "줄어든 인원으로 종래의 혹은 그 이상의 업무를 완수하지 않으면 안되는 데다, 자신의 포스트가 언제 비정규직 자리로 바뀔지 모르는 잠재적 위협 탓에 장시간 노동과 과중한 업무에 짓눌리고 있다."(혼다·히라이「청년으로 보는 현실/청년이 보는 현실」)

이처럼 곤란한 상황에 놓인 청년은, 결국 사회가 설정한 허들을 뛰어넘는 것이 불가능하게 된다. 같은 논집에서 유아사 마코토湯浅誠와 니헤이 노리히로仁平典宏는 비정규고용이나 실업, 무직 상태에 장기간 빠진 청년이 곤궁함에서 벗어날 수 없게 되는 이유를 날카롭게 고찰했다. 사회를 떠받치는 잠재적인 기반이 무너지고 있는 현대 일본에서는 청년들이 인생에서 성공체험의 감각을 갖기가 곤란해지고 있다. 획일적인 루트에서 탈락해 충분한 연수기간도 없이 비정규로 채용된 이들은 대체로 한 번도 접해본 적 없는 상황에 곧바로 적응할 것을 강요받는다. 실패를 거듭하면서도 많은 사람들이 언젠가는 '되겠지'라며 낙관할 수 있는 것은 그들이 "해본 적은 없지만 해보니까 되더라'라는 성공체험"을 가졌기 때문이다. 그게 아닐 경우 "근력 없는 사람이 '당연히 할 수 있다'는 격려와 질타를 수백 번 받는다 해도 석고보드 4장을 짊어진 채 하루종일 계단을 오르내릴 수 없는 것처럼, '의욕의 빈곤'을 안고 있는 이들에게 아무리 격려한들 '할 수 있다'고 생각할 리 없다."(유아사·니헤이 『청년 홈리스』) 이것이야말로 아키하바라 도오리마 사건을 일으킨 가토가 처한 상황이었다. 그는 사회에 대한 의욕 상실을 일방적으로 사회의 탓으로 돌리고, 그 사회에서 나도 '할 수 있다'는 감각을 얻기 위해 자포자기식 무차별 살인으로 나아간 것은 아닐까.

격차의 제도화, 계급사회로 가는 헤이세이 일본

버블 이전에 일본이 격차사회가 될 가능성을 한발 앞서 지적한 것은 오자와 마사코小沢雅子의 『신「계층소비」의 시대新·階層消費の時代』(1985년)이었지만 오자와가 염두에 둔 것은 1990년대가 아니라 1970년대의 불황기였다. 그는 책에서 고도성장이 종막을 고하면 노동의 공급측과 수요측의 관계가 변화하고 노동력 이동으로 임금격차가 시정될 기회가 줄어들기 때문에 중소기업 노동자와 여성노동자 등 약자들의 임금이 상대적으로 깎일 가능성이 있다고 지적했다. 그 후 호황의 1980년대에 격차확대는 보기 어려워졌지만 버블경기 전후에 다시 부각됐고 1990년대에 확연해졌다.

1990년대 이후의 상황에 앞서, 격차확대의 흐름을 정면으로 다룬 것은 다치바나키 도시아키橘木俊詔의 일련의 저작이었다. 1998년에 출간된『일본의 경제격차日本の経済格差』는 큰 반향을 불러일으키며 이후 전개된 '격차사회 논쟁'의 계기가 됐다. 다치바나키는 1990년대에 일본의 소득분배 불평등이 급격히 심화됐고 지니계수(소득과 자산의 불평등도를 나타내는 계수)도 급등한 점에 주목했다. 그 원인에 대해 버블로 자산격차가 확대된 것 외에, 앞의 오자와와 마찬가지로, 불황기에는 노동력 공급이 과잉경향이기 때문에 약한 입장에 있는 이가 갈수록 약해진다는 점을 꼽았다.

다치바나키는 헤이세이 일본이 격차사회로 나아간 상황을 속편인『격차사회格差社会』에서 종합적으로 조명했다. 그에 따르면 1981년에서 2002년까지 약 20년간 일본의 재분배후 소득 지니계수는 0.314에서 0.381로 상승했다. 이 상승은 꽤 큰 것으로 배후에 구조적인 변화가 있었던 것으로 추정된다. (도표 3-1) 명백한 것은 빈곤층의 확대인데 생활보호세대는 1996년 61만 세대에서 2004년 100만 세대로 급증

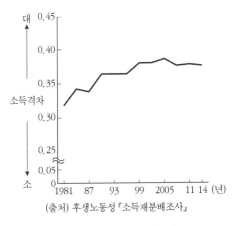

(출처) 후생노동성『소득재분배조사』

도표 3-1 일본 지니계수의 연차비교(재분배후 기준 1981~2014년)

했다. 저축이 없는 세대도 1990년대 이후 증가해 1980년대 후반까지 전세대의 5% 전후였던 것이 2005년에는 22.8%에 이르렀다. 저축이 없다는 것은 소득만으로는 생활이 안 돼 저금을 깨야 하는 상황이다. 그 최후는 상황의 개선이 없는 한 자기파산일 것이다. 1990년대 동안 기업의 자산 이상으로 보통 일본인의 가계가 빈곤해지는 상태로 치달았던 것이다.

다치바나키의 격차확대론에 대해서는 그 증거가 되는 변화가 통계상의 표면적인 수치에 불과하다는 비판도 있었다. 주된 비판은 수치의 변화가 일본의 고령화 때문이라는 것이다. 즉, 고령세대는 일반적으로 빈곤율이 높아지는 경향이 있고, 지난 20년간 일본은 초고령화했기 때문에 인구 전체의 지니계수도 상승한다는 것이다. 또 딘신세내가 증가한 것이 세대단위의 소득을 수치면에서 끌어 내리고 있다는 지적도 있다. 이 논의에 더 깊이 들어갈 것은 아니지만 그럼에도 1990년대를 거치며 빈곤세대가 계속 증가했다는 점, 부유층과의 격차가 커졌다는 점은 부정할 수 없을 것이다.

게다가 단지 불경기에 의한 실업자의 증가가 아니라 취업구조의 질적 변화가 나타났다는 점이 중요하다. 노동조합의 약화뿐 아니라 글로벌 경쟁에 노출되면서 대기업조차 존폐 위기를 맞은 상황에서 '정규' 고용과 '비정규' 고용 간의 이중구조가 확대·고정화된 것이다. 이 이중구조는 노동자들 사이에서 이미 야마다와 혼디기 지직한 섯 같은 심각한 문제를 발생시켰지만 사용자 입장에서는 나쁠 게 없었다. 왜냐하면 경제의 유동성이나 예측불가능성은 기업에게 명백한 리스크이다. 이를 회피하는 데는 일정한 비율로 노동력을 늘리거나 줄이는 것이 가능한 구조가 메리트가 크다. 그러므로 경기가 호전되더라도 "신규졸업자를 중심으로 채용을 늘리되 기존의 비정규 노동자는 그대로 비정규인 채로 놔두는 태도"는 바뀌지 않았다.

이런 구조라면 정규고용 사원에 대해서는 '온 더 잡 트레

이닝'으로 길러내는 구조도 바꿀 필요가 없기 때문에 대학
이나 교육기관은 입시에서 '머리좋음'만을 선별하면 됐고,
교육의 내용은 크게 기대하지 않는 기업의 자세도 근본적
으로는 바뀌지 않았던 것이다.

결국, 헤이세이 일본 사회가 향한 것은 비정규고용의 청
년과 여성, 외국인 노동자를 사회 전체가 착취하는 체제의
고착화였다. 이를 정당화한 것이 신자유주의 이데올로기이
고, 여기에 동원된 것이 '구조개혁'이라는 캐치플레이즈였
다. 이런 체제가 침투하면서 등장한 것은 '전후'의 총중류화
를 뒤엎은 '포스트 헤이세이'의 계급사회이다. 헤이세이 중
기 미우라 아쓰시三浦展는 헤이세이 일본에 '하류사회'로 표
현해야 할 새로운 계층집단이 출현하고 있다고 지적했다.
1990년대 중반을 경계로 중류화 모델이 효력을 잃으면서,
자신은 '상'이나 '중상'에 속한다고 간주하는 사람들과 '중하'
나 '하'에 속한다고 간주하는 사람들이 수입의 차이뿐 아니
라 생활 스타일이나 가치관 등 질적인 면에서도 분열하고
있다는 것이다.

미우라는 이 하류사회 형성을 1970년대 전반에 태어나
공교롭게도 버블붕괴 후의 경제침체기 취직활동을 해야
했던 단카이 주니어 세대와 그 5년 후배 세대에서 찾아냈
다.(표 3-2) 그전 세대에 비해 이들 세대는 계층귀속 의식이

표 3-2 세대의 특징

세대명	생년	2019년 시점의 연령
단가이세대	1947~1949년	70~72세
시라케(しらけ) 세대	1950~1964년	55~69세
신인류 세대	1961~1970년	49~58세
단카이 주니어	1971~1974년	45~48세
포스트 단카이 주니어	1975~1984년	35~44세

(출처) 미우라 아쓰시 『하류사회』 슈에이샤신서 2005년 등 참고

현저히 낮다. 즉, 자신이 '중하'나 '하'의 계층에 속한다고 답한 사람들의 비율이 높다. 게다가 낮은 계층의식을 가진 이의 비율이 이 세대에서는 해가 갈수록 늘어났다. 즉, 헤이세이가 진행됨에 따라 이 세대가 생각하는 귀속계층은 한층 저하했던 것이다.

이 세대는 연령이 높아지면서 저축액 500만 엔 이상이 층과 150만 엔 미만의 층으로 양극화해가는 경향이 있다. 주목할 가치가 있는 것은 이 하층에 속한 단카이 주니어 세대에는 '자유롭게 나답게 사는 것'을 중시하는 청년이 상층의 동세대보다 현저히 많다는 점이다. 이 경향은 단카이 세대와 대조적이다. 단카이 세대의 경우 오히려 '자유롭게 나답게 사는 것'을 지향하는 사람들은 고소득층에서 출현한다. 즉, 쇼와의 청년들과 헤이세이의 청년에서는 '자유'와 '개성'에 대한 선호와 사회적 커리어와의 관계가 뒤집힌 듯하

다. (미우라 『하류사회[下流社会]』)

　일찍이 폴 윌리스는 1970년대 영국 공업도시의 청년들을 분석한『해머타운의 녀석들』에서 자유롭게 나답게 살아가려고 하는 '녀석들'과 규칙에 순종하고 미래를 위해 현재를 희생하는 '모범생'의 세계를 비교했다. 학교가 강요하는 규칙과 가치를 상대화하고 자기들 나름의 인식지평과 전략을 획득할 수 있었던 것은 노동자 계급의 아이들인 '녀석들' 쪽이 많다. 그러나, 인생의 커리어라는 점에서 결국 '녀석들'은 '자유'나 '개성'에 대한 집착 때문에 노동자 계급을 재생산시키는 회로에 스스로 편입된다. 반면 '모범생'은 역으로 그런 의지가 결여된 탓에 사회적인 상승궤도를 밟는 것이다. 윌리스의 분석은 1980년대까지의 일본에는 적용하기 곤란했지만, 1990년대 이후 오히려 타당성이 커진 듯하다. 1970년대 영국 계급사회의 분석이 1990년대 이후 일본에 들어맞게 된 것은 일견 기묘한 일이다. 그러나 이는 일본이 서서히 계급사회가 돼가고 있다고 보면 이상하지 않다.

　미우라는 '계급'이라는 개념 대신 '계층'이라는 단어로 일관하고 있지만, 1990년대 이후의 '상류'와 '하류'의 가치관이나 생활 스타일의 차이는 이제 더 이상 정도의 차이에 머무르지 않는다. 이 정도 질적인 차이라면 '계층' 대신 '계급'이라는 개념이 현실감이 있다. 앞의 야마다가 사용한 '스테이터스'의 뉘앙스도 이에 가깝다. 최근, 하시모토 겐지橋本健二는 여러 사회조사 데이터를 동원해 일본에 새로운 '계급'사회가 출현하고 있다고, 단언하기에 이르렀다. 미우라가 주로 소비행동 측면에서 '하류사회'로 파악한 사람들을, 하시모토는 수입은 물론 노동형태, 학력, 사회관계 자본, 배우자 유무, 심리성향 등 다각적으로 파악한 뒤 이를 '언더 클래스'로 부르는 것이다. 그것은 전통적 의미에서의 '하층계급 lower class'이나 '노동자계급'과도, '빈민'이나 '프롤레타리아'와도 다른, 글로벌화하는 고도 정보자본주의 사회가 낳은 새로운 '주변적 계급'이다.

즉 하류 '사회'는 보다 솔직하게 새로운 하류 '계급'으로 파악해야 할 것이다. 파트타이머를 제외한 비정규 노동자로 구성된 인구는 2002년 691만 명에서 2007년 이후에는 800만 명 이상으로 늘어나 취업인구의 약 15%를 점하고 있다. 하시모토는 사회학자들이 실시한 '사회계층과 사회이동전국조사(SSM조사)'에 기반해 언더 클래스의 구체적인 모습을 그려내고 있다. 즉, 남성 직종은 매뉴얼직(고정적이고 정형화된 업무를 하는 직군-역주)이 약 60%를 점하고 그 외에는 서비스업이나 판매업이 많다. 여성에서는 사무직, 판매직, 서비스직, 매뉴얼직이 거의 4분의 1씩이었다고 한다. 평균 개인 연수입은 186만 엔으로 극단적으로 낮으며, 남성은 약 3

분의 2가 미혼, 여성은 남편과 이혼 또는 사별한 이가 매우 많다. 그들은 일과 생활에 대한 만족도가 한결같이 낮았고, 특히 남성의 경우 일의 내용에 만족하는 이는 18.4%, 생활에 만족하는 이는 13.8%에 불과했다. 즉, 언더 클래스 남성들은 자신의 처지에 매우 강한 불만을 느끼며 하루하루를 보내고 있는 셈이다. 따라서 예상되는 것이긴 하지만, 언더 클래스 사람들은 '우울증이나 기타 마음의 병'에 걸리는 비율이 높다. 특히 20대에서는 이 비율이 30.8%, 즉 거의 3명에 한 명 꼴인 만큼 보통 문제가 아니다. (하시모토 『신·일본의 계급사회[新·日本の階級社会]』)

멈출 줄 모르는 초소자고령화

이처럼 헤이세이 일본 사회가 양극화로 나아간 것은 인구구조에도 심각한 영향을 미쳤다. 초소자화超少子化가 멈추지 않게 된 것이다. 본래 근대화 과정에서 인구는 다산다사에서 다산소사를 거쳐 소산소사로 향하는 만큼 고도경제성장을 달성한 일본이 소산소사 사회가 되어가는 것, 즉 여성 한 사람이 평생 동안 평균적으로 낳는 아이 수인 합계특수출생률이 어느 정도 낮아지는 것은 이상하지 않다. 아프리카의 많은 나라에서는 오늘날에도 이 수치가 5.00을 넘

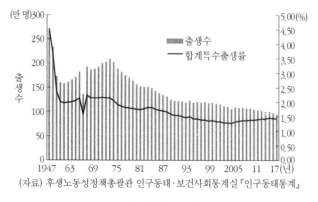

(자료) 후생노동성정책총괄관 인구동태·보건사회통계실 『인구동태통계』

도표 3-2 일본 합계특수출생률 추이

어선다. 즉 아프리카에서는 지금도 인구폭발이 계속되고 있다. 이에 비해 21세기 초 미국은 2.03, 프랑스는 1.90, 영국은 1.63 등 대개 2.00 전후에서 움직인다. 이는 요컨대 두 사람의 커플에서 2명이 조금 못되는 아이가 태어나는 것을 의미한다. 이는 자율적으로 인구가 재생산되는 아슬아슬한 수준이다.

그러나 일본의 합계특수출생률은 전후 베이비붐 때 4.00을 넘었다가 1975년 2.00을 밑돌았고, 헤이세이가 시작된 1989년 1.57이 됐다.(1.57 쇼크) 헤이세이 기간 중 이 비율은 하강곡선을 그리며 2005년에 1.26까지 떨어졌던 것이다.(도표 3-2) 즉 1.80 정도까지의 하락은 선진국 일반에서 나타나는 것이지만 이런 지속적인 저하는 결코 선진국 전반의 현상이 아니다.

합계특수출생률이 연속해서 1.50을 밑돌고 있는 것은 그 국민의 인구가 자력으로 회복가능하게 되는 선을 넘었다는 것, 즉 사회의 기반이 더 이상 지속불가능하게 됐음을 의미한다. 인구동향에는 일종의 관성의 법칙이 작용하기 때문에 출생률 지하는 장기적인 추세로 유지된다. 실제로 합계특수출생률이 2.00을 밑돌기 시작한 지 반세기 가까이 지났기 때문에 이 추세는 이미 장기화되고 있다. 그리고 반세기 이상 전부터 출생률이 저하한 영향이 지금, 인구감소로 나타나기 시작한 것이다. 즉 출생률 변화가 인구구조를 확실하게 변화시키기 시작하는 데까지는 반세기의 시차가 있다. 지금 당장 소자화에 근원적인 대책이 마련돼 출생률이 회복으로 돌아선다고 해도 인구가 회복기조로 바뀌는 것은 적어도 반세기 이상 지난 뒤의 일이라는 것이다. 21세기 중반까지 일본의 대폭적인 인구감소는 바뀌지 않을 것이다.

인구가 감소를 거듭하면 할수록 보다 적은 청년이 보다 많은 고령자를 떠받칠 수밖에 없게 된다. 고령자는 계속 증가하므로 간병이나 연금문제는 물론 조직 상층에서 고령자가 영향력을 유지하면서 사회의 혁신적인 변화가 어려워지는 마이너스 면도 사라지지 않을 것이다. 도전적인 사람들은 국내 상황에 절망해 해외로 떠나버릴지 모른다. 순종적인 사람들만이 국내에 남고 야심 있는 이들이 나라를 등지는 것은 결코 바람직한 미래가 아니다.

이 출생률의 불가역적인 감소가 헤이세이 시대에 심화된 사회 양극화와 불가분의 관계에 있는 것이다. 전통사회가 다산이었던 것은 태어난 아이가 병으로 일찍 죽을 가능성이 높고, 농가에서는 아이가 많은 것은 일손이 늘어나는 것을 의미했기 때문이다. 또 육아도 촌락 등의 커뮤니티 전체에서 맡았다. 이런 조건은 산업화와 도시화를 경과한 오늘날의 사회에서는 모두 사라졌다. 오히려 아이가 많으면 양육비 부담만 커진다. 또 아이들이 부모를 공양한다고 해도 반세기 이상 후일의 이야기로, 실제로는 안 해줄지도 모른다. 그렇기 때문에 일반적으로 다산의 부모에게 경제적인 메리트는 적고, 생활에 여유가 없다면 아이를 많이 갖기기 좀처럼 쉽지 않다.

그러나 헤이세이 청년들에게 나타난 것은 그 이상이었다. 즉 버블 붕괴 후 기업이 비정규고용을 늘리고 고용조정을 하는 길을 택하면서 사회가 계급적으로 양극화됐다. 그 양극화 속에서 젊은 시절부터 정규고용에서 밀려나 자신의 인생을 불안과 저임금 하에 살아가야 하는 층은 장래의 불안정성 탓에 결혼해 아이를 갖거나 안정적인 커플을 형성하는 것조차 불가능하게 되어버린 것이다. 부모가 보다 적은 아이밖에 바랄 수 없는 것뿐 아니라 애당초 '부모'가 되기 위한 경제적, 심리적 안정성이 청년들에게서 항구적으로 사라진 상황을, 헤이세이 일본사회는 대량으로 만들어낸 것이다.

단카이 주니어 세대는 이런 인구 위기의 단층을 살아간 것이다. 그들은 버블 붕괴 후의 '취직빙하기'에 취직활동을 해야 하면서 이전 세대와는 전혀 다른 엄혹한 현실에 직면했다. 1990년대 중반이후 기업은 살아남기에 주력하느라 정규고용을 줄였고 파견과 비정규고용의 비율을 늘렸다. 그 때문에 이 세대 상당수 청년들이 그들이 상정했던 인생경로에서 이탈해 비정규의 혹독한 길을 걷게 됐다. 경제적 곤란이나 미래에 대한 불안의 지속이 미혼율을 현저히 높였고, 그 결과 출생률이 낮아진 결과를 가져온 것이다. 제2차 베이비붐 세대로도 불리는 그들은 인구의 중심층을 이루고 있기 때문에 이 세대의 출생율이 급감한 충격은 지대했다.

마에다 마사코前田正子는 1940년대 후반에 태어난 '단카이세대'와 1970년대 전반에 태어난 '단카이 주니어 세대'의 미혼율을 같은 연령층에서 비교했는데, 그 격차가 현저하다. 예를 들면 25~29세에서 단카이세대 남성 미혼율은 48.3%, 여성은 20.9%였으나 단카이 주니어 세대 남성은

표 3-3 단카이 세대와 단카이 주니어 세대의 미혼율 비교

(%)

	남성		여성	
	단카이	단카이 주니어	단카이	단카이 주니어
25~29세	48.3	69.4	20.9	54.0
30~34세	21.5	47.1	9.1	32.0
35~39세	14.2	35.6	6.6	23.1
40~44세	11.8	30.0	5.8	19.3

(주) 단카이세대는 1946~1950년 출생, 단카이 주니어 세대는 1971~1975년을 대상으로 함
(자료) 총무성통계국 '국세조사'
(출처) 마에다 마사코『무자(無子)고령화 출생수 제로의 공포』이와나미신서, 2018년

69.4%, 여성 54.0%로 21~33% 포인트 상승했다. 즉 30세가 된 단카이 주니어 남성은 10명중 3명만이 결혼했고 여성은 10명중 4명이 약간 넘는 등 남녀 모두 미혼자가 다수파였다. 30~34세에서도 단카이세대 미혼율은 남성이 21.5%, 여성 9.1%이다. 특히 여성은 대다수가 결혼한 반면 단카이 주니어 세대에서는 남성의 47.1%, 여성의 32.0%가 미혼인 상태다. 즉 단카이 주니어 세대에서는 35세에도 남성의 약 절반, 여성도 10명 중 3명 이상이 미혼인 것이다. (표 3-3)

이렇게 해서 30대 전반에 결혼해 가정을 꾸리는 고도성장기 일반적인 핵가족 모델은 1990년대 들어 파탄했다. 이것이 남녀 간 혹은 부모자식 간 공동성共同性의 새로운 형태로 이어진다면 좋겠지만, 변화는 적극적이 아니라 소극적

인 신택의 결과, 즉 결혼이 싫어서 하지 않는 게 아니라 경제적인 불안 속에서 "결혼할 수 없다"는 층이 대량 발생하는 형태로 일어났다. (마에다 『무자 고령화[無子高齡化]』)

근년 들어 출산연령의 중심은 30대 전반이다. 차세대 인구구성에서 큰 역할을 차지하는 단카이 주니어 여성들이 30대 전반에도 30% 이상이 결혼하지 않은 것은 향후 일본의 초소자화 경향을 결정적인 것으로 만드는 임팩트를 갖는다. 실제 "단카이 주니어는 제2차 베이비붐의 당사자이고, 각 연령에서 여성이 100만 명을 넘은 마지막 세대이다. 이 세대가 30대가 되는 2000년대에는 그들의 출산에 의해 제3차 베이비붐이 일어날 것으로 예측됐다." 그러나 "미혼율 상승으로 제3차 베이비붐은 일어나지 않았고, 일본의 소자화는 끊임없이 진행"됐던 것이다. (앞의 책)

중요한 것은 이 단카이 주니어 이래 미혼율 상승이 동시대 고용의 불안정화와 밀접하게 관련돼 있다는 점이다. 마에다가 참조한 국세청의 '민간급여실태통계조사'에서는 25~29세 남성의 유배우율은 정사원이 31.7%인 반면 비정규에서는 13.0%이다. 30~34세가 되면 정사원은 57.8%, 비정규는 23.3%로 차가 한층 벌어진다. (도표 3-3) 취업활동기가 우연히 버블붕괴와 겹쳐 사회인 인생을 비정규직으로 시작해야 했던 방대한 청년들이 있다. 신졸 일괄채용이 일

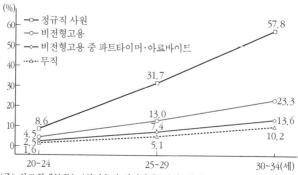

(주) 취로형태분류는 '청년층의 취업상황·경력·직업능력개발의 현상'의 정의를 따름. '비전형고용'은 '파트타이머, 아르바이트, 노동자파견사업소의 파견사원, 계약사원·촉탁 등 정규직 사원 이외의 호칭으로 일하는 피고용자'로 정의됨

(자료) 노동정책연구·연수기구 '청년층의 취업상황·경력·직업능력개발의 현상②-헤이세이 24년판 '취업구조기본조사' 2014

(출처) 표3-3과 같음

도표 3-3 취업형태별로 본 남성의 유배우자율

반적인 일본사회에서 그들은 그 후로도 좀처럼 기사회생 찬스를 잡지 못했고, 결혼하고 싶어도 할 수 없는 채 나이만 먹었을 가능성이 있다. 그들의 만혼화나 비혼화는 새로운 라이프스타일로 선택된 것이 아니라 고용의 불안정화가 결혼의욕을 위축시킨 결과인 것이다. 마에다는 단카이 주니어를 중핵으로 하는 연령층에 대한 10년간의 계속조사를 토대로 이를 입증한다. 같은 세대에서도 비정규고용이라면 정규고용보다 결혼의욕 그 자체가 낮아지고 있는 것이다. (앞의 책)

마에다가 초점을 둔 비정규고용의 확대와 멈출 줄 모르는 초소자화의 관계는 과거 야마다 마사히로에 의해서도 지적돼왔다. 야마다는 청년층의 고용불안에 더해 그가 제시한 '패러사이트 싱글' 즉 부모와 함께 살아가는 청년들이 많은 것이 초소자화에 영향을 준다고 지적했다. (야마다 『소자사회 일본[少子社会日本]』) 청년층의 고용불안이 마찬가지이던 서구에서 출생률이 나름대로 회복된 이유는 집을 떠난 청년들은 커플을 이루는 것이 혼자사는 것보다 경제적이기 때문이다. 고용이 불안정해도 커플을 형성하는 쪽이 경제적이고, 그 나름의 안정을 향유할 수 있다면 육아를 하는 커플이 생기기 쉽다. 또 그런 층이 대규모로 있다면 그들을 위한 사회정책도 만들어질지도 모른다. 그러나 일본에서는 수입이 불안정한 상태라면 부모와 동거하는 쪽이 집을 나와 누군가와 사는 것보다 무리가 없는 것이다. 이런 종류의 부모자식 관계는 오래된 형태이지만, 예전에는 학교를 졸업하면 나름의 안정된 수입을 얻을 수 있었기에 부모 곁을 떠날 타이밍이 있었다. 그러나 헤이세이 시대 이 전제가 무너지면서 가난하고 불안정한 청년들은 집을 떠나기조차 불가능해졌다.

　이리하여 일본의 인구감소에 관해서는 이미 거의 승부가 결정돼버렸다. 제3차 베이비붐을 놓쳐버린 일본사회는 그

후로도 소자화를 멈추는 데 불가결한 청년고용의 안정성을 확보하지 못한 채 사회를 양극화시켰다. 전통적인 공동질서가 이미 공동화되고 있는 오늘날 경제적으로 불안정한 비정규 청년들은 소자화를 멈출 기반을 형성하는 것이 불가능하다. 돌이켜보면 찬스는 있었다. '소자화'라는 말이 정부백서에 최초로 등장한 것은 1992년이지만 이 무렵이라면 아직 단카이 주니어는 출산적령기 이전이었던 만큼 꽤 효과적인 수단이 있었을 것이다. 그러나 당시, 일본사회는 버블붕괴의 뒤처리에 필사적이었고, 동시에 정치는 '정치주도'에 매진하고 있었다. 사회복지 정책이 의제화되더라도 고령화 대책이 많았고, 소자화 대책은 뒷전으로 밀렸다. 고령자는 표가 되지만, 청년도 유아도 표가 되지 않기 때문이었다고도 한다. 결국, 소자화 대책의 필요성이 제대로 인식된 것은 단카이 주니어가 30대 중반을 지난 2000년대 중반 무렵부터다. 게다가 아무리 육아수당이 확충되고 보육원이 정비되더라도 고용의 불안정화가 지속되는 한 초소자화를 초래한 원인은 근원적으로 해결되지 못하며 일본의 인구는 계속 줄어드는 것이다.

소멸하는 지방──일본의 지속불가능성

소자화가 멈추지 않는 것은 고령화 사회의 미래를 극히 곤란하게 만들 것임에 틀림없다. 확실히 고령화 자체는 수명이 늘어난 결과이고, 헤이세이의 '실패'가 초래한 것은 아니다. 오히려 고령화는 경제와 의료, 복지 '성공'의 귀결이다. 그러니 '초소자화'와 '초고령화' 사이에는 상관관계가 있고, 이 상관관계에 우리 미래의 곤란이 예시돼 있다. 즉 팽창을 거듭하는 고령자를 감소를 거듭하는 청년층이 떠받치는 데는 한계가 있다. 이 상한을 넘어 간병이 필요한 고령자가 팽창한다든지 그 하한을 넘어 노동인구가 축소한다든지 하면 사회는 초고령화의 무게를 견딜 수 없어 파탄해버릴 것이다. 그 '한계'를 근미래의 일본은 거의 확실히 넘어설 것으로 여겨진다. 그러므로 고령화 사회 그 자체가 '쇼크'는 아니지만 초소자화와 결합한 초고령화는 쇼크가 될 수 있다.

실제로 초소자화와 동반해 초고령화가 진행되고 마침내 사회로서 존속이 불가능하게 되는 미래 일본의 모습을 지방 중소도시는 이미 실현하고 있다. 적지 않은 지방자치단체에서 소자화와 인구유출이 겹치며 지역으로서의 존속이 곤란해지고 있는 것이다. 이같은 지방의 심각한 상황을 우리들은 개별사례로는 알고 있지만, 전국을 부감했을 때 그 심각도가 어느 수준일까. 이를 신뢰도 높은 인구 데이터에 기반해 분석·제시한 것이 2014년 일본창성회의에서 마스다 히로야增田寛也 전 총무상 등이 작성한 '마스다 리포트'였다. 이 리포트에서는 불가역적인 인구감소로 자치단체 그 자체가 지속곤란하게 될 가능성이 있는 전국 896개 시정촌의 리스트가 공표돼 큰 충격을 안겼다. 참고로 '소멸가능성'이라는 용어가 파문을 불러 일으켰지만, 리포트를 읽어보면 이 말이 '지속가능성'의 반대말임을 알 수 있다. 즉, 초점은 지역의 지속불가능성으로, 인구 재생산력이 어느 역치 이하가 되면 지역의 지속가능성은 불가역적으로 사라지게 되는 것이다.

마스다 등이 추계 근거로 한 것은 출생률과 사회이동에 관한 데이터이고, 소자화가 멈추지 않으면서 해당 지치단체에서 외부, 특히 도쿄로 인구유출이 이어질 경우 그 지역에 20~39세 여성이 얼마나 남는가의 지표이다. 20~39세 여성에 주목한 것은 사회의 존속에 인구 재생산력이 결정적이기 때문이다. 이 추계에서 2010년부터 2040년 사이 해당 여성인구가 현재의 50% 이하로 감소하는 자치단체가 896개, 즉 전국 자치단체의 약 절반이다. 또 이들 중에서 인구 규모가 1만 명 미만이 되는 자치단체가 전국의 약 30%인 523곳이다. 인구가 1만 명 미만으로, 게다가 출산 가능한 연령의 여성 인구가 극도로 축소된 도시는 이제 다음 세대를 지속가능한 방식으로 재생산하는 것이 불가능하다. 그런 변화가 "어느 시점에서 단숨에 현재화돼 이를 깨달을 때면 이미 너무 늦어버릴 가능성이 높다"고 리포트는 경고한 것이다. (마스다 히로야 편저 『지방소멸[地方消滅]』)

'격차사회' 논의와 마찬가지로 '소멸도시'에 대해서도 여러 논의가 잇따랐다. 세세한 점에서는 수정이 필요할지 모른다. 그러나 이 역시 격차사회를 둘러싼 논의와 마찬가지로 일본열도의 적지 않은 자치단체가 이미 사회로서 지속불가능한 프로세스에 접어들고 있다는 마스다 등의 지적은 정당하다. 마스다가 지적했듯이 "소자화와 그에 따른 인구감소는, 동시진행된 '장수화'로 고령자수가 증가를 거듭하면서 외견상 감춰져왔다." 그러나 고령화가 한층 지속되면 어느 시점에선가 청년인구가 감소하기 시작한 세대가 고령층의 중심이 된다. 그럴 경우 소자화와 인구유출은 그대로 인구규모에 반영돼 자신들의 지역이 '소멸'로 치닫는 것이 눈에 보이는 현실이 되는 것이다. 그런 사태가 일본 각지에서 잇따르는 것은 헤이세이 시대가 아니라 포스트 헤이세이, 혹은 포스트 포스트 헤이세이의 일이지만, 그렇게 될 경우 무슨 수를 써도 늦어버리게 된다.

무엇보다 중요한 것은 '지방소멸'은 그 끝에 있을 '일본소멸'의 예고라는 점이다. 일본 인구는 근원적인 개선책이 마련되지 않는다면 21세기 중엽에는 1억 이하가 되고, 그로부터 급격한 인구감소가 시작돼 22세기 초 5000만 명을 밑돌 가능성이 있다. 세부적으로 보면 이 변화는 노년인구가 증가를 거듭하면서 생산·청년인구가 감소를 거듭하는 2040년대, 노년인구와 생산·청년인구가 함께 감소하는 2060년 이후라는 단계를 밟아간다. 1억3000만 명인 인구가 5000만 명이 되는 것이니 일본사회 구조는 근본적으로 바뀌지 않을 수 없다. 나는 2040년대 들어 불연속적이고 질적인 변화가 일어날 것으로 보고 있고(요시미 『대예언[大予言]』), 그 경우 일본 사회에 근본적인 구조변화가 발생하는 것은 피할 수 없다.

여기서도 문제는 도쿄에 있다. 마스다 등은 지방에서 도쿄권으로의 인구유입은 소득격차나 고용상황의 변화와 불가분의 관계에 있다고 지적한다. 한편으로, 지방은 이제부터 초고령화를 지나 고령인구의 감소국면에 접어들기 때문에 현재 지방 고용을 떠받치고 있는 의료·간병 분야 고용도 축소로 향할 가능성이 높다. 반면 도쿄권에서는 오히려 지금부터 초고령화가 본격화해, 인구의 35%가 고령자가 될 것이다. 도쿄의 고령자들을 겨냥한 의료나 간병시설은 지방 이상으로 발달하지 못한 상황이므로, 도쿄권에서 이 분

야에 대한 노동력 수요가 급격히 확대돼 지방의 노동인력
이 빨려들어가게 될 것이다. 결국, 도쿄권으로의 인구 집중
화 경향은 멈추지 않게 될 것이다.

　도쿄권으로의 집중화는 이전부터 있던 지방 과소화 및
도쿄 과밀화와는 질적으로 다른 사태다. 과소와 과밀 문제
는 지방이 아직 가난한 반면 도쿄가 눈부실 정도로 풍요로
워 지방의 빈곤에서 발생하는 척력斥力(밀어내는 힘-역주)이 도
쿄의 현란함에서 오는 인력引力과 결합해 대량의 청년인구
를 도쿄로 끌어들이는 역학으로 작용했다. 도쿄는 공업뿐
아니라 문화 생산력의 중심으로, 지방에서 몰려드는 대량
의 노동력을 필요로 했다. 그리고 전국인구는 증가를 거듭
했다. 당시 문제는 중앙과 지방의 불균등한 발전이었다.

　그러나 앞으로 일어날 일은 불균등한 발전이 아니라, 불
균등한 쇠퇴인 것이다. 일본 전체가 생산력을 잃고, 인구도
감소하는 가운데 그래도 도쿄는 지방의 인구를 계속 빨아
들일 것이다. 지방에서는 도쿄로 배출할 인구가 동이 나고
있다. 도쿄에 몰린 인구도 온통 늙어가면서 예전 같은 현란
함은 전혀 없다. 비유가 아니라, 지방은 절멸하고 도쿄에도
죽음이 임박해 있다. 그럼에도 여전히 이 집중은 나라가 소
멸할 때까지 계속될 것이다.

제4장 허구화하는 아이덴티티
—— '아메리카닛폰'의 행방

'종말'의 예감

헤이세이 경제가 버블 붕괴로 시작했고, 헤이세이 정치가 55년 체제를 무너뜨렸으며, 헤이세이 사회가 단카이 주니어 세대의 취직빙하기와 조우함으로써 초소자화가 멈추지 않을 것을 예고하듯, 헤이세이 문화는 '종말'의 예감을 이어받는 것으로 시작했다. '종말'관의 기원은 1970년대 초로 거슬러 올라간다. 오일쇼크로 고도성장기 시대의식이 크게 흔들리던 1973년, 두 권의 초베스트셀러가 일본 전역을 석권했다. 한 권은 그 해 출판돼 컬트계의 종말사상에 지대한 영향을 미친 고토 벤五島勉의『노스트라다무스의 대예언ノストラダムスの大予言』이다. 이 예언서는 1999년 7월에 인류의 종말이 올 것이라고 주장했다. 또 한 권은 역시 1973년에 출판돼 초베스트셀러가 됐을 뿐 아니라 영화와 TV드라마, 라디오드라마, 만화로도 만들어진 고마쓰 사쿄小松左京의『일본침몰日本沈没』이다. 누계로『노스트라다무스의 대예언』은 200만부,『일본침몰』은 상하권 460만부 가까이 팔리며 공전의 베스트셀러가 됐다. 엔도 도시아키円堂都司昭는 2010년대까지 이어진 전후 일본의 '종말컬처'의 원점에 이 두 책을 위치시키고 1970년대 초 사람들에게 "1960년대 후반 타오르던 학생운동이 내건 사회변혁의 이상과, 오사카 만국박람회가 강조한 '인류의 진보와 조화'. 어느 것도 솔직히 믿을 만한 것이 아니어서, 그들이 그려낸 밝은 미래상에 대한 반동으로 종말론 붐이 형성됐다"고 했다.(엔도 『전후 서브컬연대기[戦後サブカル年代記]』) '종말'에 대한 관심은 사회의 성장에 대한 '꿈'이 성장의 끝에 대한 '불안'으로 바뀌는 순간에 부상한다. 1970년대 초는 바로 이런 불안감이 분출하던 시대였다. 이런 불안감은 1980년대의 다행증적인 시대를 넘어 재부상했고, 불안은커녕 현실 속의 다양한 붕괴가 사회 전반에서 분출하던 것이 헤이세이 시대였다.

그러나 물론 전후 일본의 '종말'이미지의 원점으로 삼아야 할 것은 1954년 비키니 환초에서 미국의 수소폭탄 실험으로 일본의 참치어선이 피폭된 것[1]을 계기로 제작된 영화 《고질라ゴジラ》(도호영화사)다. 태평양 저편에서 등장한 고질라는 가나가와神奈川현 방면으로 상륙해 도쿄 도심부를 유린하며 수도를 철저히 파괴한다. 고질라가 도심의 빌딩과 철도를 짓밟아 버리는 가운데 빌딩 지하에 숨어 버티던 엄마는 "이제 아빠 곁으로 가는 거야. 응, 이제 곧, 이제 곧, 아빠 곁으로 가는 거야"라며 안고 있던 아이들을 타이른다. 아버지는 이미 전사했고, 이 모자도 끝내 고질라에 짓밟혀 죽는다. 고질라가 바다 저편으로 사라진 뒤 도쿄는 대공습

---

1) 피폭된 어선은 제5후쿠류마루로 선원 1명이 6개월 뒤 숨졌다. 이 사건을 계기로 일본에서 반핵운동이 시작됐다.

때와 마찬가지로 불바다가 됐고, 병원에서는 무수한 사상자가 복도에까지 넘쳐났다. 이는 두말할 것 없이 도쿄대공습[2]의 재연이고 전후 일본인에게는 원풍경原風景[3]적인 '종말'이었다.

졸저 『꿈의 원자력夢の原子力』에서 자세히 논했듯이, 고질라란 히로시마와 나가사키에 대한 원폭투하, 도쿄대공습 등으로 일본 열도를 초토화시킨 미군 공중폭격을 은유한 것이다. 그런 의미에서 《고질라》는 샌프란시스코 강화조약[4] 발효 후 일본이 상상할 수 있는 아슬아슬한 수위의 반미 영화다. 이것은 《고질라》의 감독인 혼다 이시로本多猪四郎와 특수촬영을 지휘한 쓰부라야 에이지円谷英二 콤비가 한 해 전인 1953년에 찍은 것이 태평양에서의 대미전을 그린 영화 《태평양의 독수리》이고, 그 주인공이 야마모토 이소로쿠山本五十六[5]였던 것에서 짐작할 수 있다. 영화에는 '일본연합함대는 이렇게 싸웠다'는 부제까지 붙어 있다. 그리고 1954년 《고질라》 제작 직전 그들은 해군 항공대가 미국

---

2) 제2차 세계대전 막바지이던 1945년 3월 10일 미군이 일본 도쿄와 그 주변에 소이탄 등을 동원해 대규모 공중폭격을 가한 사건이다. 하루 동안의 공습으로 약 10만 명이 숨졌다.
3) 사람 마음 깊은 곳에 있는 원초적인 풍경으로, 사물에 대한 사고방식 등에 영향을 미친다.
4) 1951년 9월에 샌프란시스코에서 연합국과 일본이 체결한 평화 조약.
5) 1884~1943, 제2차 세계대전 당시 일본 해군 연합함대 사령장관.

을 상대로 싸우는 항공전 영화 《안녕 라바울》[6]도 촬영했다. 게다가 《고질라》의 프로듀서인 다나카 도모유키田中友幸는 한 해 전인 1953년 후지산록에 펼쳐진 미군기지 주변 마을 여성들이 미군 매춘부가 되어가는 비애의 과정을 전장에서 돌아온 귀환병 시점에서 그린 영화 《적선기지赤線基地》(감독 다니구치 센키치[谷口千吉])를 제작했다. 《고질라》 탄생의 배경 에는 전후 도호영화사 내부에 깔린, 전쟁의 기억과 연계된 일종의 반미적 의식이 작용했을 터였다.

그러므로 엔도가 시사하듯 1950년대 《고질라》의 종말이 미지를 『노스트라다무스의 대예언』이나 『일본침몰』 이상으 로 깊이 계승한 것은, 이듬해인 1974년 방영이 시작된 마쓰 모토 레이지松本零士의 《우주전함 야마토》였다. (그림 4-1) 이 작품은 "주제가와 출연성우의 인기, 관련 잡지·무크지, 극 중음악의 교향곡판, 코믹판·소설판의 발매라는 미디어믹 스[7], 작품의 패러디 동인지를 제작하는 팬들의 등장 등 오 타쿠 컬처, 오타쿠 산업의 본보기"가 됐다. (엔도, 앞의 책) 당시 까지 특수촬영 괴수영화가 떠맡아온 '종말'의 예감은, 이후 애니메이션이 대신하게 된다. 이 애니메이션적 종말관의

---

6) 파푸아뉴기니섬의 동뉴브리튼 지역에 위치한 도시로 제2차 세계대전 당시 일본군 이 점령한 바 있다.
7) 하나의 상품 또는 미디어 소스를 여러 미디어 형태로 확장하여 판매 및 판촉하는 것 을 가리킨다.

그림 4-1 SF애니메이션 《우주전함 야마토》 스타트 때 실린 『키네마 순보』 714
호(1977년 8월)의 특집기사

계보가 헤이세이 말까지 관통하고 있는 것이다.

22세기 지구는 외계인 국가 가미라스의 유성폭탄 공격에
의한 방사능오염으로 인류절멸의 위기에 처한다. 지구에
남은 주인공들은 14만8000광년 떨어진 대 마젤란 성운이
이스칸다르별로부터 방사능제거장치 '코스모클리너-D'를
얻기 위한 여정에 나선다. 이들이 탄 것은 제2차 세계대전
중 1945년 4월에 규슈 해역 전투에서 침몰한 전함 야마토大
和를 인양해 우주선으로 개조한 '야마토ヤマト'였다. 유성폭
탄 공격에서 지구를 지키기 위한 여행을 떠난 '야마토'에는
일본인 비행사들만 승선했던 만큼 실질적으로 '일본'을 핵
공격에서 지키기 위한 여행이라 할 수 있었다. 핵공격을 가
한 가미라스는 미일전에서 원자폭탄을 떨어뜨린 미국을 은

유한다. 즉, "가미라스의 유성폭탄은 방사능오염을 초래한다는 점에서 핵공격과 동등하다. 그 초토에 묻힌 야마토大和가 야마토ヤマト로 소생해 날아오른다. 일본인이 지구를 구하기 위해 승선해 자랑스런 인류의 대표가 된다."(앞의 책) 《우주전함 야마토》는 1945년의 일본이 경험한 '종말'과 '패전'의 참상을 상상력의 영역에서 내셔널리스틱한 우주 신화로 치환했다.

'부해(腐海)'와 '초능력'

1980년대의 '종말'에 대한 예감은, 전쟁의 기억을 소환하며 반미 내셔널리즘 경향까지 띠던, 이런 지평을 벗어난다. 한쪽으론 묵시록적인 이미지를 계승하면서도 '핵=방사능'으로 인한 문명 파멸에 대한 성찰을 심화시켰다. 그 대표작이 1982년 만화 연재가 시작돼 1984년 극장판 애니메이션이 공개된 미야자키 하야오宮崎駿[8]의 《바람계곡의 나우시카風の谷のナウシカ》이다. 무대는 지구문명을 괴멸시킨 '불의 7일간' 전쟁에서 1000년이 지난 세계로, 잔존한 거신병과 거대생물 오무王蟲를 무기로 서로 다투고 있는 두 나라의 경

---

8) 일본이 낳은 세계적인 애니메이션 거장으로, 《이웃집 토토로となりのトトロ》, 《센과 치히로의 행방불명千と千尋の神隠し》 등 반전·평화·생태주의에 기반한 걸작들을 남겼다.

계지역에서 사람들이 조용히 살아가는 바람계곡이었다. 나우시카의 이미지는 묵시록적이고, 바람계곡의 풍경은 중세석이다. 지구가 방사능에 심각하게 오염된 뒤 오랜 시간이 지났지만, 여전히 방사능 오염은 유독성 포자를 날리는 식물이 무성한 '부해腐海[9]'에 퇴적된 채 아직도 확산을 지속하고 있다. 그러나 나우시카가 발견한 중대한 사실은 오염된 부해의 바닥에 독을 정화하는 자연의 순환시스템이 형성돼 있는 점이다. 인간이 접근할 수 없는 부해를 지배하는 오무들은 이 순환 시스템을 지키고 있는 것이다. 이는 원전사고에서 주민들이 피난한 뒤의 이타테飯舘[10]촌에서 번식한 멧돼지들을 연상케 한다. 물론 멧돼지는 《나우시카》보다도 그 후 제작된 《모노노케히메もののけ姫》에서 큰 역할을 맡았지만, 원전사고 뒤 후쿠시마에서 번식을 거듭한 멧돼지가, 핵전쟁 이후 상상세계 속의 오무와 닮은 역할을 수행했는지도 모른다.

1980년대 '종말' 예감의 또 다른 방향은 전쟁보다는 테러, 그것도 내면적인 파괴의 이미지로 결정화되고 있었다. 그런 예감의 대표적인 예가, 1982년 연재가 시작된 오토모 가

---

9) '불의 7일간' 전쟁 종결 직후 지상에 출현한 생태계. 식물과 곰팡이들로 이루어진 숲으로 유독한 기운을 내뿜는다.
10) 방사성물질 유출사고가 발생한 후쿠시마 제1원전에서 가까운 후쿠시마현의 마을로 방사능 오염이 심각하다.

쓰히로大友克洋의 만화『AKIRA』다. 이 작품에서 도쿄의 카타스트로피(파멸-역주)는 괴수나 외계인의 공격 같은 외부로부터의 파괴가 아니다. 핵폭발을 방불케 하는 고에너지로 도쿄를 부숴뜨린 것은 초능력자 아키라의 내발적인 힘이다.(그림 4-2) 국가는 이들 초능력자들을 관리하며 그 파괴력이 거세되도록 했다. 그 결과 이야기 속에서 그들은 "실험용 동물처럼 군대 실험실에 격리돼 살아간다. 완구가 놓인 방에 사는 그들은 아이의 체형을 유지하면서도 쭈글쭈글한 노인으로 늙어간다. … 초능력자들의 노화는 초능력의 어두운 면이자, 피폭에 대한 암유로 해석된다."(앞의 책) 그러나 오랜 잠에서 깨어난 지 얼마 안 돼 아직 어린아이의 모습을 간직한 아키라는 그러한 거세과정의 바깥에 있었고 그의 힘에 대항하는 소년 데쓰오鉄雄와 충돌하고 융합하면서 대도쿄를 내부에서 폭발시켜버린다. 고도성장을 달성하며 국토의 풍경이 온통 뒤바뀐 일본에서 전쟁의 기억은 이미 사람들의 의식에서 멀어졌다. 전쟁이라는 과거에서 벗어난 뒤에는 내부로부터의 붕괴가 불안의 요인이 된다. 도쿄의 '종말'은 외부의 거대한 힘의 공격으로 일어나는 것이 아니라 도쿄 자체가 끌어안은 초자연적인 힘의 폭발로 일어나는 것이다.

이 초능력적인 파괴력의 정체를 파악하는 데는『AKIRA』

의 3년 뒤인 1985년에 세상에 나와 베스트셀러가 된 아라마타 히로시荒俣宏의『제도이야기帝都物語』에서 초능력에 대한 묘사방식을 떠올려 보는 것이 좋다. 아라마타는 과거의 도쿄가 경험한 카타스트로피, 즉 간토대지진이나 도쿄대공습과 그 후 부흥에 대해 고찰했다. 거기서 부각되는 것이 제국수도 도쿄에서의 '원령怨靈'의 영적인 힘이다. 에도를 지켜온 것은 원령이던 다이라노 마사카도平将門[11]이고, 또 이 도시는 귀문鬼門의 방향(북동 방향-역주)에 있는 시노바즈 연못不忍池 맞은 편인 우에노 언덕上野台地에 창건된 절 간에이지寛永寺에 의해 보호돼왔다. 이 풍수적 질서의 패키지는, 교토의 귀문 방향에 비와호琵琶湖와 히에이산比叡山, 엔랴쿠지延暦寺가 있는 것에 비해 돋보인다. 이 질서를 파괴한 것이 근대화이고, 근대국가 일본의 제국수도와 원령들 간의 역관계를 어떻게 조정하는가는 테크노크라트들의 과제가 된다. 여기서 정말 중요한 것은 고대에서부터 권력의 중추로서 국토를 지배해온 수도의 권력질서를 저변에서 위협해온 민중의 힘과 그 화신으로서의 원령이라는 관점이다. 다이라노 마사카도는 어떤 이였던가라는 물음은, 예를 들어

---

11) 헤이안 시대 중기인 서기 900년대 간토 지방의 세력가로 간무천황의 5대 손이다. 신황을 자칭하며 교토의 조정에 맞서 반란을 일으켰으나 패배해 참수됐다. 잘린 목이 교토로 이송되던 도중 공중으로 떠올라 간토지방으로 날아갔다는 전설이 있다. 일본의 원령사상과 결합되어 마사카도를 숭배하는 민간신앙이 발달했고, 그의 근거지인 간토에서는 영웅으로 떠받들어졌다.

그림 4-2 '각성'과 도쿄의 '종말'(오토모 가쓰히로 저 『AKIRA part 6[가네다]』 고단샤, 1993년 중)

중세 지슈時宗[12]의 셋쿄부시[13]로 이름난 오구리 한간小栗判官[14]을 둘러싼 물음과 겹친다. 이것은 즉 권력이란 것의 본질적인 위험성에 대한 물음이다. 제도와 원령들의 관계가 1980년대 아라마타에 의해 다시 문제로 부각된 것은 공전의 버블경기를 맞이하려던 세계도시 도쿄의, 그 번영의 존

12) 가마쿠라시대 말기에 흥한 일본 불교 정토교의 한 종파.
13) 일본 중세에서 근세초기에 행해졌던 종교성과 오락성이 합쳐진 이야기 예능.
14) 전설상의 인물로, 그를 주인공으로 전승돼온 이야기의 제목이기도 하다. 부인의 친족에게 살해된 오구리가 염라대왕의 계략으로 되살아나 부인과 만나고 그 친족에게 복수한다는 내용.

재론적인 위험성에 대한 인식 때문인 것이다.

『AKIRA』와 《바람계곡의 나우시카》는 헤이세이에 선행한 시대가 낳은 '종말'서사의 쌍벽이지만, 스튜디오 지브리의 전개가 나타내듯 《바람계곡의 나우시카》 이후의 계보는 '종말'에서 '판타지'로 향했다. 반면 헤이세이의 '종말'서사의 주류를 이룬 것은 『AKIRA』의 계보다. 이 계보는 안노 히데아키의 애니메이션 《신세기 에반게리온新世紀エヴァンゲリオン》(1995~1998년), 우라사와 나오키浦沢直樹의 만화 『20세기 소년20世紀少年』(1999~2006년)을 거쳐 안노가 제작한 영화 《신고질라》(2016년)로 이어진다. 여기에 '종말'서사를 집어넣은 오시이 마모루押井守의 영화 《공각기동대攻殻機動隊》(1995년)와 신카이 마코토新海誠의 《너의 이름은君の名は》(2016년)을 추가하면 '종말'은 헤이세이 일본 애니메이션계 서브컬처를 관통하는 기축적인 테마였음을 알 수 있다. 전후 일본인들은 오랜 기간 '종말'의 예감에 사로잡혀 있었던 것이다.

예를 들면 《신세기 에반게리온》에서는 2000년 9월 발생한 대재앙 '세컨드임팩트'로 세계 인구가 절반으로 줄었고, 도쿄도 괴멸해 아시노코芦ノ湖(도쿄 주변 관광지 하코네에 있는 호수-역주) 주변에 제3 신도쿄시가 건설된다는 것이 스토리의 전제가 되고 있다. 『AKIRA』와 마찬가지로 여기에도 외부 세계에서 일어난 붕괴가, 내부 세계의 붕괴와 연결되고 외

부와 내부 간 경계선은 점차 애매해져 간다. 옴진리교 사건이 다양한 방식으로 작품에 반영된 『20세기 소년』에서는 오사카만국박람회의 표어 '인류의 진보'를 뒤집은 '인류의 파멸'이, 미래에 일어날 수수께끼 세균에 의한 세계동시다발 테러로 표현된다. 앞 장에서 옴진리교 사건에 대해 살펴본 것처럼, 헤이세이를 통해 정보사회화가 철저히 진행되는 가운데 일어난 것은, 우리 외부 세계와 내면 세계 간 경계선의 멜트다운(녹아 해체됨-역주)이었다. 안노 히데아키와 우라사와 나오키는 이를 충분히 자각하고 있었다. 안노는《신 고질라》에서 1954년의《고질라》가 표현했던 '종말'과, 후쿠시마 제1원전사고가 불러 일으킨 21세기의 '종말'을, 흉폭한 고질라의 모습을 부활시키는 것에 의해 솜씨 있게 통합해 보인 것이다.

'미국'이라는 타자=자아

　일본의 서브컬처, 특히 애니메이션이 전후 내내 '종말'의 예감으로 일관해왔다고 해도 TV나 레코드에 의해 확산되고 소비된 주류 대중문화를 관통한 것은 '종말'의 예감만은 아니었다. 대중문화에 있던 것은 오히려 '미국'에 대한 희망이다. 1989년 대중문화 차원에서 '전후'의 종언을 상징한 것

은 뭐니뭐니 해도 미소라 히바리美空ひばり[15]의 죽음이었다. 미소라는 1987년에 건강악화로 긴급입원, 중증의 만성긴염으로 투병생활이 시작됐다. 이후 미소라는 퇴원해 콘서트도 재개하며 절대적인 인기를 누렸지만 병세 악화는 거스를 수 없었다. 미소라는 쇼와천황의 타계 며칠 뒤 유작이 된 '흐르는 강물처럼川の流れのように'를 발표했고, 다음달 콘서트를 마지막으로 재입원한 뒤 불귀의 객이 됐다.

쇼와천황의 죽음과 거의 같은 시기 이시하라 유지로石原裕次郎[16]와 미소라 히바리라는 양대 스타가 잇따라 세상을 떠난 것은, 대중문화적인 '전후'의 종언을 상징했다. 미소라의 국민적 인기는 쇼와 천황의 그것과 미묘하게 어긋나기도 겹치기도 했다. 전후 부흥기 소녀 미소라는 가사키 시즈코笠置シヅ子의 '도쿄 부기우기' 모창으로 인기를 모았고, 요코하마 빈민가에서 씩씩하게 살아가는 사람들을 묘사한 영화《슬픈 휘파람悲しき口笛》(1949년), 스승 가와다 하루히사川田晴久와의 미국공연을 마치고 귀국한 뒤 출연한《도쿄키드東京キッド》(1950년)의 대히트로 스타의 지위를 확립했다. 이 시기 미소라는 점령기 일본의 '가난'을 전승국 미국을 향한 상승 욕망으로 변환시켰다. 즉 미소라는 점령기 서민의 심

---

15) 1937~1989, 쇼와 시대를 대표하는 가수 겸 배우. 일본 가요계의 여왕으로 불릴 정도로 국민적 인기를 모았으며 여성 최초로 국민영예상을 수상했다.
16) 1934~1987, 일본의 인기배우 겸 가수로 이시하라 신타로 전 도쿄도지사의 동생.

정과 그들이 품은 아메리카니즘의 체현자였다.《도쿄키드》
의 마지막에 미소라가 분한 소녀는 미국에서 성공한 친아
버지에 이끌려 도미한다. 점령기 미소라의 대중성은, 동시
대의 리키도잔力道山[17] 등과 마찬가지로 '미국'을 가치의 원
천으로 하는 것이었다.

  물론 이는 점령이 끝난 지 얼마 안 됐을 무렵 유행했던 태
양족[18]영화에서도 마찬가지였다. 예를 들면, 이시하라 유
지로가 주연한《미친 과실狂った果実》(1956년)에서 기타하라
미에北原美枝가 연기한 히로인은 미군 장교의 정부였다. 이
미 졸저『친미와 반미親米と反米』에서 상세히 논한 대로 이
영화의 다양한 장면에서, 무대인 쇼난湘南[19]이 다름아닌 미
군의 토지였던 점, 그곳을 활보하는 여자들 배후에 '미국'이
있다는 점을 엿볼 수 있다. 이런 무대에서 유지로가 스타성
을 획득한 데는 외견상의 이국적임, 즉 일본인답지 않은 긴
다리와 얼굴, 버터냄새 나는 몸짓이 한몫했다. 그 유지로
가 영화에서 여주인공을 미군 장교의 손에서 빼앗아 버린
다. 이는 어떤 의미에서 리키도잔이 미국에서 온 거한 레슬
러를 손날당수로 쓰러뜨리는 것과 비슷하며 미국적인 자신

---

17) 1924~1963, 역도산. 함경남도 태생의 한국계 프로레슬러. 강인한 체력과 손날치
   기를 무기로 헤비급 세계 프로레슬링계를 제패했다.
18) 여름 해변에서 무질서한 행동을 하는 향락적인 젊은이들을 가리키던 1950년대 일
   본의 유행어.
19) 가나가와현 사가미만 연안지방을 가리키는 명칭.

=일본이, 미국=타자에 대해 반항하는 연기였다. 즉 유지로는 폭력과 성을 도구로 쇼난의 콜로니얼적인 자신을 반전시키는 것에 의해 점령자 '미국'과 역설적인 데칼코마니 관계를 맺어가는 것이다.

　이러한 1950년대 대중문화에 공통하는 미국적인 것에 대한 열망은, 1960년대의 TV문화나 대중가요에서도 지배적이었다. 아카기 게이이치로赤木圭一郎, 가야마 유조加山雄三 등 1960년대의 스타들은 누구나 이시하라 유지로의 계보에 속했고, 아이 조지アイジョージ나 제리 후지오ジェリー藤尾 등 전후 혼란기 혼혈아로 미군기지 공연을 거쳐 예능계에 들어온 이들도 적지 않았다. 여성 중에는 에리 지에미江利チエミ에서 마쓰오 가즈코松尾和子, 페기 하야마ペギー葉山, 남성에서는 프랑크 나가이フランク永井, 브루 고메쓰ブルーコメッツ 등 1960년대 가요계 스타들은, 미군기지 위안공연을 출발점으로 했던 가수가 많았다. 1960년대까지의 전후 일본 예능계는, 미군기지 속에서 태어났다고 해도 과언이 아닌 것이다. 그것은, 단지 각 개인사로 '점령군' 경유의 커리어를 밟았다는 것이 중요한 게 아니라, 그런 경험 속에서 그들, 그녀들이 몸에 익힌 '미국적인 것'이, 그들이 전후 일본 대중문화 속에서 폭넓게 지지를 얻는 기반이 된 것으로 간주되기 때문에 중요하다.

이 전후 일본의 지배적인 문화체제를 '아메리카니즘'으로 부른다면 1970년대는 그 위상이 전위, 변질해가는 시대였다. 우선 그것은 1950년, 60년대에 지배적이었던 '점령군'적 스타들의 후퇴로 표출되기도 했다. 예를 들어 미소라 히바리도 1970년대에는 폭력단과의 관계가 비난을 받아 수년간 중심 무대에서 배제됐던 시기가 있다. 그리고 아무래도 '친미' 계보상에 있는 '아메리카니즘'의 쇠퇴는 '반미' 계보에 있는 '종말'적인 것의 변질, 예컨대 고질라의 흉폭성 상실과도 표리를 이룬다.

그러나 미소라 히바리는 1980년대 가요계 '여왕'으로 부활한다. 그녀가 이 시기 체현한 것은 더 이상 '미국적인 것'이 아니다. 그녀가 노래한 것은 엔카이고, 연기한 것은 경제성장을 거쳐 확고한 지위를 얻은 '일본'의 자부심이었다. 그렇기 때문에 그녀는 'NHK홍백가합전'의 클라이막스를 장식하는 대스타로 남은 것이다. 미소라 히바리의 부활은, 1980년대 쇼와 천황이 다시 특별한 상징성을 띠어가는 과정과 겹친다. 천황도 미소라 히바리도 일본인이 포스트 전후를 모색하던 1970년대를 거쳐 '재팬 애즈 넘버원'으로 일컬어지는 절정기를 향해가는 가운데 다시 시대의 주역이 된 것이다. 그리고 미소라 히바리가 '미국'과 '일본' 사이를 왕복한 것은 헤이세이 가요곡의 대스타, 구와타 게이스케

桑田佳祐의 서던 올스타즈サザンオールスターズ[20] 같은 국민적
스타들에 공통되는 특징으로 여겨진다. 서던의 경우 데뷔
초 쇼난비치, 태양족 이미지를 뿜어내면서 마침내 국민적
가요의 주역이 됐다는 점에서 히바리·유지로의 직계 계승
자라고 할 만하다.

허구로서의 '일본'

미소라 히바리, 이시하라 유지로가 1950년대부터 1960
년대의 전후 일본과, 1980년대 버블기의 일본, 즉 상승세의
일본과 공명했다면 그 중간인 1970년대는 반드시 그들의
시대라곤 할 수 없었다. 1960년대 말 청년들의 '반란' 시대
를 거쳐 1970년대는 '패배' 후의 침잠과 내향의 시대였기 때
문이다. '아메리카닛폰'에는 이 시대에 균열이 발생했고 그
균열에서 '포스트 전후사회'적인 감성이 부상했다.

사사키 아쓰시佐々木敦는 1970년대 초의 전공투 세대인
네 사람, 호소노 하루오미細野晴臣, 오타키 에이이치大瀧詠
一, 마쓰모토 다카시松本隆와 스즈키 시게루鈴木茂에 의해 결
성된 '해피엔드'가 전후 음악사를 단절하는 역할을 맡았다
고 본다. 무엇보다 우선, "그들의 악곡에는 1960년대의 기

---

20) 1970년대 결성돼 활동중인 밴드로, 수많은 히트곡을 내며 국민적 인기를 얻고 있다.

조였던 '정치=운동'직인 것, 즉 '저항'적인 스탠스가 거의 전무"했다. 게다가 작사를 맡은 마쓰모토 다카시의 가사는 "공동체나 토포스(공론 또는 장소를 뜻하는 그리스어-역주)에 대한 귀속의식이나 생활감 같은 실감도 없을 뿐 아니라 실존적, 관념적인 고뇌와 절망 같은 요소도 전혀 없다고 해도 좋을 성도"로 결여돼 있다. 있는 거라곤 "거의 능동적인 의미를 갖지 않는, 이른바 텅빈 풍경"이었다. (사사키 『닛폰의 음악[ニッポンの音楽]』)

사사키는 이 '텅빈 풍경'에서 등장한 것이 '미국'과 '일본' 그리고 음악이라는 3자 관계의 구조적 전환이었음을 간파했다. 사사키가 인용한 마쓰모토 다카시의 말, "미국을 발견, 즉 일본을 발견했다. 미국을 찾기 위해, 즉 일본을 찾기 위해"라는 가사의 바탕에 있는 것은 앞서 언급한 '아메리카 닛폰'과는 패러다임적으로 다른 감성이다. 마쓰모토 등이 일본어로 록을 노래하는 데 집착한 것은 결코 내셔널리즘 때문이 아니었고, "우리들이 일본인이기 때문에 일본에 있기 때문에"라는 사실성 때문도 아니다. 그게 아니라 "일본도 우리들이 보면 숨은 그림처럼 되어버리듯이, 록 자체의 얼개가 뒤틀린 모국어로 부르는 것을 강요하는 것 같은, 장소의 코페르니쿠스적 전환" 때문이었다. (앞의 책) '텅빈 풍경'은 전후의 대중적 기억에 잔존해온 '불탄 자리'의 풍경과도,

태평양의 저편에서부터 패전국인 자신을 이끄는 '꿈'의 풍경과도 단절된 것이다.

즉 "영어로 불려져야 할 록을 일본어로 부르려 하는 것"에 포인트가 있는 것이 아니라 "'록'이라는 것 자체가 영어이든 어떤 언어이든 '뒤틀린 모국어'로서만 있을 수 있도록 하는" 힘을 갖는, 그 정보론적인 작용에 포인트가 있었다. 일종의 록 지상주의인 셈이지만, 록이라는 표현 양식이 '일본'과 '미국'의 장소론적인 위상을 결정하는 것이다. 최초에 '미국'과 '일본'이라는 지리가 있고, 그 사이가 음악으로 연결된 것은 아니다. 록, 즉 어떤 정보의 양식이야말로 지구상의 다양한 문화, 장소, 언어의 위상을 결정하고, 우리들이 상식적으로 받아들였던 그들 전체를 전환해가는 것이다. 그렇기 때문에 이것은 '장소의 코페르니쿠스적 전환'이라고 부른 만친 도전인 것이다.

그러므로, 이 음악의 정보양식론인 잠재력에 대한 집착은, 호소노가 그 후에 밟아가는 YMO(옐로 매직 오케스트라) 결성으로의 전개도 예언했다. 호소노는 1970년대 후반에 낸 앨범에서 오키나와와 카리브해, 중국, 옛 일본 등을 다루지만, 이들은 역사문화적인 대상이라기보다 어디까지나 가공의 시공으로서 도입된 것이다. 그렇기 때문에 "하나의 곡 안에 복수의 장소성과 시간축을 넣는 것조차 가능"해진 것이다. 즉, 그가 지향했던 것은 "일종의 안티 리얼리즘인 것이고, 공간적으로는 '여기가 아닌 어딘가', 시간적으로는 '지금이 아닌 언젠가'"였다.(앞의 책) 게다가 호소노가 1970년대 말 사카모토 류이치坂本龍一와 다카하시 유키히로高橋幸宏를 설득해 결성한 YMO에서는 노래의 대상뿐 아니라 부르는 주체도 일본 내에 있을 필요가 없어졌다. 실제로 YMO의 음악은 일본에서 먼저 히트한 것이 아니라, 해외에서 화제가 되면서 역수입돼 대히트했던 것이다.

이 YMO가 경험한 반전은 이미 안과 밖, 자아와 타자, 일본과 미국, 내셔널과 글로벌 간 경계선의 위치바꿈을 나타낸다. 1970년대 초에는 아직 남아 있던 '내=일본'과 '외=미국'의 경계선은 1980년대가 되면 쉽게 조작가능한 것이 됐다. 이런 변화를 가능케 하는 미디어의 시간과 공간이 서서히 부상했던 것이다. 확실히, YMO는 "'외'를 향해서는 '일본'과 '아시아'를 상징적으로 짊어지며, 서구인의 테크노 오리엔탈리즘적인 시선을 유도하는 것으로 주목을 끌었다. 반대로 '내'에서는 '외'에서의 평가를 지렛대로 이른바 박래품 대접을 받으며 인기를 획득했다."(앞의 책) 그러나 그들은 자신들이 하는 일을 자각했다. 즉, 국경을 넘는 정보화가 급속히 진행되는 세계에서 자신들은 어떻게 자신을 상품화하고 있는가. 그 전략이 내포하고 있는 공허함을 그들은 알고 있었고, 그럼에도 그곳에서 자신들이 머물 곳을 찾아낸 것이다.

음악계에서 YMO가 선구 역할을 한 것과 유사한 변화는, 이 시기 일본의 문화전반에서 등장했다. 예를 들면 광고계에서 이 변화는 1984년 등장한 구 국철 캠페인 '이그조틱 재팬'에서 두드러지게 나타났다. (사진 4-3) 마릴린 아이비 (인류학자로 콜롬비아대 교수를 지냄-역주)는 1970년대 일본을 대표한 'Discover Japan'에서 '이그조틱 재팬'으로의 이행을, 동시대의 아이덴티티 정치와 연결지었다. (Ivy, *Discourses of the Vanishing*) 포스트 오사카만국박람회를 염두에 두고 전개한 'Discover Japan'에는 고도성장에 의해 격변한 일본열도에도, 여전히 재발견되어야 할 풍경과 문화가 잠재해 있다는 주장이 포함돼 있었다. 기존의 관광 포스터처럼 명소나 경승지 이미지를 빌리는 대신 낯선 사람, 자연과의 진정한 만남을 강조한 이 캠페인은 '일본'의 전원적인 풍경 속에서 잃어버린 자아를 재발견할 것을 젊은 여성들에게 호소했다. 이 캠페인은 실은 수년 전 미국에서 행해진 'Discover America'의 리메이크판이었다. 미국발 음악을 일본인 가수가 커버한 것과 마찬가지였다.

반면 1980년대 등장한 '이그조틱 재팬'에서는 재발견돼야 할 자신은 이미 허구일 뿐이다. 아이비는 외국의 시선을 의

사진 4-3 구 국철 캠페인 '이그조틱 재팬'의 공식 화상(『이그조틱 재팬-새로운 여행의 감각』 고사이출판사 1985년)

식해 영어로 쓰여진 'Discover Japan'과는 달리, '이그조틱 재팬'이 가타카나로 쓰여진 것에 주목한다. 가타카나는 통상, 일본인이 자국에 수입된 외국 제품이나 개념을 나타내는 데 쓰이는 서체이다. 이것이 '일본' 자신을 나타내기 위해 쓰여졌다는 것은, 일본이 이미 일본인 자신에게도 '외국'으로 느껴지고 있음을 시사한다. 게다가 통상, '자/타'를 구분하는 경계선으로 보자면 '이그조틱'한 것은 '자아'가 아니라 '타자'다. 따라서 광고가 주장하듯 '재팬'이 '이그조틱'하다고 하면 그것은 이미 '일본'이 타자화됐기 때문이다. 즉, 여기서 설정된 것은 마치 서구 관광객처럼 자국의 풍경에 오리엔탈리즘적인 시선을 보내는 일본인 자신이다. 이런 시선을 유지하는 것으로, 자아는 타자로의 자리바꿈을 달성한다.

졸저에서 논한 것처럼 1980년대 이후 대중문회 속 '자/타'
의 구조변화를 도쿄디즈니랜드TDL 성공만큼 명료하게 나
타낸 것은 없다. 디즈니랜드의 이미지는, 이미 1950년대 말
부터 일본에도 침투해 있었다. 그러나, 1983년 봄 도쿄근교
에 TDL이 출현해 방대한 입장객을 끌어 모았을 때 이 성공
을 떠받친 것은 1950년대식 동경심리가 아니었다. TDL은
당시 등장한 사람들의 허구적인 자아 애착을 보증하는 장
치로 청년세대의 의식을 동원하기 시작했던 것이다. 1980
년대 TDL 현상을 지지한 청년들의 의식은, 필자가 1989년
에 도쿄도내의 사립대학에서 실시한 앙케이트에서 여학생
들의 다음과 같은 회답에서도 명료하게 나타난다.

도쿄디즈니랜드에는 네 번 다녀왔습니다. 함께 간 이는
동성 친구와 이성 친구, 가족 등입니다. 같은 사람과 두
번 간 적은 없습니다. 왜냐하면 디즈니랜드에서는 언제나
신선한 놀라움을 느끼는 사람이 아니면 안 되기 때문입니
다. 어떤 구경거리에 대해 "뭐야, 이거 알고 있었어"라고
해선 안 된다고 생각합니다. 알더라도 "귀여워~"라든가
"놀랐잖아"라고 말하는, 아무것도 모르는 귀여운 자신을
연기하는 장소라고 생각합니다.

이런 감상은, 가령 1950년대나 1960년대 일본에 디즈니랜드 일부가 수입됐다손 쳐도 결코 들을 수 없었던 것이리라. 여기서 드러난 것은, 저편에 있는 '미국'으로서의 TDL에 대한 동경이 아니다. 오히려, 언제나 '귀여운~' 완전히 허구적인 자신을 연기해가는 무대로서, TDL은 반쯤 자각적으로 소비되고 있는 것이다.

아무로 나미에와 여성들, 그리고 오키나와

1970년대 초 일부 음악문화에 부상한 '텅빈 풍경', '어느 곳도 아닌 공간', '어느 시점도 아닌 시간', '타자로서의 나'라는 감각은, 1980년대 들어 대중문화의 모든 영역에 침투해 가요와 홈드라마를 구성해온 미디어적 지평을 대체했다. 당시 전후의 가요, 홈드라마 세계를 방향지은 것은 '꿈'의 끝자락에 있는 '미국', 그 꿈을 반전시킨 나의 시간 및 일본의 공간(고향) 사이의 다이나미즘이었다. 물론, 이 다이나미즘은 오늘날에도 어느 정도는 NHK 아침 연속드라마나 나쓰메로(추억의 옛노래-역주)의 가요프로그램에서 계승되고 있지만, 1980년대 이후 일본 대중문화에서 지배적인 위치를 확립한 것은, 그와는 다른 감각과 리얼리티의 지평이다. 이 지평의 전환이야말로 결국 헤이세이 문화를 관통하는 것이고, 이 전환 후의 세계에서 '해피엔드=YMO'적인 것은 주변적이 아니라 문화의 지배적 조류가 된다. 그렇기 때문에 이 시대, 호소노 하루오미나 오타키 에이이치, 마쓰모토 다카시 등은 많은 상업적 유행가에도 손을 댔고, 많은 스타도 배출하면서 헤이세이 시대의 광고음악 신의 주역이 되어간 것이다. 동시에 1990년대 호소노=오타키적인 것을 계승해 이 시대 대중음악 신을 압도한 것이 다름아닌 고무로 데쓰야小室哲哉[21]였다.

1990년대 일본의 음악문화를 거론하는 데 고무로가 빠질 수 없는 이유 중 하나는, 쇼와의 미소라 히바리를 대신하는 헤이세이의 가희歌姫 아무로 나미에安室奈美恵를 배출했기 때문이다. 고무로의 이름이 매니아층을 넘어 광범위하게 알려지게 된 것은 1986년, 와타나베 미사토渡辺美里에게 써준 곡이 대히트했을 무렵부터다. 이후 고무로는 많은 가수들과 작업했고, 자신의 밴드인 'TMNETWORK'를 인기밴드로 만들었다. 일반적으로, 고무로의 작곡에 대해서는 1980년대부터 음악에서 신디사이저의 역할이 결정적으로 커지게 된 점, 그의 사운드가 디스코와 클럽 댄스뮤직의 비트를 기초로 어레인지됐다는 점 등을 특징으로 꼽는다. 그러나

---

21) 일본의 음악프로듀서 겸 작곡가로, 1980~1990년대 여러 여가수의 음반 프로듀서로 활동하면서 수많은 히트곡을 남겼다. 고무로가 프로듀서한 싱글·앨범의 총 판매량은 1억7000만 장에 이른다.

그뿐 아니라 그가 여성가수들에게 많은 곡을 제공했고, 그녀들은 고무로의 곡에 의해 남성이 아닌 여성에 지지를 넓혀간 점도 포인트다. 고무로의 사운드에는 여성 가수가 동성 팬을 전략적으로 끌어들이는 장치가 있었다.

이 점에서 고무로가 배출한 여성스타들 중 아무로만큼 그의 모든 특징을 체현한 가수는 없었다. 1990년대 중반, 남다른 무대 집중력과 리듬감, 가창력을 무기로 순식간에 그녀는 헤이세이 시대의 대스타가 된다. 거기에서 "작은 체구에 열심히 노래하고 춤추는 '귀여운' 존재에서, 동성이 동경하는 패셔너블하고 강한 의지를 지닌 '멋진' 존재로"의 변신이 화학반응처럼 일어났다. (우노 『1998년의 우타다 히카루[1998年の宇多田ヒカル]』) 즉 아무로는 1990년대 음악 신에서 '아이돌'로서 도약한 것이 아니다. 그녀의 도약을 가능케 한 것은 동시대 남성들이 아니라, 젊은 여성들의 '멋짐'에 대한 선호, 그것도 남자들이 아니라 여성들이 바라는 '멋짐'에 대한 욕망의 실현이었다. 아무로의 돌연한 결혼과 출산, 1년간의 육아휴직이 호의적으로 받아들여진 것도 그를 수용하는 중심층이 여성들이기 때문이다.

물론, 아무로를 거론함에 있어 오키나와와의 관계도 빼놓을 수 없다. 그녀는 고무로의 음악이 낳은 스타임과 동시에 오키나와라는 땅과, 그곳에서 마키노 마사유키マキノ正幸

가 만든 오키나와 액터즈 스쿨이 배출한 스타이기도 했다. 아무로가 고무로를 만나 대스타로 향하는 계단을 뛰어오르기 직전에 속했던 오키나와 출신 아이돌 걸그룹 '슈퍼 몽키즈'의 데뷔곡으로 불렸던 것은 바로 '미국'이었다. '미스터 U.S.A.'라는 곡에서 소녀들은 태평양 저편의 미국이 아니라 오키나와의 군사기지로, 즉 압도적 우월자로 버티고 있던 '미국'과 과거 미국을 향한 '동경'을 밝은 곡조로 노래했다.

'미스터 U.S.A.'란, 오키나와 사람들이 주둔 미군병사를 부르는 '아메리카씨'를 가리킨다고 밋쓰 망그로브는 썼다. 그러므로 노래에는 "그런 아메리카씨와 사랑에 빠져 무지개 같은 덧없는 나날을 보낸 오키나와 여성의 회고와 정경이 미국의 그래피티[22] 같은 시선으로 묘사"됐다. 가사에 몇 차례 등장하는 '비치사이드의 미국'이란 오키나와 미군기지를 가리키는데 그 '미국'에는 "하얀 펜스 너머의 비치 클럽"이 있다. 미군 병사와 사랑에 빠진 주인공은 "둘이서 펜스 너머로 지미(제임스 딘)의 영화를 봤다". 이윽고 전쟁경기가 가라앉고, 미 병사들도 주인공을 남겨둔 채 오키나와를 떠났다. 세월이 흘러 지금은 영화관이었던 곳에 "덩그러니 팜트리…"가 있을 뿐이지만, 주인공은 그때를 "떠올리면 지금

---

22) 1970년대 뉴욕 빈민가에서 흑인과 푸에르토리코 소년들에 의해 시작돼 전 세계로 확산된 '거리 낙서'로, 건물 벽·담벼락·경기장·버스·지하철 등을 화폭삼아 스프레이 페인트로 낙서한다.

도 가슴이 뜨거워진다". 그것은 "지도에서 사라진 천국"이란다. 망그로브가 정확히 짚은 것처럼, 많은 아이돌 팝에서 "이렇게 제대로 '전후 오키나와'를 노래한 곡은 없다."(『주간 아사히』 2017년 10월 13일호) 실제로 아무로의 할머니도, 미군통치 시대 기지에서 일했고, 미군과의 사이에서 아무로의 어머니를 낳았다. 즉 그의 어머니는 오키나와 여성과 미군병사의 '혼혈아'였던 셈으로, 오키나와 사회에서도 차별받았다. 그녀는 결국 남편과 이혼하고, 아무로 등을 홀로 키웠다. 그런 탓에 소녀시절 아무로 일가는 지독히 가난했다. 1990년대 여성들이 동경했던 아무로의 '멋짐'은 오키나와에서 보낸 그녀의 과거와 원풍경적으로 연결돼 있다.

절정 속의 주역교체——두 명의 여성 스타

고무로 사운드의 전성기는 1990년대 버블 붕괴기와 겹치는 10년간이고 그 절정기인 아무로의 시대는, 고무로가 그녀의 프로듀스를 시작한 1995년 말부터 1997년 말의 약 2년에 그쳐 의외로 짧다. 그 2년간 고무로=아무로 콤비는 노도 같은 기세로, 당시 음악 신, 미디어의 화제를 휩쓸었고, 전국 여성팬들의 압도적인 인기를 얻었다. 전국 순회 콘서트는 경이적인 관객 동원을 기록했고, 거리에는 아무로를 흉내낸 '아무라' 패션으로 넘쳐났다. '아무로적'인 것은 시대 가치가 됐다. 그러나 바로 그 절정기에 아무로는 돌연 임신 사실을 발표했고, 결혼을 선언하며 홀연히 무대에서 자취를 감추고 1년간 육아휴직에 들어갔다. 당시엔 아무로도 고무로도, 많은 팬들도, 단 1년의 중단으로 여겼음이 틀림없다.

그러나 변화무쌍한 음악계에서 1년의 공백은 그 이상의 뭔가가 될 가능성이 있었다. 적어도 압도적인 중심에 있던 아무로가 돌연 무대중앙에서 사라진 것은, 그 빈틈에 새로운 흐름이 생겨날 여지를 제공했다. 실제로 아무로가 없는 1998년 새로운 타입의 가수들이 일제히 떠오른 것이다. 우노 고레마사宇野維正는 우타다 히카루宇多田ヒカル, 시이나 링고椎名林檎, aiko, 하마사키 아유미浜崎あゆみ 등 4명의 여성가수 데뷔가 모두 1998년인 것에 주목해 이 해를 일본의 음악 신의 커다란 절단면으로 파악했다. (앞의 책)

새로운 타입의 가수 중 선두는 우타다 히카루였다. 1998년 말 15세에 데뷔한 그녀의 첫 앨범 판매가 누계 765만 장으로 일본 사상최고를 기록한다. 두 번째 앨범은 첫주에만 300만 장이라는 공전의 대히트를 기록했다. 신곡이 잇따라 차트 1위에 오르면서 뉴욕에서 돌아온 귀국자녀에 불과했던 중학생은, 일거에 일본 전체가 주목하는 무대의 주역이 됐다. 이미 고무로=아무로 콤비 시대에 들어 일본 음악 신의 주류는 가요가 아니라 J팝이었지만, 1998년이라는 해는 J팝이 고무로적인 사운드에서 한층 다양하게 확산된 해였다.

1998년은 아무로 시대에서 우타다 시대로 극적인 전환이 일어난 해였다. 그러나 본래 두 사람의 음악에는 비교불가능할 정도의 차이가 있었다. 아무로 나미에는 기본적으로 스테이지형 가수였다. 그녀를 스타로 만든 고무로 사운드는 댄스 뮤직을 기본으로 했고, 그 리듬을 무대 위에서 완벽하게 신체화할 수 있었던 것이 아무로였다. 반면 우타다 히카루는 철저히 스튜디오형 가수였다. 우타다는 스튜디오 편곡에 특히 뛰어난 재능을 보여 자기 곡의 백보컬조차, 자신의 목소리를 다중녹음해 삽입했다고 한다. 그러므로 우타다의 앨범에서는 기본적으로 그녀의 목소리밖에 들리지 않는다. (앞의 책)

우타다의 재능은 우연한 것이 아니다. 그녀의 어머니로, 1960년대 말 1970년대 초 일본 청년들을 열광시킨 가수 후지 게이코藤圭子와 음악프로듀서인 아버지 우타다 데루자네宇多田照實가 뉴욕 도심의 음악환경 속에서 '키워낸' 결실이었다. 그 부모는 무려 7차례나 이혼과 재혼을 되풀이한 만큼 히카루가 상당히 불안정한 가정환경에서 성장했을 것임은 쉽게 짐작할 수 있다. 어린 히카루의 홈은 실제의 가정보다는 스튜디오였다. 즉 그녀는 "음악이 태어나는 현장인 스튜디오에서 성장한 것"에 큰 특이점이 있다. (앞의 책) 그녀는 철모르는 아이 때부터 부모 손에 이끌려 프로 뮤지션이 북적대는 스튜디오에 있었기 때문에 스튜디오에 관해서는 모르는 게 없었다. 그녀의 데뷔에 맞춰 부모는 히카루의 '음악인의 권리'를 지키기 위해 개인사무소를 세웠다. 그의 부모, 특히 후지 게이코는 자신이 이루지 못한 인생의 전부를 딸 히카루에게 걸었다.

음악성뿐 아니라 태생에서도 오키나와의 '혼혈'인 엄마에 대한 차별과 빈곤으로 어려움을 겪으며 성장한 아무로와, 일찍이 스타였던 엄마의 비호하에 뉴욕 스튜디오를 '홈'으로 삼아 영재교육을 받고 자란 우타다는 대조적이다. 그러나 좀 더 넓은 문맥에서 생각하면, 이 대조는 표면적인 것일지도 모른다. 무엇보다 그녀들의 재능은, 일본 본토의 내부에서 태어난 것이 아니다. 아무로의 원점은 오키나와였고, 우타다의 원점은 뉴욕이다. 두 사람은 많은 본토 일본인과는 전혀 다른 방식으로 '미국'을 내면화했다. 둘의 모친은 일본에서 딸에 대한 열광이 끝나갈 무렵, 불행한 죽음을 맞이했다. 1999년 아무로의 모친은 의동생에게 살해됐다. 후지 게이코는 2013년 투신자살했다.

물론 이런 개인사에는 우연적 요소가 크지만, 그녀들의

스타덤 뒤에는 무대 바깥에서는 보이지 않는 복잡한 역사가 있음을 엿볼 수 있다. 후지 게이코의 원점은 홋카이도였다. 그녀는 어릴 적부터 나니와부시[23] 예능인이던 부모의 지방순례에 동행했으며 그 과정에서 노래도 했다. 그 후 모친과 아사쿠사浅草, 긴시초錦糸町에서 떠돌이 생활을 한 적도 있다고 한다. 아무로에게 고무로와 손잡은 것이 결정적이었던 것처럼, 후지 게이코에게는 작사가인 이시자카 마사오石坂まさを의 눈에 띄어 레슨을 받은 것이 결정적이었다. 후지가 이시자카의 작사로 1969년에 발표한 '신주쿠의 여자'는 전후 가요사에 남은 대히트곡이 됐다. 그녀는 '미국에서의 성공'을 유별날 정도로 동경했다. '일본에서 엔카를 부르는' 것이 아니라 '미국에서 록을 부르는 것'이 그녀의 꿈이었다. 즉, 우타다 자신의 자각과는 다르겠지만, 보다 길게 모친 대까지 돌아보면 후지 게이코=우타다 히카루의 탄생은 어떤 의미에서는 아무로 나미에의 탄생과 닮았고, 근대국가 일본이 주변화했던 장소 및 인생과 역사적으로 연결돼 있었던 것이다.

---

23) 전통 현악기 샤미센의 반주에 따라 서사적인 내용의 이야기를 가창과 말로 전달하는 일본 전통 음악.

10년 후의 절정과 붕괴──1989년과 1998년

우타다 등이 도약했던 1998년, 일본의 음악산업은 여전히 거대했다. 그해 국내에서 4억5717만 장의 CD가 팔려 약 2870억 엔의 매출을 올렸다.(도표 4-1) CD판매가 처음 1억 장을 넘어선 것은 헤이세이 직전인 1988년이지만, 헤이세이 전기 동안 CD는 판매량이 꾸준히 증가해 1990년에는 2억 장, 1992년에는 3억 장, 1995년에는 4억 장을 넘어섰다. 즉 1990년대는 일본 음악산업이 CD보급에 힘입어 공전의 번영을 구가하던 시대였다. 고무로 사운드와 아무로의 대유행도, 우타다 등으로의 선수교체도, 산업적으로는 이 CD 확장을 기반으로 했던 것이다. 이 확장은 1998년을 끝으로 막을 내린다. 이후 CD판매는 하향곡선을 그리며 10년 후인 2008년에는 최전성기의 절반 규모로 축소되고 만다. 이 축소를 반영했는지 몰라도 2000년대 이후 일본 대중음악계는 대스타를 내지 못하게 됐다.

흥미로운 것은 일본 음악산업이 절정기를 맞이하던 1997년부터 1998년이 일본 경제가 바닥을 치던 시대라는 점이다. 홋카이도척식은행과 야마이치증권, 장기신용은행의 파탄에 더해, 정치도 하시모토 류타로 정권의 행정·재정개혁이 경제위기 속에서 좌절하면서 오부치 게이조 정권에서 모리 요시로 정권으로 향하는 혼미의 시대였다. 경제와 정

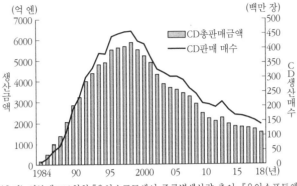

(출처) 일본레코드협회 『음악소프트웨어 종류별생산량 추이』 『음악소프트웨어 종류별생산금액 추이』

도표 4-1 일본의 CD생산매수·생산금액 추이(1980~2018년)

치가 바닥이던 시대, 문화는 절정에 달하면서 새로운 재능이 차례로 역사의 무대에 등장했던 것이다. 음악만이 아니다. 예를 들면 영화계에서 스튜디오 지브리는 잇따라 대히트를 했고, 실사에서는 이와이 슌지岩井俊二, 고레에다 히로카즈是枝裕和, 구로사와 기요시黒沢清 같은 세계적인 감독들이 속속 본격 데뷔했다. 만화계에서도 1990년대 말에는 『ONE PIECE』(오다 에이이치로[尾田栄一郎], 1997년~), 『배가본드』(이노우에 다케히코[井上雄彦], 1998년~), 『NARUTO』(기시모토 마사시[岸本斉史], 1999~2014년) 등 대히트작들이 등장했다. 정치, 경제와 문화가 마치 반비례하는 듯했다.

경제도 정치도 앞이 안보이던 시대, 사람들이 문화에서

'시름을 푼다'는, 다소 괴상한 설명이 가능할 법하다는 느낌이 없지 않다. 만약 1990년대 말 양자의 대조가 반비례라면, 문화가 정체하는 시대에는 경제, 정치가 활발해야 할 것이다. 하지만 버블시대, 고이즈미 극장 시대, 아베노믹스 등 헤이세이 시대에는 경제와 정치가 적어도 외견상으론 활발하던 시기가 있었지만, 그와 대조적으로 문화가 침체화했다고는 보이지 않는다. 원래 정치, 경제가 변화하는 시간폭과 문화가 변화하는 시간폭은 전혀 다르다. 대체로 전자 쪽이 짧고, 후자 쪽이 길다. 따라서 1990년대가 경제, 정치면에서 혼미 시기였음에도 불구하고, 문화적으로 활발한 시대였던 것은 '반비례'가 아니라 정치·경제와 문화의 시간적인 척도의 차이에서 초래된 것으로 보는 것이 타당하다.

그러나, 경제적인 절정기에서 붕괴로 향하던 1980년대 말과 음악을 비롯한 문화의 절정기가 끝나가던 1990년대 말 사이에 있는 '타임래그'는 양자가 무관하기 때문에 발생한 것은 아니다. 오히려 사태는 반대여서, 경제, 정치의 움직임과 문화의 변모는 다양한 시차를 동반하면서도 연동돼 있다. 2000년대 이후 음악뿐 아니라 문화전반의 패러다임 전환은, 인터넷의 폭발적 침투로 초래된 것이었다. 즉, 1980년대 말 이후의 버블붕괴가 미일관계나 글로벌화와 연계된 반면 1990년대 말 이후 음악산업의 쇠퇴, 문화생산의 근원적 변화는 글로벌화 이상으로 넷사회화와 연계돼 있다. 그러므로 문화의 변모는 재래식 시스템에 집착해온 일본 전기電機산업이 2000년대 말 이후 겪은 실패의 전조이기까지도 한 것이다.

이렇듯 아무로와 우타다 양쪽이 다른 방식으로 미디어의 패러다임 전환에 대응해갔던 것을 알 수 있다. 우타다의 경우, 그녀는 처음부터 넷사회에 적응한 음악 제작자였다. 우타다는 어릴 때 부모가 사준 애플 컴퓨터를 갖고 있었고, 외동딸로 불안정한 해외생활이 길었던 것도 있어 컴퓨터와 친숙해졌다. 그녀는 프로그래밍을 포함해 자작의 모든 음악을 자신이 총괄했고, 일찌감치 인터넷을 통해 발신을 시작했다. 그녀의 세계는 완벽히 만들어진 개인적 우주가 세계와 다이렉트로 연결된다는 의미에서 처음부터 넷사회적이었다. 아무로도 고무로 사운드가 신디사이즈를 베이스로 했다는 의미에서는 컴퓨터 시대의 가수였지만, 그녀의 진면목은 스테이지에 있었지, 인터넷에는 없었다. 2010년대, 그녀는 그 콘서트 무대에 복귀하는 것으로 다시 시대의 중심으로 뛰어 들었다.

즉, 컴퓨터와 인터넷이 커뮤니케이션의 지배적 기반이 되는 사회에서는 문화가 향유되는 장소의 '공동성=동료의식'이 두 가지 방향에서 조직된다. 하나는 인터넷 속에서 말

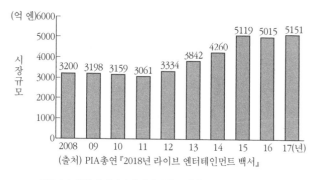

(출처) PIA총연『2018년 라이브 엔터테인먼트 백서』

도표 4-2 일본의 라이브엔터테인먼트 시장규모(1990~2018년)

과 이미지가 끊임없이 교신을 거듭함으로써 창출되는 공동
성이다. 트위터에서 페이스북, 인스타그램 등 플랫폼 상에
서 다수의 커뮤니티가 태어나고, 사람들은 매일 각각의 커
뮤니티에서 대화에 참여한다.

　다른 하나는 전혀 반대로, 비일상적으로 사람들이 모인
장소에서 참가자의 감정을 끌어모아 만들어지는 공동성이
다. 2000년대 이후 많은 문화산업이 인터넷과 융합하는 방
향으로 진화하지만, 한편으론 음악, 연극의 특징인 생동하
는 장이라는 요소를 전면에 내세우는 흐름도 확산됐다. 실
제로 CD 판매는 바닥없는 하향곡선을 그린 반면 콘서트,
라이브, 페스티벌 등 라이브 엔터테인먼트의 인기는 상승
세를 탔고, 대규모화하면서 거대한 이익을 낳는 장치가 됐
다. 예컨대 2015년 이 분야의 시장규모는 마침내 5000억 엔

을 넘어섰다. (도표 4-2) 2000년 무렵의 2배 이상인 것이다. 즉 2000년대 이후 CD 등 패키지형 미디어의 매출은 반감했지만, 라이브 행사의 매출은 배로 늘어난 것이다. 그러므로 아무로뿐 아니라 2010년대에는 많은 예능인이 TV출연 이상으로 오프라인 이벤트에 열중하게 됐다.

이 변화는 네트화한 사회에서 오프라인 커뮤니케이션이 감소하는 것에 대한 반동으로는 설명되지 않는다. 오프라인 커뮤니케이션은 네트화 이전부터 TV를 비롯한 매스미디어의 침투, 워크맨에서 CD 등 새로운 음악 미디어의 등장에 의해 대대적으로 감소했다. 1990년대 이들 미디어의 시대와, 2000년대 이후의 넷사회가 다른 것은 넷사회에서는 누구든 공급자가 된다는 점, 즉 음악세계 참가 방식이 결정적으로 바뀌었다는 점이다. 오디언스는 '수용자'라는 전제가 근본적으로 무너지면서 '퍼포머'이기도 한 것이 당연한 것으로 받아들여지기 시작했다. 이때 사람들은 자신도 참가자로서 퍼포먼스를 공연하는 무대를 찾기 시작했다.

2000년대 이후에 융성한 음악 페스티벌은 예전처럼 관객석에 무수한 의자가 놓여져 있는 것이 아니라, 올스탠딩 형식, 즉 관객이 선 채로 퍼포먼스를 즐기고, 때로는 무대와 함께 노래하고 춤추고 뛰고 환성을 지르는 다양한 액션으로 공연자와 함께 분위기를 끌어올리는 스타일이 일반화됐다.

참가자들은 흥에 취한 자신들의 사진과 동영상을 인터넷에 올리고, 이벤트 참가를 자신들의 스토리로 발신한다. 이렇게 인터넷 속에서 화제가 화제를 낳고, 잠재적인 참가자가 눈덩이처럼 불어나는 식이 됐다. 즉 넷사회화는 사람들을 일방적으로 버추얼 세계에 가두는 것이 아니라, 그런 회로를 통해 잠재적 관심층을 발굴하고, 그들을 비일상적인 장소로 불러내 일시적인 대규모 회합을 가능하게도 만든다.

코스프레하는 자아 퍼포먼스

음악계에서 2000년대 이후에 발생한 사회적 집합성의 전환, 즉 '오디언스=수용자'가 '오디언스=퍼포머'로 변신해가는 전환은 사람들의 일상적인 행동의 변화로도 나타났다. 여기서 주목되는 것은, 2000년대 이후 코스프레의 유행이다. 코스프레는 '코스튬 플레이'를 어원으로 하는 일본식 영어로 주로 애니메이션, 만화, 게임 등에 등장하는 캐릭터로 분장해 즐기는 것이다. 코스프레 하는 이는 가공의 등장인물에 자신을 중첩시키고, 그 허구로 변신하는 데서 존재감을 얻는다. 이는 일종의 팬컬처이지만 캐릭터를 자신의 외부에 있는 '타자'로 소비하는 데 그치지 않고, 타자와 자신을 일체화하며 비슷한 분장을 한 동료들과 변신 방식을 겨루거나 하는 것에 포인트가 있다.

참가자들이 겨루는 것은 자신의 분장이 얼마나 등장인물과 닮았는가이다. 코스프레 동료들 사이에 "'저 사람은 레벨이 높다'고 하면, 모방 대상인 캐릭터를 흉내내는 데 성공한 것"을 의미한다. 즉, 여기서는 참가자의 "용모나 스타일만 중요한 게 아니고, 의상의 디테일과 조형물의 재현도, 의상의 어울림, 캐릭터와의 싱크로율"이 중요하고 "외부자나 초심자들은 거의 판단할 수 없는 독특한 심미안"에 의해 선별이 이뤄진다.(다나카 도코[田中東子] 「코스프레라는 문화」) 기준의 대상이 되는 캐릭터는 2차원적 존재이므로, 여기서의 '닮았다' '닮지 않았다'는, 객관적으로 뭔가가 존재하고 있다기보다 코스프레 참가자들이 공동으로 만들어낸 환상에 근거한다. 이 허구성이 참가자들의 자신이 연출하는 이미지에 대한 능동적인 참가의욕을 한층 강화하는 것이다. 모방대상은 만화, 애니메이션에 등장하는 무국적 판타지 세계의 등장인물이므로, 세계 어느 청년들도 능동적으로 참가하기 쉽다.

본래 이런 문화는 1970년대부터 확산되기 시작했고, 그 중심 무대는 만화 동인지의 전시·판매회에서 출발한 코믹마켓(코미케)이었다. 당시, 코미케 행사장에서는 동인지 멤버들이 작품 캐릭터 분장을 하며 축제 분위기를 띄우곤 했다. 1990년대 이후 코스프레는 일거에 대중화, 전국화돼

2010년대 들어서는 전국 각지에서 코스프레 이벤트가 매달 100건 이상 개최되기에 이르렀다. 각지의 이벤트를 일람할 수 있는 무료 미니코미지(동호인들이 자체 제작하는 잡지-역주)도 등장했다. 코스프레의 유행은 만화, 애니메이션의 글로벌화와 맞물려 세계로 확산됐다. 서구에서는 예전부터 SF 등의 등장인물로 분장하는 선행 형태가 있었지만, 2000년대 이후 애니메이션 팬모임 등에 코스프레가 침투했다.

1990년대 이후 코스프레의 확대는, 코미케 같은 특별한 공간에서의 눈길끌기 차원에서 공연되던 행위가 한정된 공간을 넘어 그 자체를 목적으로 하는 이벤트가 된 것을 가리킨다. 예를 들면 코스프레 참가자들의 촬영회나 코스프레 댄스파티 등 각종 코스프레 대회가 개최되기에 이른 것이다. 만화나 애니메이션 동인지 문화의 일부였던 코스프레는 모체에서 독립해 그 자체로 변장의 퍼포먼스성을 즐기게 된 것이다. 코스프레 공동체의 이벤트에서 참가자 퍼포먼스의 핵심은 서로 사진을 찍는 것이다. 참가자가 복수로 참가하는 경우가 많은 것은 "2차원 세계 캐릭터의 의상을 입고 사진을 찍는 것이 활동의 중심 목적이 되는 이상, 단독으로 참가하면 손이 부족하기" 때문이다. 참가자들은 만화나 애니메이션 속 특정 캐릭터로 분하고, 종종 "좀더 상세한 장면설정으로 특정 테마나 문맥의 일관성을 유지하면서" 촬영한다. 2000년대 이후 디지털 카메라의 고성능화로 사진 촬영의 중요성은 더욱 커졌다. 레이어(코스프레하는 사람)들은 쉽게 자신의 분장사진을 찍고, 그 사진을 가공하게 됐다. 게다가 인터넷의 침투로, 레이어는 촬영·가공한 자신의 사진을 인터넷에 업로드해 서로를 연결시켰던 것이다.(앞의 책)

1990년대 이후 유사한 움직임이 사람들의 패션 전반에도 나타났다. 1970년대에는 스트리트 패션이 주목을 받았다. 거기에는 유행의 첨단을 걷는 패션을 몸에 걸친 젊은이들이, 자신이 보여지는 것, 타자의 시선 앞에서 자신을 연출하는 것을 확실히 의식하고 있었다. 당시, 이런 의식을 떠받친 것은, 스트리트 패션을 취재해 미디어에 재현하던 카탈로그형 잡지 문화다. 1990년대 말 이후 인터넷이 보급되면서 스트리트 패션은 외부 취재를 받을 경우뿐 아니라 당사자들이 자신의 사진을 인터넷에 업로드하는 것에 의해 자기증식을 시작한다. 인터넷 상의 이미지와 도시공간에서의 자기표현이 순환적 회로를 형성하며 증식하는 현상이 곳곳에서 출현한 것이다. 이 과정에서 실제 패션 브랜드까지도 스트리트 패션으로 촬영되면서 유행이 틀을 갖춰가는 흐름도 생겨났다.

코스프레에서 스트리트 패션까지 1970년대에 나타나 1990년대 이후에 전국화, 일상화한 현상은 '미디어 속의 타자'와 '도시 속의 자신'이 반향하며 융합하는 현상이었다. 일반적으로는, 스타와 아이돌, 판타지 주인공은, 동경의 대상이긴 하되 자신이 아닌 타자이다. 그런 타자의 복장과 스타일, 몸짓의 일부를 자기표현에 인용하는 것은 예전부터 있었지만, 이는 어디까지나 모방이었고, '오리지널'에 대한 '카피'였다. 그러나 이 관계는 1990년대에 반전된다. 이미 인터넷 이전부터 젊은이들은 서브컬처, 패션, 음악 영역에서 누구나 오리지널 즉 발신자가 되어가고 있었다. 그리고 넷사회의 확대는, 이 경향을 결정적으로 만들었다. 코스프레에서 청년들은 단순히 만화, 애니메이션 주인공을 모방하고 있는 것이 아니다. 코스프레를 공연하는 청년들 스스로 자신을 '작품'화하고, 그 제작자, 즉 가공 이미지의 공급자가 된 것이다. 이제 와서는 '카피'가 '오리지널'이 된 것이다.

1990년대 말의 전환——환경화하는 인터넷 세계

이렇듯 문화계에서 헤이세이 시대에 다양하게 일어난 변화의 밑바탕에는 TV를 기반으로 하는 문화에서 인터넷을 기반으로 하는 문화로의 불가역적인 전환이 깔려 있다. 인터넷이 일본에서 사람들의 일상에 확실히 모습을 드러낸 것은 1990년대 후반으로, 그리 오래된 일이 아니다. 1985

년, 전기통신사업법 시행으로 선화회선에 모뎀을 접속하는
것이 합법화되면서 아스키넷, 닛케이MIX, PC-VAN, NIF-
TY-serve 등 상용 PC통신이 속속 개설됐다. 각지의 소규모
PC통신망도 급속히 수를 늘려가고 있었다. 그러나 1990년
대 초까지 이런 일본 각지의 네트워크는, 각각의 영역을 뛰
어넘는 연계를 거의 갖지 못했고, 해외 네트워크와의 연결
도 부분적이었다. 헤이세이 시작 무렵까지는 PC도 전자메
일도, 소수의 지식인, 활동가, PC오타쿠 등의 중대 관심사
이긴 했으나, 많은 사람들은 여전히 TV가 지배하는 세계에
살고 있었다.

그러나 1995년 발매된 윈도우95의 폭발적인 판매는 인
터넷을 일부 매니아의 전유물이 아니라, 보통 사람이 일상
적으로 사용하는 미디어로 변모시켰다. 곧 언론과 행정, 교
육 현장도 인터넷에 적극적인 태도를 보이게 됐고, 몇 년
만에 인터넷은 만인의 일상적인 커뮤니케이션 도구가 됐
다. 1998년 말 시점에서 1694만 명(보급률 13.4%)이던 이용인
구는 이듬해인 1999년에는 2706만 명(21.4%), 2000년에는
4708만 명(37.1%), 2001년에는 5593만 명(44.0%), 2002년에
는 6942만 명(54.5%), 2003년에는 7730만 명(60.6%)으로 급증
했다. 보급률은 2013년에 80%를 넘었다.(「통신이용동향조사」)
즉 헤이세이 후기 일본은 불과 십수 년 만에 TV사회에서 넷

사회로 패러다임 전환을 달성한 것이다.

변화를 최초로 주도한 것은 다양한 재해지원 활동이었다. 예를 들면 1995년 한신·아와지 대지진에서는 다수의 자원봉사자들이 피해지 구조활동에 참가했다. 그런 가운데 일부 사람들이 PC통신, 인터넷으로 피해자를 위한 정보를 모으고, 피해지 정보를 전국에 전하는 '정보 자원봉사' 역할을 수행했다. 그렇다고 해도 당시는 아직 인터넷 보급이 한정적이었고, PC통신이 동원되긴 했지만, 정보 자원봉사와 이재민 간 인식차, 정보격차 등 다양한 문제도 발생했다. 일본의 재해 자원봉사 활동에서 인터넷이 결정적인 역할을 수행하게 된 것은 1997년 1월 일어난 나홋카호의 침몰[24]에 의한 대량의 중유유출 사고부터다. (사진 4-4) 이미 인터넷이 우리 생활에 급격히 가까워진 시점이었나. 동해 연안에 표착한 대량의 중유를 전국에서 달려온 자원봉사자들이 수작업으로 제거했는데, 인터넷에서 자원봉사 신청방법과 작업일정, 활동장소, 오염정보 등이 차례로 전달됐다. 또한 1999년 이바라키현 도카이무라東海村의 핵연료 임계사고[25]

---

24) 러시아 선적 유조선 나홋카호가 1997년 1월 2일 시마네현 오키섬 해역에서 침몰하면서 1만9000리터의 벙커C유가 유출돼 동해 부근인 시마네현과 이시카와현 일대를 오염시킨 사건.

25) 1999년 9월 30일 이바라키현 나카군 도카이무라의 JCO가 운영하는 핵연료시설에서 핵연료 가공중 우라늄 용액이 임계치에 달하면서 핵분열 연쇄반응을 일으켰다. 이 사고로 작업원 2명이 피폭돼 사망했고, 1명이 중상을 입는 등 수백 명이 피폭됐다.

사진 4-4 나홋카호 침몰에 의한 중유 유출사고를 맞아 해안의 바위에 부착된 중유 제거작업에 힘쓰는 자원봉사자들(1997년 2월 1일, 후쿠이[福井]현 미쿠니초[三国町])

와 2000년 우스[有珠]산 분화에서 2011년 동일본대지진에 이르기까지 인터넷은 정보제공, 자원봉사 조직, 피해기록 보존에서 근간적 미디어가 됐다.

1990년대 말이 되면 지방 공공사업과 개발계획을 둘러싼 행정기관과 주민 간 갈등 속에서 인터넷, 전자메일은 결정적인 역할을 수행했다. 1990년대 말 아이치[愛知]현 후지마에[藤前] 간석지의 쓰레기매립 처분장 건설에 반대하는 운동, 세토[瀬戸]시 가이쇼[海上]의 숲의 아이치만국박람회장 건설에 반대하는 자연보호 운동, 도쿠시마德島현 요시노吉野강 하구 제방을 둘러싼 대립, 지바현 산방제三番瀬 간석지 매립에 반대하는 운동, 나가사키長崎현 아리아케有明해의 이사하야諫早만 간척사업, 시마네島根현 나카우미中海 호수 간척사업 반대 등 이 시기 여러 공공사업을 둘러싼 항쟁에서 인터넷이 수행한 역할은 지대했다. 인터넷은 다양한 서로 다른 지역이나 집단, 전문 직종의 사람들이 횡적으로 정보를 즉시 공유하는 것을 가능케 한다. 그러므로 어떤 공공사업을 둘러싸고 행정과 주민 간 대립이 있는 경우, 인터넷을 통한 사람들 간 연대로 운동이 조직돼 행정이 발표하는 정보나 언론에 보도된 정보의 일면성을 비판하고, 네트워크의 힘으로 독자적 정보수집을 수행하며 대안의 플랜을 제안하는 것이 가능해졌다. 물론, 당시부터 인터넷에 유통되는 정보에는 부정확한 내용이나 허위사실이 포함돼 있는 경우도 적지 않았지만, 실제 현장에서 움직이는 사람들이나 전문가에 의해 비판적으로 검증되는 등 정보의 신뢰도에 대해 일정한 검사가 이뤄지기도 했던 것이다.

이처럼 인터넷을 통한 운동의 조직화를 추진한 것은, 종래 사회운동의 중핵을 이뤘던 정당, 노동조합 같은 조직이 아니었다. 인터넷을 통한 운동은, 느슨하게 맺어진 개인의 연대를 강화하며 경직화된 대규모 조직을 약체화시켰다.

오카베 가즈아키岡部 一明는 이 점에 대해 "인터넷에서는 어떤 개인도 세계적인 망에 연결되고, 거기서 대량의 정보를 얻을 뿐 아니라 일단 일이 생기면, 자신의 메시지를 직접 세계에 유통시킨다. 메시지가 임팩트가 있다면 그것은 복제되고 전송돼 단기간에 세계에 퍼진다. 마치 라디오국을 갖고 있는 것과 마찬가지로, 네트워크를 자신의 미디어처럼 움직이게 한다"고 했다.(오카베『인터넷 시민혁명[インターネット市民革命]』) 이제 사회운동은 정당, 노조가 제1의 주체가 아니라, 조직되지 않은 사람들의 유동적인 네트워크로 전개되는 형태가 됐다.

그런 사회운동의 예로 2015년 여름, 아베 정권의 안전보장관련법안 강행타결에 반대하는 청년들에 의해 뜨겁게 전개된 'SEALDs(자유와 민주주의를 위한 학생긴급행동)'의 활동만큼 두드러진 것은 없다. 중심 멤버는 10대 후반에서 20대 전반의 청년들로 소속 대학이나 조직은 다양했다. 그들은 트위터, LINE 등의 네트워크로 연계돼 사운드데모나 활동기록을 인터넷에 유통시키며 지지를 전국적으로 넓혔다. 이 움직임이 절정을 보인 것은 2015년 6월부터 8월로, 한때 12만 명(주최자 발표)을 넘는 학생, 가족, 고령자 등 광범위한 사람들이 항의 목소리를 내면서 국회 앞에 집결했다.

자폐하는 넷사회

그러나 헤이세이 후기, 2000년대에서 2010년에 걸쳐 인터넷에는 지금까지 언급해온 것과는 반대로 다른 배경의 사람들 사이에 보이지 않는 벽을 치고 사회를 보다 자폐적인 방향으로 이끌어가는 부작용이 있음도 분명해졌다. 본래 당초부터 메일링 리스트를 통한 논의에서는, 만나 이야기하면 조정할 만한 차이가 확대 해석되고 생각이 다른 사람들이 상대를 혹독한 말투로 매도하는 일이 벌어지기 쉬워졌다. 인터넷 상의 커뮤니티가 특정 사람들을 일방적으로 배제하는 경향도 지적돼왔다. 일부 인터넷에서는 액세스의 익명성이 악용되면서 특정 개인에 대한 비방중상이나 근거없는 소문, 괴이한 정보가 공공연히 유포됐다. 아울러 인터넷 범죄, 포르노 유통, 악덕 상행위, 해커의 활동, 민폐 메일에 이르는 많은 문제들도 표면화했다. 이들의 근본에는 넷사회의 익명성이 존재한다. 요시다 준吉田純은 인터넷의 대중화와 함께 "예전의 실명성 원칙이 희미"해진 점, 초기 인터넷에서는 "전자 메일이나 메일링 리스트, 뉴스그룹에 대한 투고에는 본명이나 소속조직 등 본인을 특정할 수 있는 정보를 기재하는 것이 관습"이었던 반면 "인터넷 대중화와 동반해 이런 습관은 희미해졌고, 최근에는 익명의 발언이 뚜렷하게 증가하고 있는" 점을 지적했다. (요시다 『인터넷이 넷사회의 익명성을 배경으로 '악플사태'로 불리는 감정적 대립, 개인에 대한 비방중상, 개인정보 유출, 저작권 침해, 부정 액세스나 컴퓨터 바이러스 등 여러 문제가 속속 발생했다. 익명성 때문에 여러 문제를 발생시키는 넷사회는, 결국 새로운 사회질서의 창조자라기보다는 사회질서를 혼란시키는 골칫거리로 간주되고 있다.

특히 넷사회의 익명성과 낮은 진입장벽이 초래하는 문제로 가짜 뉴스의 범람이 있다. 인터넷 대중화와 일상화는 그때까지 신문을 비롯한 저널리즘이 수행해온 '사실'에 대한 게이트키퍼 기능을 무너뜨리고 말았다. 익명적으로 누구나 발신자가 될 수 있는 넷공간에 증식해가는 것은 요컨대 '항간의 소문'이란 수준의 '뉴스'로, 사안의 진위는 확인되지 않고, 각각의 유저가 자신의 흥미나 가치관, 감정에 적합한 정보를 '뉴스'로 수용하고 증식시키고 있다. 그 결과 사실인지 아닌지 확인되지 않은 정보가, 마치 '뉴스'인양 인터넷 상에 범람하고, 차츰 사람들은 그런 정보의 진위여부를 중시하지 않게 되어가는 것이다.

이런 가짜뉴스는 인터넷의 일상화가 진행된 2000년대부터 2010년에 걸쳐 증식했다. '동물원에서 사자가 도망쳤다', '석유탱크의 폭발로 대량의 유해물질 비가 내린다' 등 상투적인 형태뿐 아니라 특정 정치인에 대한 근거 없는 차별적인 '뉴스'의 유포, 일부 예능인에 대한 인격침해성 '뉴스'의 날소 능 묵과할 수 없는 행위가 인터넷에서 증식하고, 이를 믿는 사람도 속출한다. 대형 인터넷기업인 디엔에이De-NA가 의료계의 컨텐츠 제공사이트에 대량의 비과학적 거짓 정보를 게재해 비판을 받았다. 구글에서도 코피페(복사해 붙임-역주)로 저렴하게 제조된 '뉴스'가 검색상위에 오른 사실이 드러났다. 광고수입에 의존하는 인터넷 사이트는 조회수가 관건이어서, 조회수를 올리기 위해 눈에 띄면 그만이라는 발상이 만연하고 있다. 인터넷 사회에서는 누구라도 뉴스발신자가 되는 상황에서 진위의 검증도 하지 않거나, 한술 더떠 거짓임을 알면서 무책임한 뉴스를 속속 발신하는 참가자가 늘어난 것이다. 그렇게 해서 발신한 뉴스로 조회수가 올라가면 본인도, 그것을 게재한 사이트도 광고수입을 얻는다.

2010년대까지 정보의 전파회로로 매스미디어를 능가하는 지위를 구축한 인터넷은, 종종 "매스미디어가 전하는 뉴스는 신문사 고유의 시점으로 편집되므로 편향이 있지만, 인터넷은 편집없이 개인의 목소리가 그대로 표출되기 때문에 보다 사실에 가깝다"며 매스컴 보도에 불만을 품은 유저들을 모으고 있다. 그러나 이 주장에는 유보조건이 붙는다.

실제로는, 신문 뉴스기 데스크 등의 위치에 있는 저널리스트의 시점에서 편집되는 반면 인터넷 뉴스는 보이지 않는 알고리즘에 의해 구조화되고 개별 유저의 관심과 기호에 맞춰 출현하도록 조직돼 있다.

일라이 파리저는 인터넷 검색 사이트가 유저의 과거 검색이력에 기초해 정보를 구조화하고, 유저가 보고 싶어할 것 같은 정보를 추정해 그것이 우선적으로 뜨도록 하는 시스템을 실현하고 있다며, 그것을 '필터 거품Filter Bubble'이라고 표현했다. 우리들은 이런 종류의 알고리즘을 예를 들면 아마존이 메일로 책을 추천할 때 빈번히 경험한다. 알고리즘이 지배하는 인터넷 환경에서는 유저는 자신도 모르게 관심에 맞는 뉴스, 기사만을 접하게 되고, 마음에 들지 않는 기사나 관심 없는 뉴스에서는 격리된다. 방대한 정보가 넘치는 인터넷 세계에서 개인은 각기 좁은 관심이나 입장의 얇은 막=거품 안에 갇히게 되는 것이다. (파리저『갇힌 인터넷[閉じこもるインターネット]』)

이상, 헤이세이 시대를 문화 차원에서 훑어보면 ①'종말'의 실현 ②허구로서의 '일본' ③새로운 집합성이라는 3가지 조류가 이 시대를 관류하고 있는 것이 보인다.

첫째로 1970년대부터 부상한 '종말'의 예감은 헤이세이 시대 들어 두 차례 대지진과 옴진리교 사건, 후쿠시마 원전

사고에 의해 눈에 보이는 현실이 된다. 버블 붕괴와 급격한 경제적 쇠퇴, 격차사회화와 인구감소 등에 의해 장기적으로도 '종말'은 이 나라에서 실현되고 있다. 두 번째로, 역시 1970년대에 시작된 일본의 소비사회화는 우리 자신의 아이덴티티와 '일본'의 자아인식을 근저에서 변화시켰다. 1980년대 등장한 것은 현실성이 존립할 지평의 상실이고 헤이세이의 리얼리티 전체가 이 변화의 연장선상에 있다. 세 번째로 1990년대말 이후 인터넷의 일상 침투는, 우리들의 집합성을 근본부터 바꿨다. 인터넷은 다른 입장을 연결하는 대화의 매개에서, 얼마 안 가 배제의 매개로 반전해가지만, 동시에 각 유저들을 '수용자'에서 '발신자'로 변모시켰다. 모든 사람이 정보발신의 주체가 되는 인터넷 사회에서 사회는 자신을 연출하는 집합적인 장으로 조직된다.

이것이 헤이세이 말의 일본이 도달한 문화 현장이다. 포스트 헤이세이의 문화도 당분간은 이 현장에서 지속적으로 전개될 것인 만큼, 새로운 집합성의 내실이 미래를 위한 적립금이 될 것이다.

마침글 세계사 속의 '헤이세이 시대'
── 잃어버린 반세기의 서곡

'헤이세이'를 시대로서 생각한다

'헤이세이'가 끝난다. 물론, 본래 한 사람의 인생이 그 사회의 역사의 마무리와 항상 일치하는 것은 아니고, 천황의 재위기간에 의해 역사를 구분짓는 것에 본질적인 의미가 있을 리 없다. 군사독재 체제 국가들이나 북한, 마오쩌둥 생존시의 중국, 스탈린 시대의 소련은 별개로 치고, 많은 나라들에서 통치자의 임기는 상대적으로 짧고, 일본 천황 같은 상징적 존재라도 그 인생이 역사와 대응하는 것은 우연밖에 없다. 그럼에도 불구하고, 오늘날의 일본에서 '헤이세이'란 무엇이었는가를 이야기하는 다수의 언설이 유통되고 있다. 이는 시청자와 독자를 모으려면 보다 많은 사람이 관심갖는 화제가 있는 것이 좋고, '헤이세이의 끝'은 '쇼와의 끝'과의 비교, 천황의 생전 '퇴위'라는 새로운 방식이라는 점에서 미디어에 시장가치가 큰 화제라는 이유 때문이다. 즉, 미디어가 떠들썩하게 그리 이야기하니, '헤이세이'가 한 덩어리의 시대로 여겨지는 셈으로, 안경이 '현실'을 출현시킨 것에 지나지 않는다.

그렇다면 '헤이세이 시대'란 미디어가 제조한 신상품의 카테고리에 불과한 것인가. 안경이 없다면 이 시대는 역사적인 한 덩어리를 이루지 않는 것인가. 그렇지 않다. 천황 재위와의 대응이 우연이라고 해도 여전히 '헤이세이'를 하나의 '시대'로 파악해야 하는 우연 이상의 뭔가가 있다.

이미 논한 것처럼, 이 30년간은 무엇보다 '실패'와 '쇼크'의 시대였다. 이 책에서는 우선 '헤이세이' 직전의 금융정책 실패가 얼마나 버블경제를 비대화시켰고, 또 그 붕괴 후 일본기업이 미래를 잘못 내다보며 어떻게 실패를 거듭했는지를 검증했다. 이어 정치개혁에서 정치주도로 향하는 것을 목표로 한 헤이세이 정치가 일본신당 붐, 사회당 자멸, 고이즈미 개혁의 포퓰리즘, 민주당 정권의 대실패를 서쳐 아베 정권의 관저주도 정치에 이르는 과정을 확인했다. 또 사회 차원에서 헤이세이 일본을 덮친 여러가지 쇼크가, 외발적인 동시에 내발적이기도 하다는 점, 즉 두 차례 대지진은 외부에서 초래된 것이라도 후쿠시마 제1원전 사고, 옴진리교 사건, 사회에 악의를 품은 여러 범죄, 격차의 심각한 확대와 브레이크 없는 소자화 등은 내발적인 쇼크이고, 그것들이 일본사회를 근본부터 변화시키고 있음을 지적했다. 마지막으로 문화 차원에서는, 여러 붕괴를 예언이라도 하듯 쇼와

막바지부터 일본이 '종말'의 예감에 사로잡혔던 것, 헤이세이를 거치며 전후 형성된 아메리카니즘과 내셔널리즘이 일체화한 문화 체제가 무너졌음을 제시했다.

　말할 것도 없이 이 변화를 관통하고 있는 것은 글로벌화와 넷사회화이다. 헤이세이 일본이 불운했던 것은, 이 글로벌화와 넷사회화에 의한 사회 시스템의 근본적인 변용이, 때마침 경제와 인구구조의 쇠퇴기와 일치했다는 점이다. 중국 등 신흥국처럼 경제, 인구 확장기와 이런 변화가 일치할 경우에는 변화를 발전의 기초로 삼는 것이 가능했다. 그러나, 고도성장기 정치경제의 골격이 확립됐고, 버블로 정점을 찍었던 일본사회는, 버블 붕괴와 인구감소, 글로벌화, 넷사회화가 한꺼번에 덮친 헤이세이 시대를 통과하지 않으면 안되었다. 게다가 여타 선진국들이라면 일본이 1990년대에 경험한 여러 한계를, 이미 1970년대에 심각하게 경험했고, 그에 대한 대응으로 사회의 골격을 변화시켜왔다. 그러므로 서구의 1990년대는 오히려 부활의 시간이 된 것이다. 그러나 일본사회는 1970년대에 닥친 곤란을 사회의 골격을 변화시키지 않은 채 극복했기 때문에 1990년대에 몇겹의 격량이 닥쳤을 때 그 대응과 자체적인 구조개혁을 일거에 추진하지 않으면 안되는 상황에 직면했다. 이미 언급한 것처럼 헤이세이의 일본은 이 곤란을 뛰어넘는 데 실패했다. 게다가 헤이세이 시대 일본이 경험한 곤란은 1970년대부터의 역사의 결과이고, 그로부터 치면 반세기에 이르는 셈이므로 '헤이세이'가 끝났다고 해도 그것으로 '계산끝'이 되는 것은 전혀 아니다.

이 곤란한 시대를 진정으로 극복하려면 과거의 성공체험에 매달리는 것이 아니라 당시에 있던 무수한 문제, 그리고 헤이세이 시대에 현재화한 갖가지 실패와 쇼크, 사회적인 한계를 응시하고, 이런 '실패로부터 배운다'는 태도가 무엇보다 필요하다. 물론 '실패에서 배운다'고 해서 그것만으로 미래는 열리지 않는다. 그야말로 문화적인 이노베이션도, 사회의 풀뿌리적인 운동도, 경제적인 챌린지도, 정치적인 수완도 불가결하다. 그러나 그 출발점은 '성공'의 재연이 아니라 '실패'로부터의 학습이어야 한다.

다시, 올림픽으로 향하다

유감스럽게도 헤이세이 일본이 선택하고, 포스트 헤이세이 시대가 나아가려 하는 것은, 정반대의 길이다. 2020년 도쿄올림픽이 그 상징임을 아무래도 언급해두지 않을 수 없다. 2000년대 도쿄에서 올림픽을 다시 개최하자는 제안

을 꺼낸 것은 당시 도지사였던 이시하라 신타로石原慎太郎[1]
이다. 2005년 여름 이시하라는 "다시 일본에서 올림픽을 열
게 되면, 수용력으로 볼 때 도쿄밖에 없다"며 2016년 올림
픽의 도쿄유치에 나섰다. 도지사 지휘하에서 도쿄도는 이
듬해인 2006년 봄까지, 주 대회장은 도쿄만 임해지역으로
하고, 시설은 반경 8킬로미터권에 집중시키는 계획안을 마
련했다. 개회식과 육상경기를 실시하는 스타디움을 하루
미晴海(도쿄도 중앙구에 있는 지역-역주)의 국유지에 신설하고 그
때까지 오에도선大江戸線(도쿄도 교통국이 운영하는 지하철 노선-역
주)을 연장할 계획이었다. 그러나 당시부터 도민들 사이에
서는 "도쿄는 올림픽을 유치하지 않아도 충분히 에너제틱
하고 일자리도 있다"는 의문의 목소리가 일었다.(『아사히신
문』 2006년 3월 1일) 지방에서는 올림픽 개최로 도쿄의 도시기
반이 한층 정비되면 도쿄 일극집중을 점차 가속화시킨다는
비판도 나왔다. 애초에 도쿄를 어떤 도시로 만들 것인가에
대한 진지한 논의가 이뤄지지 않은 채 빅이벤트 개최 제안
이 선행했던 것이다.

이시하라는 기자회견에서 "주변국에게서 쓸데없는 소리
를 듣고, 국회는 바보같은 짓을 하고 있다. 마음이 답답할

---

1) 1932~. 일본의 작가이자 정치가로 도쿄도지사를 지냈다. 극우적이고 민족차별적인
발언으로 악명 높다.

때 뭔가 좀 재미있는 거 없나, 마쓰리나 열어볼까, '올림픽이야'라고 환호하며 불꽃을 펑 쏘아올리면 좋지 않겠나"라며 기분전환 차원에서 올림픽 유치를 결정했다고 설명했다.(『아사히신문』 2006년 9월 11일) '주변국'이란 물론 중국을 가리킨 것이므로, 이 발언은 베이징 올림픽에 대한 이시하라의 적개심으로 읽을 수도 있다. 그는 유치결정 다음날, 당시 관방장관이던 아베 신조를 방문해 협력을 요청했다. 아베는 도쿄유치를 "국가프로젝트로서 대응하고 싶다"고 했다. 2020년으로 가는 길은 이미 15년 전에 깔렸던 것이다.

이시하라 도지사가 선도한 2016년 도쿄올림픽 계획은 2009년 10월 일단 좌절한다. 국제올림픽위원회IOC 총회에서 도쿄가 선택받지 못한 것이다. 총회 2차 투표에서 도쿄의 득표는 20표로, 리우데자네이루(46표)의 절반 이히 있을 뿐 아니라 마드리드(29표)에도 크게 뒤지며 참패했다. 도쿄의 자부심이 세계에선 전혀 통하지 않는다는 것이 드러난 순간이었다. 당시는 베이징 올림픽이 끝난 직후여서, 같은 동아시아이고 더구나 과거 개최지인 도쿄 개최에 국제적인 지지가 크게 확산될 이유가 없었다.

그러나 다음달 이시하라 지사는 리우올림픽 4년 뒤인 2020년 올림픽의 도쿄 유치에 재도전할 뜻을 비쳤다. "모처럼 기운이 끓어올랐"으니 "도쿄의 책임"을 완수하겠다는 이야기였다. 시난번에는 기분전환으로 시작했지만 이번에는 처음부터 진심이라는 건가.

2011년 6월 동일본대지진이 일어난 지 3개월이 지났을 무렵, 이시하라 도지사의 각오는 굳어졌다. 2020년 도쿄올림픽은 "동일본대지진으로부터 부흥한 일본을 세계에 선보이는 호기가 된다"고 확신한 것이다. 지진 9년 뒤의 올림픽 개최는, '부흥의 심볼'로 하는 데 딱 맞는 타이밍이라고 그는 일찌감치 계산했던 것이다. 당연히 이시하라의 판단에 재해부흥을 위한 올림픽인데 왜 도호쿠東北지역 개최가 아니냐는, 지극히 당연한 의문도 생긴다. 당시는 아직 지진 발생 3개월여 뒤여서 수많은 사람들이 피난생활을 보내고 있었다. 그런 사람들 사이에서는 "전후와 마찬가지로, 부흥으로 나아가는 여정에서 올림픽 같은 축전이 있는 편이 원기가 될 것"이라는 호의적인 반응도 있었지만, 이시하라 지사는 재해가 없더라도 유치에 손을 들었기 때문에, 요컨대 "피해지가 이용당한 거라고 느낀다"며 싸늘하게 말하는 사람들도 있었다. (『아사히신문』 2011년 7월 17일)

그러나 '재해부흥의 심볼'로서의 도쿄올림픽이라는 구상은, 세계 각국에 호의적으로 받아들여지며 지지 확대의 흐름을 이뤄가게 된다. 동일본대지진의 충격은, 일본을 구하자는 생각을 전 세계에 확산시켰다. 확실히 지진의 처참한 파괴로, 일본 전국토가 위기에 빠진 듯 보였다. 올림픽이 단지 빠르고 높고, 강함만을 겨루는 것이 아니라 인류적 우애를 꾀하는 것인 이상, 올림픽을 일본에서 개최해 세계인들이 다시 이 열도를 방문하는 흐름을 만드는 것은 정의에 맞다고 느낀 것이다. 이런 기조 속에 유치활동이 펼쳐졌고, 마침내 2013년 9월 부에노스아이레스에서 열린 IOC총회 1차 투표에서 도쿄는 마드리드(26표), 이스탄불(26표)를 크게 웃도는 42표를 획득했고, 2차 투표에서도 이스탄불을 큰 차로 따돌리며 개최권을 획득했다. 이때의 프레젠테이션에서 아베 총리는, 후쿠시마 원전사고로 생긴 제 문제는 이미 콘트롤되고 있다고 밝혀 국내에 큰 파문을 일으켰다. 왜냐하면 방사능오염 현장은 도저히 '컨트롤되고 있다'고 단언할 상황이 아니었기 때문이다.

누구를 위한, 무엇을 위한 올림픽인가

실은 IOC총회의 얼마 전까지, 올림픽의 도쿄 개최는, 일본인 다수의 지지를 받았다고 할 수는 없다. 도쿄도민 중에서도 적지 않은 이들이 "뭘 새삼스레 또 도쿄에서 올림픽인가"라는 의문을 품었다. 2012년에 IOC가 3개 후보 도시 주민을 상대로 한 여론조사에서도 올림픽 개최에 대한 지지율이 마드리드는 78%, 이스탄불은 73%인 데 비해 도쿄는 47%로 극히 낮았다. (그후로는 일본의 유치위원회가 빈번히 여론조사를 실시했고, 왠지 지지율은 계속 상승했다) 즉 2020년 도쿄올림픽은 처음부터 국내의 폭넓은 지지와 도민의 기대를 받으며 유치활동이 전개된 것은 아니었다. 오히려 처음에는 이시하라 신타로의 개인적인 이니셔티브에 이끌려 유치활동이 진행되다가 점차 관계자들이 빼도박도 못하게 됐다. 게다가 동일본 대지진까지 일어났기에 '재해부흥의 심볼'로 올림픽을 전면에 내건 것에 의해, 국내적으로는 여러 문제를 남기면서도 세계에서 지지를 얻어갔던 것이다. 올림픽의 경위는 철저한 톱다운 방식이었고, 쇼크를 세계의 지지로 반전시켜간 것으로 실현한 프로젝트이다.

시작부터 이랬던 경위가, 준비과정에서 갖가지 차질의 복선을 초래했다. 개최권 획득 후 계획이 최초로 큰 차질을 빚은 것은 신국립경기장을 둘러싼 소동이었다. IOC총회에서의 승리 직후, 이시하라의 도정을 이어받아 올림픽 추진의 중심에 있던 이노세 나오키猪瀬直樹 도지사가 의료법인 도쿠슈카이德洲会로부터 거액의 자금을 받은 것이 문제가 돼 사직했다. 도지사는 그후 마스조에 요이치舛添要一, 고이케 유리코로 전전하지만, 그 누구도 이시하라와는 거리가 있었다. 그 어느 쪽에게도 이시하라가 가져온 선물인 올림픽 계획에 어떻게 대응할 것인가가 시금석이 됐다.

　마스조에 지사 시대 부상한 것이 자하 하디드가 설계한 신국립경기장 계획을 둘러싼 문제였다. 진구가이엔神宮外苑 (도쿄 신주쿠구와 미나토구 사이에 있는 서양풍 정원-역주)의 좁은 부지에 거대한 구조물을 짓는 것은 주변 환경을 크게 파괴할 것이라고 시민단체와 마키 후미히코槇文彦를 비롯한 건축가들의 통렬한 비판을 받았다. 뿐만 아니라 총 공사비가 2520억 엔에 달해 2004년 아테네 홀의 7배, 2008년 베이징, 2012년 런던에 비해서도 막대한 비용이 들 것이란 점이 문제가 됐다. 게다가 나중에 추가한 거대지붕과 의자의 상설화, 매년 드는 유지비 등 무거운 마이너스 유산을 정부와 도가 짊어지게 될 거라는 우려도 제기됐다. 여론조사에서는 80% 이상의 국민이 계획을 재검토해야 한다고 답했다. 긴실반대와 의문의 목소리는, 마라톤의 아리모리 유코有森裕子, 럭비의 히라오 쓰요시平尾剛에서 오사카 시장 하시모토 도오루橋下徹까지 입장의 차이를 초월했다. 하시모토는 "돈 없는 집이 페라리를 사겠다고 하면, '바보아냐' 소리를 듣는다"고 질타했다.

　당초, 정부는 '국제공약'을 이유로 건설계획을 밀어붙이려는 태도를 바꾸지 않았다. 그러나, 2015년 7월 안보관련 법안 강행타결에 대한 국민의 강한 반대로 아베 정권이 궁지에 몰리자 안보에 비해 우선도가 낮은 경기장 문제에서는 반대여론과 타협하기로 하고, 신국립경기장 플랜의 백지철회를 결정했다. 수년간의 말썽 끝에 신국립경기장에 대한 이야기는 원점으로 돌아간 셈이다. 이 시간 낭비는 도쿄올림픽 계획에서 커다란 차질이었다.

그런데 이번에는 엠블렘의 디자인 표절문제가 발생했다. 1964년 도쿄올림픽의 엠블렘을 만든 가메쿠라 유사쿠龜倉雄策를 강하게 의식한 사노 겐지로佐野研二郎의 디자인이, 벨기에에 있는 극장의 로고와 흡사하다고 지적됐다. 이와 맞물려 사노의 다른 다지인에도 도용 혐의가 있다는 것이 알려지게 되면서 2015년 9월 대회조직위원회는 사노 디자인의 엠블렘 사용중지를 결정했다.

이 과정에서는 한편으로 디자인 심사과정의 공개성 결여가 문제가 됐다. 반대로 넷사회 발달로 방대한 정보가 검색 가능해졌고 이미지조차 광범위한 조회가 쉬워지면서 시민이 전문가의 '표절'을 찾아내는 데 열을 올리게 된 것도 화제가 됐다. 엠블렘 문제에서 많은 법률가들은 사노의 디자인 자체에 대해서는 저작권 침해를 인정하지 않았다. 그럼에도 불구하고, 인터넷에서 터져나온 비난을 대회조직위원회가 견뎌내지 못했던 것이다. 사노는 "매일 비방중상 메일이 날아왔고", "가족이나 아무런 관계가 없는 친족들 사진까지 인터넷에 노출되는" 것에 견딜 수 없게 되자 조직위원회에 철회를 요청했다. 헤이세이 일본이 도달한 것은 "문제가 있을 법한 사람"을 "모두가" 맹비난하며 울분을 발산시키는 사회. 그런 사회의 앞길에는 껍데기만의 '정의', 그리고 '위축'이 만연하는 파시즘밖에 태동하지 않을 것이다.

도쿄올림픽을 추진하는 의사결정 주체의 복잡함도 문제를 드러냈다. 일본 올림픽조직위JOC, 일본스포츠진흥센터 JSC, 대회조직위원회, 도쿄도 모두가 별도조직이었다. JOC는 국제올림픽위원회IOC의 일본창구, JSC는 스포츠진흥복권 등을 취급하는 문부과학성 소관법인, 대회조직위원회는 모리 요시로 전 총리를 회장으로, 정부와 도, 민간에서 파견된 수백 명이 소속된 조직이다. 하지만 신국립경기장 문제는 JSC의 문제처리 능력 결여가 드러났고, 엠블렘 문제에서는 대회조직위원회가 신속하게 대응하지 못했다. 관할주의 체질의 조직이 병립하면서 책임 소재를 애매하게 했고, 위기대응 능력을 저하시켰다.

그러나 2020년 도쿄올림픽을 둘러싼 문제들의 근본은, 누구를 위한, 무엇을 위한 올림픽인가가 확실치 않다는 점이다. 일본 정부는 올림픽 유치에 즈음해 재해부흥과의 연대를 강조해 세계의 공감을 얻었다. 아베 총리는 후쿠시마 원전사고에서의 오염은 컨트롤됐다고 단언했다. 하지만,

그 후 도호쿠 부흥과 올림픽 개최와의 연계도, 후쿠시마 원전사고 오염지역의 부흥도, 진지하게 고려된 것으로는 보이지 않는다. 실제로는 엠블렘에서도 올림픽의 여러 시설이나 문화프로그램에서도, 본래 표현해야 할 것은 그저 '일본다움'이 아니라 올림픽을 통해 일본이 미래에 무엇을 이루려 하는가에 대한 명확한 메시지이다. 반세기 전, 심플함 가운데 '강함'을 표현했던 가메쿠라의 디자인은 역사에 남을 명작이 됐다. 도용의혹이 불거지지 않았다고 해도, 사노 작품은 그 가메쿠라를 요령좋게 추종했고, '고전'을 넘는 지평은 펼쳐 보이지 못했다. 일찍이 가메쿠라도 국립요요기 경기장을 설계한 단게 겐조丹下健三도 단순하고 명쾌한 강함의 표현으로 세계를 압도했다. 그들이 선보인 것은 전후 부흥, 즉 이제부터 고도성장으로 향하는 발전도상국 일본의 강한 기운이었다.

그러나 미래의 일본에 필요한 것은, 그러한 과거 성공모델의 재탕은 아니다. 오히려 필요한 것은 가치축의 근본적인 전환이다. 예를 들면, 1964년 도쿄올림픽 슬로건인 '빨리, 높이, 힘차게'에서 '즐겁게, 부드럽게, 오래오래'로의 전환일 것이다. 1964년과 달리 사람들이 2020년에 기대하는 것은, 성장에 대한 꿈이 아니라, 생활의 질의 충족, 다양한 리스크에 대한 회복력, 지속가능성에 대한 신뢰이다. 대량

생산과 소비 사회에서 문화, 지식을 포함한 순환형 사회로의 전환을 통해 우리들이 즐겁게, 부드럽게, 오래 문화와 생활을 유지해가는, 이것이다. 이를 위해 스포츠가 커다란 역할을 수행할 것임을, 만약 도쿄올림픽이 보여주지 못한다면, 올림픽 개최의 의의는 없다.

후텐마기지 이전과 오키나와의 분노

일본에 쇼크가 잇따르던 1990년대 중반, 오키나와가 다시 역사의 초점으로 부상했다. 그 시작은 1995년 가을, 미군 병사의 소녀폭행사건을 계기로 오키나와 전역에 불붙은 항의행동이었다. 사건을 최초로 보도한 것은 『류큐신보』사회면의 작은 기사였으나, 그것은 곧 오키나와 현민의 반기지 감정을 폭발시켰다. 근저에는 본토로 복귀한 지 20년 이상 지났어도 일본 전역 미군기지의 70%가 오키나와에 집중되어 있고, 전혀 줄어들 기미를 보이지 않으면서 축적된 불만이 있다. 현민 전체가 분출한 불만을 업고, 오타 마사히데大田昌秀 오키나와 현지사는 도쿄로 올라가 먼데일 주일미국대사에게 항의했고, 외무성에도 미일지위협정의 조기개정과 기지의 정리축소에 노력해줄 것을 요청했다. 그러나, 고노 요헤이 외무상의 반응은 둔감했다. 그는 "논의가 지나치게 빠르다"며 쌀쌀맞게 요청을 거부해버렸다. 일본 정부의 반응은 오키나와 현민의 감정을 자극했고, 사람들의 분노는 단숨에 불타 올랐다. 마침내 지사는 오키나와 현의회에서 반전反戰지주[2]들이 소유한 미군용지의 강제사용 절차를 위해 정부가 요청한 토지조서·물건조서의 대리서명을 거부할 뜻을 표명했다. 이 대리서명 거부는, 오키나와 여론의 압도적인 지지를 얻어 정부를 낭패하게 만들었다.

마침내 오키나와 현민의 항의운동은 본토 복귀[3]이래 최고조에 달해 기노완宜野湾시에서 8만5000명이 모인 가운데 현민 총궐기대회가 열렸다. 이 전도민적인 기세를 배경으로 오타 지사는 무라야마 도미이치 총리에게 지위협정 재검토와 기지반환 행동계획 마련을 요청했다. 그러나 무라야마 정권이 할 수 있었던 것은, 관방장관, 외무대신, 방위청 장관, 오키나와 현지사로 구성된 협의회를 각료회의 결정으로 설치한 것까지였다. 이듬해인 6월 3일에는 후쿠오카 고등재판소가 오키나와 현지사에게 대리서명을 명하지만, 오타 지사는 명령에 따르지 않았다. 결국, 무라야마 정권의 뒤를 이은 하시모토 류타로 총리가 대리서명을 했다.

하시모토 정권은 클린턴 미 대통령과 오키나와 미군시

---

2) 오키나와의 미군기지에 토지를 빌려주기를 거부하는 토지소유주.
3) 오키나와는 제2차 세계대전 막바지 인 1945년 미군에 의해 점령돼 직접통치를 받다가 1972년에 일본에 반환됐다.

설의 반환교섭을 시작했다. 오키나와에는 약 40개의 미군 시설이 집중돼 있는데 미일특별행동위원회SACO는 시설별로 정리·축소 가능성을 검토했고, 일본 측은 13개를 반환할 것을 요구했다. 단, 그 절반은 이미 1990년 미일합동위원회에서 반환이 합의됐던 것이어서 새로운 제안이라고는 할 수 없었다. 반환교섭에서 가장 중요한 것은, 미 해병대의 거점인 후텐마普天間기지의 반환이었다. 이 기지는 기노완시 시내에 있어 소음뿐 아니라 사고 위험성이 컸다. 이 기지 반환이 오키나와의 미래에 중요한 의미를 갖는다는 인식은 미일 쌍방에 있었다. 일본 정부의 제안에 대한 미국 측의 반응은 전향적이어서 반환을 위한 미일협의가 시작됐다. 마침내 하시모토 총리는 기자회견을 열어 후텐마 기지 전면 반환과 ①오키나와 기존 기지 내 헬기장 건설 ②가데나嘉手納 기지 일부 기능의 이전 ③후텐마 배치 공중급유기의 이와쿠니岩国⁴⁾ 이전, ④이와쿠니 기지 내 해리어 전투기의 미국본토 기지로의 이전 등 미일합의 사항을 발표했다.

그러나 여기에 큰 허점이 있었다. 해병대는 긴급시 다수의 헬리콥터와 수송기를 이착륙시킬 활주로가 딸린 헬기장을 필요로 하고 이런 시설의 확보는 오키나와 현내에서는 하네다공항의 2배 넓이인 가데나 기지로의 통합 외에는 방

---

4) 야마구치현 이와쿠니에 있는 미군과 자위대 공용비행장을 가리킨다.

법이 없었다. 그런데 이 통합안은 해병대가 불만을 품었을 뿐 아니라, 가데나 기지를 관리하는 공군도 해병대와의 통합에 반대해 의견이 좁혀지지 않았다. 조직 관할주의는 일본뿐만은 아닌 듯하다. 주일미군은 오키나와 본토 동해안의 나고名護시에 있는 해병대의 캠프 슈와브로의 이전을 제안하지만, 이럴 경우 새로운 활주로를 건설하게 되는 것이라 나고시 주민이 반대 목소리를 높였다.

결국, 하시모토 총리는 미국측 제안을 받아들여 캠프 슈와브에 인접한 헤노코辺野古 앞바다에 해상 헬기장을 건설하는 방침을 세운다. 그러나, 1.3킬로미터나 되는 활주로를 보유한 헬기장의 신설은 미군기지 확장이라고도 할 수 있다. 게다가 헤노코 앞바다는 희귀 생물이 풍부한 바다여서 주변 주민과 환경단체들이 반대 목소리를 맹렬하게 냈다. 현지 나고시는, 1997년 12월 헬기장 건설의 시비를 묻는 주민투표를 실시했지만, 반대의견이 과반수를 차지했다. 그런데 정부와 현지 사이에 낀 히가 데쓰야比嘉哲也 나고시장은 투표하고 3일 뒤 하시모토 총리에게 '헬기장 건설 수용'을 표명하면서 사퇴해버린다. 후임 시장선거가 한창일 때 오타 지사는 해상 헬기장안에 반대입장을 밝혔지만, 시장선거는 헬기장 수용파인 기시모토 다테오岸本建男 후보가 근소한 차로 승리하면서 나고시는 수용 쪽으로 기울었다.

한편, 헤노코 현지에서는 지역 주민과 환경단체가 주도하는 반대운동이 끈질기게 전개됐다.

1990년대 말 이후 후텐마 이전과 헤노코 헬기장 건설을 둘러싼 문제는. 오키나와 여론을 두쪽으로 갈라놨고, 본토 정부와 오키나와 현민 사이 대립의 원인이 돼왔다. 오타 지사가 이전 반대 입장을 명확히 하자, 일본 정부는 오키나와 진흥책 동결로 맞서면서 양자 간 대립은 깊어갔다. 자민당은 오키나와 현내의 대립을 이용해 공명당을 끌어들였고, 1998년 지사선거에서는 오키나와 경제계 출신인 이나미네 게이이치稲嶺惠一가 오타를 누르고 지사의 자리에 올랐다. 이나미네는 해상 헬기장이 아니라 헤노코 연안을 매립해 항구적인 활주로를 조성하는 것과, 이를 군민공용으로 하는 조건으로 현내이전을 용인하는 입장을 취했다. 오키나와 경제계의 개발지향적 태도와 기지이전문제가 결합한 것이 된다. 그 후, 2006년 오키나와 현지사는 이나미네와 마찬가지로 현내이전 용인파인 나카이마 히로카즈仲井眞弘多가 이어받았고, 우여곡절을 겪으면서도 미일 정부, 일본정부와 오키나와 현 사이에는 헤노코 연안에 1.6킬로미터 길이의 활주로 2개를 갖춘 헬기장을 매립방식으로 조성하는 것과, 후텐마 기지의 해병대 중 8000명 규모의 부대는 괌으로 이전하는 방침이 굳어졌다.

2009년 민주당 정권 성립은, 이 흐름을 역전시키지 않을 까라는 기대를 오키나와 현민에게 안겼다. 당대표인 하토야마 유키오는 총리가 되기 직전, 나하那覇에서 열린 현민 집회에서 "최소한 현외 이전"이라는 발언을 충분한 전망도 없이 내놔 오키나와 현민의 갈채를 받았다. 공적인 자리에서 당 대표의 언명은 언론에 대대적으로 보도됐고, 이것이 민주당의 방침인 양 받아들여졌던 것이다. 기지의 '현외=본토 이설'이 오키나와에서 진지하게 논의되기 시작한 것은 1990년대 말부터이지만, 이 선택은 본토 사람들에게 오키나와의 괴로움을 피부로 느끼도록 하는 비장의 카드 같은 의미를 갖고 있다. 그러므로 하토야마의 발언은 중대한 의미를 띤 것이다. 그러나 부풀어오른 현민의 기대는 얼마 안 가 깊은 실망으로 바뀌어갔다. 결국 민주당 정권은 미일관계의 근간에 관련된 오키나와 미군기지 문제에 대해 어떠한 큰 변화도 가져올 수 없었다. 정·관이 일체가 돼 대응해도 해결이 어려운 문제를, 정치 주도만으로 추진하려던 것이니 제대로 될 턱이 없었다.

결국 2012년 아베 정권이 성립하자, 나카이마 지사는 헤노코 연안의 매립 신청을 정식으로 승인했다. 2021년까지 매년 3000억 엔의 오키나와 진흥예산이라는 '당근'이 제시되자 '놀랄 만큼 훌륭한 내용'이라고 반색하며 달려든 것이다. 오키나와현은 이 밖에도 후텐마 기지의 5년 이내 운용 중지, 마키항 보급지구 반환, 미일지위협정 개정, 오스프리의 현외 분산배치 등을 요망했지만, 이들에 대한 회답은 애매했다. 그럼에도 지사가 승인을 결단한 것은 대규모 진흥예산의 힘이었다. 매년 3000억 엔의 진흥예산에 오키나와 경제계의 기대는 부풀었다.

그러나 사태가 매듭지어지려 할 무렵 다시, 반전이 일어났다. 2014년 11월 지사선거에서 현직의 나카이마가 낙선하고, 헤노코 이설 반대를 공약한 오나가 다케시翁長雄志가 당선한 것이다. 오키나와의 여론은, 다시 기지반대 방향으로 출렁이기 시작했다. 지사 취임 후 오나가는 그때까지 보수 현정이 거듭해온 정부와의 타협을 취소하는 방향으로 움직였다. 2015년 10월 오나가 지사는 제3자 위원회의 보고서를 근거로 헤노코 매립승인을 취소했다. 이것으로 오니카와현과 일본 정부의 대립은 결정적이 됐고, 정부는 오키나와 현지사를 "승인 취소를 철회하지 않는 부작위"로 제소했다. 오나가의 관점에서 본다면 이 법정투쟁은 처음부터 계산 범위 안에 있었다. 현과 정부가 정면충돌하는 재판의 향방은 반드시 미디어가 주목한다. 가령 재판이 난관에 부딪혀도, 정부가 헤노코 이전을 강행하면 할수록 국내외 지지는 지사쪽으로 모인다. 그는 '오키나와가 던진 질문'이

정의롭다고 확신하면서 법과 정치가 교착하는 드라마의 시나리오를 염두에 둔 것이다. 긴 안목으로 보면 오키나와가 정의임은 명백하다. 누가 생각하더라도 국토의 0.6%에 불과한 오키나와에 주일미군기지의 70%가 집중돼 있는 것은 정의롭지 못하다. 이 부정의가 지속되는 것을 오키나와 현민은 바라지 않는다. 오키나와 현민들은, 오키나와의 정의가 일본 정부에 의해 거듭 짓밟혀 왔음을 실감한다.

오키나와에서 헤이세이 일본을 바라보다

일련의 경위를 돌이켜 보면, 20년도 넘도록 동일한 모순의 구도가 되풀이돼왔음을 깨닫게 된다. 예를 들면 1997년 나고시 주민투표에서 이전반대가 과반수를 넘었는데도 히가 시장은 거꾸로 건설용인 의사를 총리에게 전달했다. 그런가 하면 오타 마사히데 지사가 건설반대 방침을 표명하면서 정부 진흥책이 지체하자 현민은 건설을 용인하는 이나무네 게이이치를 지사로 선택했다. 즉, 오키나와 여론은 후텐마 기지를 둘러싸고 구조적으로 분열됐다. 한편으로 국토의 1%에 못미치는 오키나와에 전체 미군기지의 4분의 3이 집중돼 있는 현상은 정의에 어긋난다. 오키나와의 기지부담은 대폭 축소돼야 할 것이며, 후텐마 반환이 새로운 현내 기지건설을 초래한 것은 용인하기 어렵다. 그러나 이미 '기지문제'를 깊이 경제 속에 편입해온 오키나와에는, 헤노코 문제를 정부의 지원을 최대한 이끌어내는 '인질'로써 전략적으로 활용해야 한다는 경제인도 많다. 반대파는 전자, 용인파는 후자의 입장이지만, 오키나와 사람들의 마음은 어느 한편으로 딱 자를 수 없다. 정치가는, 후자의 절충을 거듭하면서 전자를 관철하기도, 전자를 주장하며 후자를 노리기도 한다. 이 이중성이 오키나와의 본토에 대한 정치를 특징지웠다. 그러므로 어떤 의미에서, 2010년대 중반 오나가 지사가 벌인 정부와의 법정투쟁은, 약 20년 전 오타 지사가 했던 대리서명 거부를 떠올리게 한다.

그렇지만 양자 사이에는 글로벌화와 넷사회화라는 역사의 단층이 가로놓여 있다. 오타지사가 대리서명 거부로 일본 정부와 대치하던 시대에는 글로벌화도 넷사회화도 아직 초기여서 로컬한 운동이 국제여론에 영향을 미칠 방법도, 또 국제여론이 각국 정부에 미치는 영향력도, 지금만큼 인식되지 않았다. 그 후 로컬과 글로벌의 연대가, 때로는 국가를 넘어 상황을 변화시킬 수 있음이 실증됐다. 오나가 지사 시대가 되자 일본 정부를 뛰어넘어 국제기관, 국제여론에 직접 호소하는 것이 구체화됐다. 오나가 지사는 취임 직후 2015년 6월에 워싱턴을 방문해 미국 언론과 의원들을 만났고, 일본의 도도부현으로서는 처음으로 워싱턴에 현사무소를 개설했다. 같은해 9월에는 제네바의 유엔 인권위원회에서 연설하며 오키나와 사람들이 미일 군사동맹에 의해 얼마나 인권을 유린당해왔는지 호소했다. 그는 이듬해인 2016년에도 다시 방미, 상하 양원의원들과 회담했고, 2017년 초에도 방미했다. 이런 호소는 가령 후텐마 이전문제에서 명백한 성과를 내지 못하더라도 오키나와와 세계 간의 교섭관계에 새로운 한걸음을 내딛는 것이 될 터이다.

오타 시대와 오나가 시대를 구분하는 또 한 가지는 오키나와 경제가 기지, 본토의 진흥예산에 대한 의존에서 벗어나 아시아 관광과 정보산업의 거점으로 기반을 확립하고 있다는 점이다. 오나가가 오타 이상의 강경한 태도로 정부를 대할 수 있었던 것은, 일본경제 전체가 하강곡선을 그리는 가운데 오키나와 경제는 오히려 기반을 강화하고 있었기 때문이다. 최근 오키나와를 방문하는 외국인 관광객은 연간 300만 명을 넘어섰고, 일본인까지 포함하면 약 1000만 명이 매년 오키나와를 방문하고 있다. 이 수치는 상승세를 지속하고 있고, 특히 대만, 홍콩의 재방문객과 젊은 층의 방문이 늘어나고 있다. 오키나와 호텔이 부족해지면서 건설붐이 이어지고 있다. 나하공항은 이미 수용력이 꽉 찬 상태이다. 게다가 근년에는 관광뿐 아니라 IT관련 산업도 착실히 확대되고 있다. 인구도, 도쿄권 이외의 지방에서는 드물게 계속 증가하고 있다. 오키나와현의 합계특수출생률은 지금도 1.90을 넘는 등 이상적인 수준이다. 오키나와에서는 소자화가 본토처럼 절망적 상황은 아니다.

산업기반이 확립되고, 기지경제, 정부 진흥예산 의존도가 줄어들면 미군기지의 존재는 앞으로 오키나와 사람들에게 그저 네거티브한 것에 지나지 않게 된다. 일본 정부와의 관계가 아무리 악화된다고 해도 이제 '당근'에는 혹하지 않은 채 기지철거를 요구해가는 것이 오키나와의 기본자세가 될 것이다. 그러므로 정부 차원에서도, 일본 전역의 움직임과 오키나와의 움직임은 현저한 대조를 이루게 되는 것이다. 1990년대 중반이후 경제 쇠퇴에 호응이라도 하듯 일본 전체가 총보수화되가는 가운데, 오키나와에서 오히려 다시 미군기지에 대한 반대운동이 큰 성황을 이루는 데는 구조적인 필연이 있는 것이다. 오키나와는, 헤이세이 시대의 주변부에 있으면서 그 시대 일본이 빠져든 자명성自明性[5]을 상대화할 수 있는, 특권적인 시선의 장소다.

---

5) 자명성은 설명이나 증명을 하지 아니하여도 직관을 통하여 직접 진리임이 밝혀지는 성질을 말하는데 여기서는 일본의 보수화를 당연시 하는 풍조를 가리킨 것으로 보인다.

발흥하는 아시아 홀로 뒤처진 일본

이 책은 플라자합의 후의 엔화강세가 어떻게 버블경기를 촉진했고 그 붕괴와 함께 일본 경제를 위기에 빠뜨렸는지를 앞서 확인했다. 급격한 엔화강세는 일본 제품의 가격경쟁력을 저하시켰다. 이와 표리를 이루며 아시아 각국의 경쟁력이 상승했다. 1980년대에 이미 이런 흐름이 현저해진 만큼 일본의 투자도 아시아에 흘러들어 동아시아 각국의 산업기반이 급속히 강화됐다. 1990년대에 들어 NIES[6]가 경제성장에 의한 임금상승 등으로 코스트상의 우위가 약해지자 말레이시아, 타이, 인도네시아 등 ASEAN 제국의 경제성장이 뒤를 이었다. NIES는 일본과 마찬가지로, 자본집약적인 공정에 특화하면서 노동집약적인 공정을 아세안 국가들에 배치했다. 1990년대 말이 되면 중국, 베트남이 성장 확대과정에 가세한다. 이것은 요컨대, 글로벌라이제이션의 과정이었다.

1997년 7월 시작된 아시아 통화위기는 그때까지 급성장을 지속해온 아시아 각국 경제를 혼란에 빠뜨렸고, 이 지역 경제기반의 취약성을 드러냈다. 통화위기의 발단은 타이의 바트화 폭락이다. 1990년대 타이는 연평균 9%의 높은 경제성장률을 기록했으나 환율은 달러와 연동돼 있었다. 1990

---

6) 한국, 대만, 홍콩, 싱가포르 등 동아시아 신흥경제지역을 가리킨다.

년대 전반, 달러 환율이 상승으로 돌아서자 바트화 가치도 상승했고, 이것이 생산 코스트를 끌어 올려 타이의 전반적인 국제경쟁력을 저하시켰다. 1996년 타이 경제는 정체하기 시작했고 무역수지도 적자로 돌아섰다. 바트가 과대평가됐다고 본 국제금융시장이 바트화 매각으로 돌아서자 이에 대응해 타이 중앙은행은 필사적으로 매입에 나섰으나 결국 더 이상 사들일 수 없게 되면서 바트화를 변동환율제로 이행시켰다. 그 결과 바트화의 가치는 1달러 24.5바트에서 50바트까지 폭락했다.

바트화 폭락으로 초래된 혼란은 수주일 뒤 인도네시아, 말레이시아, 필리핀에도 파급돼 이들 나라의 통화와 주가를 떨어뜨렸다. 또 아시아 통화·금융시장의 혼란은 싱가포르와 대만, 홍콩 등 경제성장을 달성한 국가들로 번졌다. 10월에는 한국경제를 직격해 불량채권 문제와 재벌의 경영위기를 표면화시켰다. 동남아시아 통화위기로 투자자금 회수가능성에 민감해진 금융시장이 일거에 자금을 한국에서 빼냈고 한국 통화당국도 방어할 수 없게 되면서 11월말 IMF에 국제적인 지원을 요청하게 됐다. 결국, 통화위기로 타이, 인도네시아, 한국이 IMF의 관리하에 놓이게 됐다. 한국의 경우 김대중 대통령 주도로 재벌에 대한 대담한 정리통합과 무역·자본 자유화, 재정 긴축이 추진됐다. 한편 인도네시아에서는 수하르토 대통령이 IMF지원을 받으면서도 그 권고를 준수하지 않으면서 혼란이 확대됐고, 결국 퇴진으로 몰렸다.

1990년대 말 아시아 통화위기는 동남아시아, 한국에서 다수의 실업자를 거리에 넘치게 했으나 1990년대 이후 아시아의 발전흐름을 뒤집은 것은 아니다. 타이, 말레이시아도 1998년에는 경제가 매우 나빠졌지만, 2000년대 이후 다시 상승흐름을 탄다. 즉, 이 위기는 버블 붕괴후 일본이 빠진 장기적 하락과는 질적으로 다른 것이었다. 그것은 성장 궤도에 오른 개발도상국이, 기존 체제에서는 새로운 구조적 모순을 처리하기 어려워지면서 빠진 감염증이었던 것이다. 이들 나라는 곧 체제를 혁신해 성장의 다음 단계로 향했다. 동시대의 일본은, 이미 이런 종류의 곤란은 처리가능한 체제가 됐기 때문에 아시아 통화위기의 영향은 한정적이었다. 그러나 이 나라는 이런 일시적인 위기보다도 훨씬 중한 병을 앓고 있었다. 이 병은 이미 이 책에서 논했듯이 일시적인 위기라기보다 이 사회를 근저에서 바꾸지 않으면 쾌유 불가능하다. 감염증이라기보다, 오히려 암처럼 사회의 노화와 함께 증식하는 병이다.

이렇듯 아시아 통화위기 쇼크를 거치면서도 아시아 경제는 2000년대 이후 다시 상승궤도에 오르는데 그 최대의 견

인차가 된 것은 말할 필요도 없이 중국이다. 중국은 1990년대에 연평균 10%의 경제성장을 유지했고, 통화위기의 영향도 크지 않아 1998년에는 명목 GDP가 미국, 일본, 독일, 영국, 프랑스, 이탈리아에 이어 7위로 올라섰다. 2000년대 이후에도 중국은 성장을 거듭해 2005년 GDP는 5위, 2007년에는 독일을 제치고 3위, 2010년에는 일본을 앞질러 세계 2위가 됐다. 현재 중국의 GDP는 일본의 거의 3배 규모다. 경제적으로 중국은 이미 일본의 3배 크기의 나라인 것이다.

　1990년대 중국의 급성장을 떠받친 것은 직접투자에 의한 외국계 기업의 진출이었다. 1979년 이래 중국에서는 개혁개방 노선 하에 경제특구가 설치돼 적극적인 외자도입 노력이 시작됐다. 경제특구에서는 해외자본을 도입하기 위해 중국 정부가 인프라 정비 및 세제면에서 우대조치를 마련했다. 1984년에는 다롄, 톈진, 상하이, 광저우 등 14개 연해 도시가 대외경제개방 도시로 인증돼 시장경제화의 선봉에 섰다. 이 흐름은 1989년 천안문 사건으로 타격을 입었지만, 1991년 이후 공산당 지도부는 다시 개혁개방에 힘을 기울여 외자도입을 전국적으로 전개하기 시작했다. 홍콩에 인접한 주강델타와 상하이를 중심으로 하는 장강델타 두 지역을 중심으로 이 흐름은 급속히 확대돼 1999년에는 중국 수출의 46%, 수입의 53%를 외국계 기업이 차지할 정도가 됐다. 일본 기업도, 1990년대에는 중국을 해외투자처로 중시하게 됐고, 1990년까지 150개사였던 일본계 기업 현지법인은 2000년에는 12배 가까운 1712개사로 급증했다.

그러나 중국은 얼마 안 가 외자로부터 얻은 노하우를 살려 자국기업을 급성장시켜갔다. 1990년대까지는 아직 상하이와 광저우에서 활동하는 대규모 자본의 다수가 외국계였기 때문에 그들에 눌려 국영기업은 궁지에 몰려 있었다. 경쟁이 격화되고, 인건비도 오르면서 노동집약형 공장은 인건비가 싼 내륙지역으로 이동해갔다. 구조조정으로 많은 실업자가 생겼고, 빈부의 격차도 급격히 확대됐다. 그러나, 이들 실업자와 내륙에서 온 저임금노동력을 기반으로, 2000년대로 접어들어 중국인 경영자에 의한 벤처기업이 급성장한 것이다.

이러한 약육강식형 중국식 자본주의의 폭발적인 발전에서 2008년 베이징 올림픽은 상징적 의미를 가졌다. 올림픽을 위한 직접투자가 기폭제가 됐을 뿐 아니라 상승무드 속에서 공전의 투자붐이 중국 전역을 뒤덮었다. 그 기세는 국경을 넘어 북미와 유럽, 일본에도 넘쳐 흘렀다. 말하자면 일본에서 1960년대부터 1980년대에 걸쳐 벌어진 일이 중국에서는 십수 배 규모로 압축적으로 일어난 것이다. 어찌 됐건, 규모가 큰 만큼 중국의 경제확장은 전세계를 끌여들였다. 중국의 외화준비액은 2006년 일본을 제치고 세계 1위가 되면서 중국 정부도 기업의 해외진출, 외국기업에 대한 투자에 적극적인 자세를 보인다. 선진국 기업에 대한 투자에는 기술적인 노하우를 통째로 획득할 수 있다는 속내도 담겨 있었다.

이런 중국의 폭발적 경제성장 과정에서 청년 자본가들이 향한 곳은, 특히 IT관련 산업이었다. 이 점에서 중국의 고도성장은 일본과 대조적이다. 일본의 산업계가 1960년대 이후에 약진한 것은 가전이나 자동차 등 모노즈쿠리 기술에 의해서이다. 말하자면 일본은 아날로그 혁명의 첨병이었다. 그 후 기술의 디지털화에 일본 기업은 대응하려 했지만 많이 성공하지는 못했다. 중국은 일본이 경험한 아날로그 시대를 건너 뛰어 단숨에 디지털 기술을 향해 선두로 뛰쳐나갔다. 요컨대 아날로그에서 디지털로의 기술 패러다임 전환은 아시아 경제의 주역이 일본에서 중국으로 이행하는 과정과 평행했다.

기술 패러다임의 전환은 단지 기술만의 문제가 아니라, 경제시스템 기반 자체의 전환이기도 했다. 인터넷에 매개된 글로벌한 전자 정보공간은, 변동환율제 이행을 거쳐 유동화·고속화되어가는 세계경제의 기반이 됐다. 지리적인 확산을 압도적인 스피드로 줄이는 이 정보공간은 자본을 고속회전시키는 것으로 무한에 가까운 가상의 확대를 창출할 수 있다. 그것은 금융자본주의와 연계해 세계경제를 움직이며 거액의 부를 얻는 조직을 차례로 만들어냈다. 실물경제에는 반드시 한계가 있고, 어떤 히트상품이라도 수요가 포화하면 교체를 위해 구매하는 것 외에는 이익을 만들지 못한다. 1980년대 이후 일본 국내의 시장은 포화상태가 됐고, 넘치는 자금은 주식과 부동산으로 향했다. 그러나 고속으로 회전하는 인터넷 상의 자본은 그 규모나 회전속도를 확대시키는 것으로 실물경제보다 커다란 이득을 만들어낸다. 마침내, 이런 구조를 이용한 머니 플로가 세계 경기 전체의 동향마저 좌우하게 된다.

이 글로벌한 전자금융 자본주의는 미국이 선도하고 있지만, 중국의 개혁개방 경제는 그럭저럭 그에 따라붙고 있다. 중국이 실물경제만으로 산업기반을 정비하는 데는 좀 더 시간이 걸렸을지 모르지만, 모든 것이 디지털로 통합되는 21세기 세계에서는 새로운 자본의 회전속도에 맞춘 구조를 만들면, 극적인 스피드와 규모로의 캐치업이 가능하다. 그리고 이러한 세계 체제에는 일본보다 중국 쪽이 적응력을 갖추고 있다.

'잃어버린 30년'의 인구학적 필연

이 책에서 몇 차례 강조한 것처럼, 세계사가 대전환을 이루기 시작한 것은 1970년대이다. 변동환율제로의 이행에서 플라자 합의에 이르는 과정이 그 후 일본을 어떻게 변화시켰는지에 대해서는 이미 논했지만, 실제로 일본 사회가 이 대전환이 초래한 결과를 심각하게 경험하기 시작한 것은 1990년대에 들어서였다. 일본은 1970년, 80년대를 '풍족한 소비사회' 시대로 구가했기 때문에 동시대에 세계에서 일어나고 있던 변화에 둔감했다. 그러나 미국에서 복지국가 체제의 시대가 끝나고, 레이건에 의해 '신자유주의'가 대두했던 시대와, 중국에서 문화대혁명 시대가 끝나고 덩샤오핑에 의한 '개혁개방'이 중국사회를 극적으로 바꾸던 시대는, 완전히 같은 시대였던 것이다. 요컨대 냉전은, 돌연 1989년에 끝난 것이 아니다. 늦어도 1970년 말에는 환율이 변동을 계속하는 가운데 시장은 글로벌한 확장을 시작했고, 세계는 이데올로기 시대에서 시장의 시대로 패러다임 전환을 이루고 있었다. 그리고 이 패러다임 전환 이후 세계에서 마침내 미소가 아닌 미중이 디지털 정보기술과 연계되면서 글로벌 시장의 패권을 다투는 두 종류의 거대 '자본제' 국가로서 부활 내지 대두하고 있었던 것이다.

이 세계사의 패러다임 전환은, 일본에 유리하다고는 할

수 없었다. 일본은 오히려 전환 전의 냉전체제 하에서 동아시아의 중심적 위치를 이어갔고, 경제성장을 달성해 전후 체제를 확고한 것으로 했기 때문에, 이 바람직한 상황이 사라져가는 것의 의미를 당장에는 이해할 수 없었고, 그로부터의 전환에도 시간이 걸렸다. 그뿐 아니라 2010년대인 현재도 전환은 충분히는 이뤄지지 않았다. 여유 있는 시대에는 사회 구조가 좀처럼 바뀌지 않는다. '개혁' 구호가 나와도 실제로는 변화를 바라지 않는 사람들이 다수파이고, 변화의 기운은 어딘가에서 변질해버린다. 유감스럽지만 사람들은 최후까지 몰려 거의 손쓸 수 없는 상태가 되어서야 자기 몸을 잘라내는 변화를 받아들이는 것이다. 헤이세이 시대란 이렇듯 일본 사회가 역사적 상황의 변화에 직면해 있으면서도 그것을 직시하지 못한 채 괴로워하면서 보낸 30년간이었다.

이미 언급했듯이 1990년대를 거치며 일본사회의 기반구조가 변화했다. 한신·아와지 대지진과 옴진리교 사건에 더해 버블 붕괴와 경제적 쇠퇴로 밑바닥을 향하면서, 고용불안과 빈곤의 만연, 비정규고용의 확대, 고학력층의 취직난, 워킹푸어 등의 문제가 분출했으며 국제적인 경쟁력도 문화적인 여유도 이 나라에서 사라져갔다. '너무 강한 일본'이라는 비판은 이제 과거의 이야기로, 오히려 '일본은 괜찮은지'

세계가 걱정할 정도가 됐다.

그리고 아마도 괜찮지 않을 것이다. 포스트 헤이세이 시대 일본을 전망하는 가장 중요한 지표는 인구다. 일본은 1980년대까지 단카이세대라는 인구보너스의 도움으로 한 바퀴 늦었지만 톱러너로 활동할 수 있었다. 이 인구보너스는 다산다사에서 소산소사로 사회의 재생산구조가 대전환을 이루는 과정에서는 몇 차례 발생할 수 있다. 사회는 아직 발전도상이고 농촌부에서는 다산상태가 계속되고 있기 때문에 '다사'에서 '소사'로의 전환이 그대로 인구증가의 모멘트를 내포하고 있는 것이다. 그러나 근대화 프로세스가 포화점에 도달하고, 소산소사 사회가 실현돼 버린 뒤에는 더 이상 발생하지 않는다. 기본적인 풍요로움과 남녀평등, 근대적 가치관이 침투된 사회에서는 소자화가 기본이 되고 여성의 사회진출과 만혼화가 진행된다. 이 기조를 수용하면서도 소자화를 어느 수준에서 멈추게 할 것인가는 각각의 사회의 정책적 노력에 의해 달라진다.

이미 제3장에서 지적한 대로, 이 점에서 헤이세이 일본은 크게 실패했다. 일본사회의 합계특수출생률은 1947년의 4.54에서 1960년 2.00으로, 1990년에는 1.54, 2005년에는 1.26까지 급강하했다. 이 급감을 완화해야 할 주력이었어야 할 단카이 주니어 세대는 버블붕괴 후의 격차사회화 속에서 차세대의 인구볼륨층을 창출해낼 수 없었다. 그러므로 일본의 인구는 앞으로도 상당히 장기에 걸쳐 자연감소가 이어질 것이다. 인구와 경제는 직접적으로는 아니더라도 간접적으로는 연계된다. 일본이, 예전같은 경제성장을 이룩하는 것은 두 번 다시 없을 것이다. 헤이세이 시대가 끝나도 이 시대의 축소경향은 계속될 가능성이 높은 것이다.

문제는 이 기조가 언제까지 이어질 것인가이다. 아시아 전체로 시야를 넓히면 아시아의 경제성장은 아직 조금 더 이어질 것이다. 이미 아시아는 세계최대 인구지역이다. 2005년 시점에서 인도, 서아시아까지 포함한 아시아의 인구는 세계인구의 약 60%를 점해, 인류 5명 중 3명은 아시아인이다. 그러나 아시아의 인구증가도, 이 지역의 많은 사회가 소산소사로 이행을 이루는 2020년대부터 2040년대의 어디쯤에서 끝나고, 아시아는 보다 변화가 늦은 소자고령화 사회로 향한다. 이 지역의 많은 나라에서 소자화가 멈추지 않게 되고, 평균수명은 계속 늘어날 것이므로, 초소자고령화는 아시아 전체의 과제가 된다. 헤이세이 일본에서 일어난 것이 근미래의 아시아 전체에서 일어나는 것이다. 지금 중국의 평균수명은 70세 전반이지만 2040년대까지 80세 전후가 된다. 동남아시아 국가들에서도 같은 페이스로

수명이 늘어나므로, 미래의 아시아는 인류사상 최대의 노인사회가 되는 것이다. 그리고 이 임계점을 통과하면 세계 인구에서 점하는 아시아인의 비율도 감소하기 시작하고, 경제적으로도 아시아 후퇴의 시대가 시작될 것이다.

일본이 가장 괴로운 것은, 이 중간의 시대, 즉 아시아는 아직 발전을 지속하고 있는데, 일본에서는 초소자고령화와 인구감소가 지속되는, 향후 사반세기이다. 이미 논한 것처럼, 격차사회는 지금 와서는 계급사회화의 양상을 보이고 있고, 세대 간 모순도 확대되어간다. 정부가 아무리 구호를 내걸려 해도 기반이 되는 조건이 붕괴하는 이상, 할 수 있는 것은 한계가 있다. 일본은 점점 늙어가는 사회가 되고, 성장은 환상으로 끝나며, 동아시아 안에서는 발전을 계속하는 중국에 밀려날 처지가 된다. 이런 가운데 한편으로는 헤이세이 시대에 대두한 혐중적인 내셔널리즘이 갈수록 강해질지도 모른다. 이런 가운데 정부와 재계는, 리스크를 각오한 채 어떻게든 경제를 부양하려고 필사적이 될 것이다. 그러므로, 제2, 제3의 버블 붕괴가 생겨날 가능성이 높다. 경제적인 침체타개를 위해 신자유주의적 정책이 한층 더 취해지고, 감세조치와 규제완화로 공공영역은 점점 축소돼 일시적으로 경제가 부양하더라도 격차는 확대되는 만큼, 사회전체의 열화는 멈추지 않는다. '잃어버린 30년'은 '잃어버린 반세기'의 서곡이었을지 모르는 것이다.

게다가 일본은 인구감소 흐름을 적어도 21세기 중반까지는 멈출 방법이 없기 때문에 이를 보전하기 위해 이민확대 정책을 전개하지 않을 수 없게 된다. 표면상으로는 어떻게 설명하더라도 산업계는 이민노동력을 확대하지 않으면 저변 노동력을 확보할 수 없기 때문에 정부도 그 방향으로 정책을 변화시킬 것이다. 이렇게 해서 포스트 헤이세이는 일본이 그 사회의 존재방식을 뿌리부터 변화시켜가는 시대가 된다. 그것은 즉, 일본 사회의 이종혼성화, 아시아, 남미로부터의 외국인의 유입과 정착화에 의한 이민족화이다. 유럽 사회에서 오늘날 일어나고 있는 것과 유사한 사태가, 일본 사회에도 확산되어간다. 일본만이 글로벌화의 예외로 있을 수는 없는 것이다.

이렇게 해서 포스트 헤이세이를 맞이하려는 현재, 일본 사회의 지속가능성은, 스스로의 사회구조를 질적으로 변화시키는 것에 의해서만 확보되게 된다. 앞서 언급한 것처럼, 세계적으로 본다면 인구는 아직 증가를 이어가고 있다. 가난한 가운데에서도 인구가 증가를 거듭하는 나라들이 있다는 것이다. 인구감소로 돌아선 것이 일본보다 빨랐던 서구는, 일찌감치 이민의 수용을 확대했고, 그런 사람들을 사회 시스템에 어떻게 포섭할 것인가에 분투해왔다. 일본이 그와 같은 길을 밟지 않은 채 자력으로 인구를 회복시키는 것은 곤란하다. 그러므로 붕괴회피를 위해 포스트 헤이세이의 일본은 지금보다도 다민족화할 것이다. 미국은 원래 이민사회이므로 대체로 사정이 다르지만, 독일, 프랑스, 영국의 현재는 이런 의미에서는 일본의 미래인 것이다.

중요한 것은, 헤이세이 시대의 실패와 쇼크의 경험을 헤이세이의 종언과 함께 과거의 것으로 덮어버리지 않는 것이다. 헤이세이는 종언의 시대이고, 시작의 시대였다. 종언이라는 것은 인구증가의 종언, 경제성장의 종언, 총중류화의 종언이다. 뒤집어 말하면, 인구가 축소하고 경제가 장기적으로 정체하고 사회가 분열해가는 시대의 시작이었다. 정치는 전후 일본의 시스템을 '개혁'하려 거듭 노력했지만, 이 사회의 기반적 변화에 몇 번이고 걸려 넘어졌다.

더 말하자면, 헤이세이는 일본이 동아시아의 중심이던 시대의 종언이기도 하다. 지금부터 약 150년 전, 메이지유신을 달성한 일본은, 서양의 기술, 제도, 지식을 전력으로 도입해 불과 30년에 동아시아의 제국주의국가로 변모했다. 청일전쟁 이후 일본은 동아시아의 중심성을 중국으로부터 빼앗았고, 아시아태평양전쟁 패배이후에도 미국과 일체화하는 것으로 이를 유지했다. 그러나 냉전후의 헤이세이시대, 동아시아의 중심은 일본에서 중국으로 옮겨갔다. 이는 어떤 의미에서는 원상복구로, 일본이 동아시아의 중심이던 19세기 말부터 20세기 말까지의 시기가 특수한 시대였던 것이다. 그러나 이같은 지정학적 변화 속에서 헤이세이 일본의 미국에 대한 종속은 갈수록 깊어졌다. 자신을 잃어가니 강한 미국에 갈수록 의지함으로써 중심성을 유지하려 한 것이다.

대내적으로는 격차를 확대하고 분열을 강화하고 있는 일본에 미래가 없는 것과 마찬가지로, 대외적으로는 이미 그 패권에 그늘이 드리우기 시작한 미국에 계속 의존하면서 아시아와의 관계를 근본적으로 재구축하려 하지 않는 일본에도 미래는 없다. 헤이세이는 위기의 시대이고, 이 위기의 시대는 헤이세이가 끝났더라도 당분간 지속될 것이다. 잔재주를 부려 손질해 본들 위기에서 탈출하는 것이 불가능한 것이다. 그러나 동시에, 사람도 사회도 위기가 아니라면 스스로를 근본부터 바꿔나가는 것이 불가능하다. 그러므로 무엇보다 중요한 것은, 위기의 실상을 정면에서 응시하며 모두가 위기를 위기로 확실히 이해하는 것이다. 이 책을 통해 헤이세이의 실패란 무엇이고, 이 시대의 일본을 습격한 다양한 쇼크는 어떠한 과정을 거쳤는가를 경제, 정치, 사회, 문화라는, 약간 단순하긴 하지만 기본적인 역사 차원에서 다뤘다. 모두에서 언급한 것처럼, 우리들이 한 것은 이른바 '헤이세이'라는 이름의 '실패 박물관'을 지상에 구축해 본 것이었다. 그렇게 해서 이 시대 위기의 풍경을 총람해보는 것, 그것이야말로 우리들이 실패를 성공의 토대로 삼아 쇼크를 구조전환을 위한 계기로 만들어가기 위한 출발점인 것이다.

후기

　전혀 구원받을 길은 없는 건가. 지금, 이 책을 다 읽은 당신은 이렇게 생각하고 있을지 모르겠다. 헤이세이라고 해도, 밝은 점도 미래에 대한 희망도 여러가지 있었을 텐데. 저자는 너무나 어두운 면, 디스토피아적인 역사만을 서술하고 있는 것은 아닐까.

　그렇다, 한 권의 '실패 박물관'이 될 것을 표방한 이 책은, 확실히 디스토피아적인 양상을 띠고 있다. 1980년대 말에서 2010년대까지 약 30년간 일어난 여러가지 실패와 쇼크를 총람하고, 횡단하기도 하면서 '헤이세이'를 역사의 현재로서 파악한 것이 이 책이다. 이러한 관점이 필요한 것은 이 책을 TV의 달짝지근한 헤이세이 회고프로그램 비슷하게는 결코 만들고 싶지 않기 때문이다. 그렇게 되면 그야말로 정말 희망이 없어져 버린다.

　'실패는 성공의 토대'라는 격언에는 반쪽의 진실이 있다. 사람은 실패를 되풀이하지 않겠다고 생각하기 때문에 성공보다도 실패에서 배운다. 그러므로 미래에 대한 희망을 찾아내는 데는 성공스토리보다 실패스토리가 훨씬 유익하다.

특히 시대의 기축이 크게 변화하는 시대에는.

이 격언이 말해주지 않는 반쪽은, 실패가 '개인'에서 유래한다기보다도, 사회의 구조적인 필연성 속에서 일어나기 쉽다는 점이다. 그렇기 때문에 실패의 역사학은 단순한 디스토피아적인 암담함을 넘는 희망의 사고가 된다. 이미 아시아태평양전쟁에 대해서라면 노나카 이쿠지로野中郁次郎의『실패의 본질失敗の本質』(다이아몬드사, 1984년)이나 가토 요코加藤陽子의『그래도 일본은 전쟁을 택했다それでも、日本人は「戦争」を選んだ』(아사히출판사, 2009년) 같은 작품이 있다. 이같은 비판적 심도를 가진 고찰이 동시대사에서도 필요할 터이다. 왜냐하면 TV는 달큰한 감상을 마구 유포하고, 인터넷은 더 많은 독선적 세계관에 틀어박힐 것이다. 일본에는 실제의 '실패 박물관'은 만들어질 것 같지 않지만, 적어도 출판의 세계에서는 현재 '실패'의 근저를 스스로 응시하는 비판정신을 간직하고 싶다.

이 책은『포스트전후사회』(이와나미신서, 2009년)의 속편이다. 책에서는 1970년대 전후에서 1990년대 중반까지의 일본사회의 변용을 다뤘다. 이 책은 그 '포스트 전후사회'가, 헤이세이 30년간 또 어떻게 변화했고, 붕괴마저 해갔는지를 논하고 있다. 그런 한편으로, 2011년의 동일본대지진 후의 동시대사를 나는『전후와 재후의 사이戦後と災後の間』(슈에이샤신서, 2018년)에서 고찰하기도 했다. 역사의 원근법으로 말하자면, 이들은 근경의 묘사이고, 중경의 묘사인 이 책이나 『포스트 전후사회』와 겹치는 것에 의해 풍경은 깊이를 갖게 된다. 또한 원경으로 나는 『대예언─'역사의 척도'가 나타내는 미래大予言「歴史の尺度」が示す未来』(슈에이샤신서, 2017년)에서 역사가 대략 사반세기를 최소단위, 약 600년을 최대단위로서 해석가능하다는 견해를 제시했다.

그런데, '레이와시대'가 시작됐다. 새 천황의 연령으로 생각해보면, 이 '레이와'도 30년가량 이어질 것이다. 연호가 바뀌어도 역사는 '계산 끝'이 되지 않고, 글로벌화와 넷사회, 초소자고령화─헤이세이시대의 역사조류는, 적어도 앞으로 수십 년은 이어질 것이다. 우리들은 그런 커다란 세계사의 전환기를 살아가고 있는 것이고, '헤이세이'도 '레이와'도 그런 속에서 위치지어야만 의미를 갖는다.

이 책의 암담한 역사의 중경을, 한층 커다란 세계사적 원경 속에 놓는다면, 절반쯤 구조적인 필연성이 떠오르게 될 것이다. 그러나, 무엇보다도 강조하고 싶은 것은 사람은 역사의 필연에 따르기만 하는 존재는 아니라는 점이다. 필연을 예측하고, 거기에 합리적으로 따르는 것은, 미래의 AI에 맡겨두자. 우리들의 본질은, 그런 합리성보다도, 역사의 필연에 도전하고 때때로 실패하며, 쇼크에 괴로워하면서도 그 필연의 지평을 변화시키고 마는 비극성에 있다. 역사는 언제나 상연되는 것인데, 사람은 때때로 그것을 비극으로서 상연한다. 비극에는 미래에 대한 희망이 있다.

마지막으로 전저 『트럼프의 미국에 살다 トランプのアメリカに住む』에 이어 이 책을 담당해주신 이와나미서점 편집부의 우에다 마리 씨에게 마음으로부터 감사를 표하고 싶다. 나는 작년 여름까지 미국에 체재했고, 이 책의 집필은 일본에 귀국한 뒤, 몇 개월에 집중적으로 진행했다. 이런 종류의 단기전은, 출판사와 편집자의 절대적인 협력 없이는 이뤄질 수 없다. 지금 여기에 책이 상재될 수 있었던 것은, 그런 협력 덕분이다.

2019년 5월

요시미 순야

역자 후기

　1989년부터 2019년까지의 헤이세이 30년간 경험한 가장 큰 재난이라면 일본인들은 틀림없이 3·11동일본대지진과 후쿠시마 제1원전사고를 들 것이다. 매그니튜드 9.0의 전례없는 강진과 그로 인해 발생한 쓰나미로 2만여 명이 목숨을 잃었고, 원자로의 멜트다운(노심용해)으로 대량의 방사성물질이 유출되는 대참사가 발생했다. 특히 후쿠시마 원전사고로 일본의 '안전신화'는 무참히 붕괴했다. 신문사 특파원으로 부임하자마자 이 일을 겪은 역자는 사태 수습과정의 난맥상을 지켜보면서 일본 사회가 총체적으로 '액상화液狀化'되어가고 있음을 절감했다. 이 책에서 저자가 자주 쓰는 표현인 액상화는 연약한 지반이 수분을 머금어 액체 같은 상태로 변하는 현상이다. 실제로 동일본대지진 당시 멀쩡한 거리가 액상화로 인해 물바다로 변하는 사례가 적지 않았다. 이런 액상화가 일본 사회의 각 분야에서도 두드러지게 나타났던 것이 헤이세이 말기다. 대지진이라는 자연현상이 방아쇠 역할을 하긴 했지만, 동일본대지진과 원전사고는 전후戰後에 구축돼 쇼와시대까지 비교적 순탄하게 작동되던(혹은 그렇게 보이던) 일본형 시스템의 한계를 총체적으로 노출시켰다.

저자는 여기서 한발 더 들어가 사실은 쇼와시대의 잘못된 진로설정이 헤이세이의 오작동을 일으켰다고 분석한다. 헤이세이의 액상화는 갑자기 벌어진 것이 아니라 쇼와시대에 진행된 지반약화의 결과인 셈이다.

예를 들어 1970년대 오일쇼크를 일본은 효율화와 '쇼에네'로 불리는 에너지 절약으로 극복했다는 것이 통념이지만 위기를 극복하려는 노력의 방향에서 단추를 잘못 채웠다고 지적한다. "공업제품의 생산성을 끌어올리고 에너지 원단위를 끌어내리는 데 노력을 집중하는 한편으로, 사회불안이 도래하는 것을 두려워한 나머지 저생산성 부문이 고생산성 부문에도 영향을 미치는 경제의 '고비용 구조' 자체는 온존했던 것이다."

물론 오일쇼크 당시 일본은 선진국에 비해 '청년경제' 상태였다. 제2차 세계대전 패전에 따른 국토의 황폐와 궁핍상태에서 출발했던 만큼 '성숙경제'인 여타 선진국과 달리 1970년대의 위기상황을 비교적 기민하게 돌파할 여력이 있었던 것이다. 그러나 이는 일본에 결코 유리하게 작용하지는 않았다.

1970년대는 실은 세계사적인 대전환이 시작되던 시기였다. 1971년 닉슨 대통령의 달러-금 태환의 중단 선언으로 전후 브레튼우즈 체제는 근저에서 흔들리기 시작했던 것이다. 이는 전후 30년간 지속돼온 자본주의 황금기의 종언을 의미했다. 미국·유럽 선진국들이 구가하던 복지국가 체제는 대처·레이건의 '신자유주의'에 자리를 내주기 시작했다. 게다가 중국의 개혁개방으로 세계는 이데올로기 시대에서 시장의 시대로 패러다임 전환을 이루고 있었다. 거대한 소용돌이가 시작되고 있던 무렵, 일본은 오일쇼크를 솜씨 있게 넘긴 데 따른 '다행증'적인 안도감에 사로잡혀 이미 시작된 변화를 직시하지 못했던 것이다.

이는 1980년대 일본 경제 버블의 형성과 붕괴를 가져왔고, 1990년대 이후 전개된 글로벌화의 다양한 위험과 도전에 대한 응전에서 실패를 초래했다는 게 저자의 진단이다. 쇼와의 빛나는 성공신화가 헤이세이 일본의 태세전환을 어렵게 했을 것임은 물론이다. 한때 세계 최고를 자랑하던 일본 전기·전자산업의 어이없는 몰락은 그 단적인 예다.

정치 부문에서도 일본은 전환의 기회를 놓쳤다. 저자가 주목한 정치인은 여성 최초의 정당대표를 지낸 도이 다카코(1928~2014)다. 1986년 사회당 위원장이 된 도이 다카코는 호소력 있는 발신으로 시민들의 주목을 받으며 사회당을 부활로 이끌어갔다. 도이의 등장은 '1955년 체제' 하에서 만년 야당으로 온존해온 사회당이 환골탈태할 수 있는 절호의 기회였다. 이 때 사회당이 노동조합의 지원에 의존하는 낡은 계급정당 체질을 탈피해 환경과 젠더, 지역 등 이슈를 주도하며 탈냉전 수권정당으로 탈바꿈했더라면 일본의 정치는 크게 달라졌을지 모른다. 이런 시대적 요청에 사회당은 부응하지 못했고, 헤이세이 초기 시도된 정치개혁은 '선거구제 개편'이라는 협애한 범주에 머물면서 오히려 정치의 빈약함을 가중시켰다. 그 결과로 나타난 것이 아베식 '우파 포퓰리즘'이다.

헤이세이 시대의 사회 분야에서 저자가 가장 심각하게 우려하는 것은 초저출산과 격차확대다. 여러가지 제도와 시스템 미비가 저출산을 가속화시켰지만 가장 큰 원인은 '빈곤화'이다. 버블붕괴 이후 어려워진 기업들이 비정규직 고용을 대거 늘림으로써 노동자들의 생활기반을 붕괴시켰고, 그들이 인생설계를 하기 어렵게 한 것이 저출산으로 이어진 것이다.

그런데 이는 한국이 더 심각하게 겪는 문제이기도 하다. 한국의 합계출생률은 2018년 0.98명, 2019년에는 0.92명까지 떨어지며 2년째 '0명대 출산율'을 기록했다. 경제협력개발기구OECD 36개 회원국 중 출산율이 0명대인 유일한 나라다. 합계출산율 1.4명대 수준을 유지하고 있는 일본은 그나마 나은 편이다. 저출산 현상의 구조적 배경은 일견 흡시하지만, 디테일하게 들어가면 한국은 교육비·주거비의 과중한 부담이 출산은 물론 결혼 자체를 어렵게 만들고 있는 현실을 꼽지 않을 수 없다. 특히 교육문제는 현재의 한국 상황에서는 혁명이 아니고선 기대난망이다. 책을 번역하는 과정에서 오늘날 일본에 대한 저자의 걱정 가득한 시선을 체감하면서도, 일본의 퇴행경로를 그대로 따라가거나 이미 추월해 버린 한국의 현실에 마음이 무거워지기도 했다.

이 책의 미덕은 전 세계에서 한국과 가장 유사한 체제인 일본의 '最현대사'를 일람할 수 있다는 점이다. 또 아사하라 쇼코 옴진리교 교주, 카를로스 곤 닛산 전 회장, 대중가수인 미소라 히바리, 고무로 데쓰야, 아무로 나미에, 우타다 히카루, 애니메이션 감독인 미야자키 하야오, 안노 히데아키, 오토모 가쓰히로 등 각 방면의 다양한 인물들이 어떻게 헤이세이 일본을 직조해 나갔는지를 보여준다는 점도 이 책을 읽는 즐거움이 될 것이다. 저자는 헤이세이 일본의 '실패의 박물관'을 짓는다는 심정으로 이 책을 썼다고 밝혔다. 그 실패의 박물관을 한번쯤 둘러보는 것만으로도 한국 독자들에게는 적지 않은 성찰의 기회가 될 것이다.

2020년 6월

옮긴이 서의동

연도	일본 주요뉴스	해외 주요뉴스
1985년 (쇼와 60년)	2.7 자민당 최대파벌 다나카파에서 디케시타 노보루가 중견 소장의원을 중심으로 '소세이카이'를 창립 3.17 국제과학기술박람회를 쓰쿠바 연구학원도시에서 개최 4.1 민영화된 일본전신전화(NTT), 일본담배 업무개시 4.12 일본 수출초과액이 350억7500만 달러에 달함. 96%가 대미수출초과액 6.18 도요타상사 회장 피살사건 발생. 그해 개미 투자붐으로 도요타상사, 투자저널, 재팬라이프 등 다단계 범죄 연발 8.12 하네다발 오사카행 일본항공 점보여객기, 군마현 오스타카 산에 추락해 520명 사망. 세계최대 항공기사고로 기록 10.11 1987년 4월 1일자로 국철분할 및 민영화가 각료회의 결정	1.20 도널드 레이건이 재선에 성공해 2기째 미국 대통령에 취임. 9.22 미국 뉴욕에서 플라자 합의. 국제경제를 엔화강세, 달러약세 방향으로 유도하는 방안이 결정
1986년 (쇼와 61년)	4.1 남녀고용기회균등법 시행 7.6 중·참 더블선거(제38회 중의원선거, 제14회 참의원 선거). 중·참 모두 자민당 압승 7.25 TBS계열 드라마 '남녀 7인 여름이야기'(아카시야 산마, 오타케 시노부 주연) 방송개시. 트렌디드라마 전성시대 개막 9.6 도이 다카코, 사회당 위원장에 취임. 일본 주요정당 첫 여성 대표	1.28 스페이스셔틀 챌린저호 폭발사고 4.26 소련 체르노빌 원자력발전소에서 대규모 폭발사고
1987년 (쇼와 62년)	2.9 NTT주식 상장. 재테크 붐 과열 4.1 일본국철 해산. 분할 및 민영화에 의해 발족된 JR 11개사가 사업계승 11.6 나카소네 중재에 의해 다케시타 노보루 내각이 성립	12.8 미국 레이건 대통령과 소련 미하일 고르바초프 공산당서기장 중거리 핵전력(INF) 전체 폐기조약에 조인
1988년 (쇼와 63년)	6.18 가와사키 시내에서 리쿠르트사건이 발각 6월 영양드링크제 '리게인' 발매. TV CM 카피 '24시간 싸울 수 있습니까'가 화제 12월 발행부수가 『주간소년 점프』연말호 500만부, 『주간소년매거진』 240만부, 『주간소년 챔피언』 120만부 등 소년 만화잡지 1000만부 시대에 진입	이 무렵 소련에서 고르바초프 서기장의 주도로 페레스트로이카(개혁)과 글라스노스트(정보공개)가 추진됨

연도	일본 주요뉴스	해외 주요뉴스
1989년 (쇼와 64년, 헤이세이 원년)	1.7 히로히토 천황 서거 1.8 헤이세이로 연호 변경 2.13 리쿠르트사 창업자인 에조에 히로마사가 정치인들에게 미공개주식 제공 혐의로 체포 4.1 소비세법 시행으로 소비세 도입(3%) 6.2 다케시타 총리 퇴임 및 내각총사퇴로 우노 소스케 내각이 성립 7.23 제15회 참의원선거 결과 사회당이 제1 당이 됨. '도이 붐' 형성. 7.23 미야자키 쓰토무 체포(후일 연속여아 유괴살인사건 범인으로 판명) 7.24 참의원선거 참패와 여성문제로 우노 총리 퇴임 8.9 가이후 도시키 내각 출범 9.4 미일경제구조협의 시작 11.21 일본노동조합총연합회(렌고) 발족 12.29 닛케이평균주가 사상최고치 기록(3 만8957.44)	1.20 공화당의 조지 H.W.부시가 제41대 미 대통령에 취임 5.25 미국, 포괄통상 법 슈퍼301조를 일 본에 적용 6.4 중국에서 톈안먼 사건이 발생 11.9 베를린 장벽 붕 괴. 동유럽혁명 각 국서 발생 12.3 미소 정상, 냉전 종결을 선언
1990년 (헤이세이 2년)	2.18 제39회 중의원선거에서 자민당이 275 석으로 절대안정다수를 확보 10월 JR도카이 TV CM시리즈 '일본을 쉬게 하자' 시작 11.12 황거궁전에서 아키히토 천황 즉위식 거행	8.2 이라크군 쿠웨이 트 침공
1991년 (헤이세이 3년)	6.3 운젠후겐다케 분화로 대화쇄류 발생. 사망·행방불명 43명 10.4 가이후 총리, 퇴진 표명 11.5 미야자와 기이치 내각 성립 이 해 후지TV 계열 드라마 '도쿄러브스토 리'(스즈키 호나미, 오다 유지 주연), 101번 째 프로포즈'(아사노 아쓰코, 다케다 데쓰야 주연)가 대히트	1.17 미군주도 다국 적군이 이라크 공 중폭격 개시. 걸프 전쟁 발발 12.25 소비에트 연방 붕괴, 고르바초프 대통령 사임
1992년 (헤이세이 4년)	2.13 도쿄사가와규빈 사건 발생, 도쿄지검 이 강제수사. 이 무렵 '미소녀전사 세일러 문'이 TV아사히 계열에서 애니메이션화 돼 대히트. '크레용신짱'이 어린이 애니메 이션 프로그램으로 TV아사히 계열에 등 장, 인기를 모음. 5.22 호소카와 모리히로 전 구마모토지사를 중심으로 한 일본신당이 결성 6.15 PKO협력법이 성립	

연도	일본 주요뉴스	해외 주요뉴스
	7.26 제16회 참의원선거, 자민당이 당세를 회복한 반면 사회당이 의석을 크게 잃음. 10~12월 버블경기 이후 처음 유효구인배율이 1.0 하회. '취직빙하기'의 도래 12.10 자민당의 다케시타파가 분열하고, 오자와 이치로 등에 의해 하타파가 결성	
1993년 (헤이세이 5년)	1.19 황실회의에서 황태자 나루히토와 오와다 마사코의 혼인 결정 3.6 전 자민당 부총재 가네마루 신, 탈세혐의로 체포 5.15 J리그(일본프로축구 리그) 개막 6.18 미야자와 내각 불신임 결의안 가결, 중의원 해산 7.18 제40회 중의원선거에서 자민당 과반수획득 실패, 사회당 의석감소, 신당 약진. 55년 체제 붕괴 8.4 고노 요헤이 관방장관, 일본군위안부에 관한 담화 발표 8.6 사회당의 도이 다카코, 첫 여성 중의원 의장에 취임 8.9 비자민 8당 연립 호소카와 내각 발족 '가족"유대"우정'을 테마로 한 드라마와 '건강'을 다룬 버라이어티프로그램 증가	1.20 민주당 빌 클린턴, 제42대 미국 대통령에 취임 3.27 장쩌민, 중국 국가주석 취임 11.1 마스트리히트 조약의 발효로 유럽연합(EU)이 출범
1994년 (헤이세이 6년)	1.29 호소카와 총리, 고노 자민당 총재 간 수뇌회담 결과, 정치개혁관련 4개 법안 성립 4.26 사회당, 연립정권에서 이탈 4.28 호소카와 총리 사의표명으로 하타 쓰토무 내각 성립 6.25 하타 내각 총사퇴 6.27 마쓰모토 사린 사건 발생 6.30 자민·사회·사키가케 정권인 무라야마 도미이치 내각 성립 12.10 신진당이 결성	1.1 북미자유무역협정(NAFTA) 발효 4.6 르완다 학살 발생 4.26 남아프리카공화국에서 넬슨 만델라가 이끄는 아프리카민족회의가 제1당이 돼 아파르트헤이트 철폐 7.8 북한 김일성 주석 서거 12.11 제1차 체첸분쟁 발생
1995년 (헤이세이 7년)	1.17 한신·아와지 대지진 발생 3.20 지하철 사린사건 발생 4.19 도쿄외환시장서 1달러당 엔화가 79.75엔으로 사상최고치 기록 5.31 세계도시박람회 중지를 아오시마 유키오 도쿄도지사가 결정	

연도	일본 주요뉴스	해외 주요뉴스
	7.7 시각장애인이 주인공인 TBS계열 드라마 '사랑한다고 말해줘'(도요카와 에쓰시, 도키와 다카코 주연) 방송 개시. 수화에 대한 관심이 높아짐 7.19 일본군위안부 문제 해결을 위한 '여성을 위한 아시아평화국민기금' 발족 7.23 제17회 참의원선거, 신진당 약진 8.15 무라야마 담화 각의결정 9.4 오키나와 본토 북부지구에서 미군병사의 소녀폭행 사건 발생 12.8 고속증식로 '몬주'에서 나트륨 누출사고 발생	7.16 아마존 닷컴이 서비스를 개시
1996년 (헤이세이 8년)	1.11 무라야마 총리 퇴진으로 하시모토 류타로 내각 성립 1.19 사회당, 사회민주당으로 개칭 4.17 하시모토 총리, 클린턴 미 대통령과 미일안전보장공동선언 발표 9.28 민주당 결성 10.20 제41회 중의원선거(첫 소선거구비례대표병립제), 사회민주당 대패	
1997년 (헤이세이 9년)	4.1 소비세율, 5%로 인상 6.28 고베 연속아동살상사건으로 14세 소년 체포 7.22 『주간 소년점프』, 'ONE PIECE' 연재 시작. 대히트. 8.1 연속사살사건으로 수감돼 옥중에서 집필활동을 하던 나가야마 노리오 사형집행 10.13 후지TV계열 드라마 '러브 제네레이션'(기무라 다쿠야, 마쓰 다카코 주연) 방송개시, 대히트 11.17 홋카이도척식은행 파탄 11.24 야마이치증권 파탄 12.11 지구온난화방지 교토회의에서 '교토의정서' 채택 12.16 TV도쿄 계열 애니메이션 '포켓몬스터'를 시청하던 아이들이 경련과 구토를 일으키는 소동이 전국에서 발생. 이 해 미야자키 하야오 감독의 《모노노케 히메》가 공개돼 대히트. 칸 영화제에서 이마무라 쇼헤이 감독 《우나기》 황금종려상 수상, 베네치아 영화제에서 기타노 다케시 감독의 《HANA-BI》가 금사자상을 수상. 일본 영화의 세계적 평가가 높아짐	1.2 나홋카호 중유유출사고 발생 5.1 영국 총선에서 노동당 승리. 토니 블레어 총리 취임 7.1 홍콩이 영국에서 중국으로 반환됨 7.2 타이정부에 의한 바트화 변동환율제 도입으로,아시아통화위기 시작

연도	일본 주요뉴스	해외 주요뉴스
1998년 (헤이세이 10년)	2.7 나가노동계올림픽 개막 4.1 개정외환법시행으로 일본판 금융빅뱅 　시동. 손해보험료율 사유화, 은행의 투자 　신탁판매해금 등으로 금융기관의 영업재 　편 개시 7.12 제18회 참의원선거에서 자민당 패배. 　하시모토 총리, 퇴진 표명 7.30 오부치 게이조 내각 발족	2.25 한국, 김대중 대 　통령 취임 8.31 북한, 탄도미사 　일 발사. 산리쿠 앞 　바다에 착탄 9.4 구글 설립
1999년 (헤이세이 11년)	1.14 자민·자유연립내각, 발족 2.1 'i모드'의 서비스, 스타트 3.3 일본은행, 제로금리정책을 실시 3.27 닛산자동차, 프랑스의 르노와 자본제휴 4.11 도쿄도지사에 이시하라 신타로 당선 5.24 주변사태법 등 신가이드라인 관련3법 　성립 6.23 남녀공동참여사회기본법 공포 8.9 국기·국가법 성립 8.12 조직적범죄대책3법(통신감청법, 조직 　범죄처벌법,개정형사소송법) 성립 9.30 이바라키현 도카이무라 JCO시설에서 　임계사고 발생, 2명 사망 10.4 자민·자유·공명 3당, 연립정권 합의	
2000년 (헤이세이 12년)	4.1 지방분권 일괄법 시행 4.1 개호보험제도 시행 4.5 오부치총리의 뇌경색 질환으로 모리 요 　시로가 자민당 총재에 선출, 모리내각 성립 6.25 제42회 중의원선거, 여당 3당으로 절 　대안정다수 상회 7.21 오키나와 서미트 개최 이해 아웃렛 몰이 대유행해 마치다, 고텐바, 　다마, 마쿠하리, 이즈미사노 등에 건설	
2001년 (헤이세이 13년)	1.6 중앙성청 재편성 실시돼 1부22성청에서 　1부12성청으로 개편 1.8 후지TV 계열 검사드라마 '히어로'(기무 　라 다쿠야, 마쓰 다카코 주연)가 방송개 　시, 대히트 2.9 하와이 앞바다에서 에히메현립 우와지 　마수산고교의 실습선 '에히메마루'가 미해 　군 원자력잠수함과 충돌해 침몰, 9명 사망 3.10 모리 총리, 퇴진의사 표명	1.20 공화당 조지 W 　부시가 제43대 미 　국 대통령에 취임

연도	일본 주요뉴스	해외 주요뉴스
	4.1 정보공개법 시행 4.26 고이즈미 준이치로 내각 성립 5.11 한센병환자 격리정책에서 국가책임 인정됨 7.29 제19회 참의원선거, 고이즈미 선풍으로 자민당 압승 9.12 닛케이 평균주가 1만을 하회(1984년 이후 처음)	9.11 미국 동시다발 테러 10.7 미국, 아프가니스탄 공중폭격
2002년 (헤이세이 14년)	5.31 한일 월드컵 개막 8.29 도쿄전력의 원전 점검기록 조작 발각 9.17 고이즈미 총리 북한 방문. 북일 정상회담에서 김정일 총서기가 일본인 납치를 공식 인정	
2003년 (헤이세이 15년)	3.24 미야자키 하야오 감독《센과 치히로의 행방불명》이 아카데미상 수상 4.3 NHK BS2의 한국드라마 '겨울 연가' 방송개시, 붐을 일으킴 11.9 제43회 중의원선거, 여당 3당으로 안정다수 확보 및 민주당 약진	2.25 노무현, 한국 대통령에 취임. 일본 식민지 시대를 경험하지 않은 첫 대통령 3.20 미국, 영국군에 의한 이라크 침공 작전 개시(이라크 전쟁)
2004년 (헤이세이 16년)	1.22 일본 정부, 항공자위대에 이라크 파병 명령 3.1 제조업에 대한 인력파견 허용 3.26 TV아사히 계열 간판보도프로그램 '뉴스 스테이션', 18년 6개월 만에 종료 7.11 제20회 참의원 선거, 민주당 약진 8.13 오키나와국제대학 구내에 미군 헬기 추락 10.23 니가타현 주에쓰 지진 발생	2.4 페이스북 개설 4.8 이라크에서 일본인 3명 피랍(15일 전원석방) 12.26 인도네시아 수마트라 앞바다에서 지진발생
2005년 (헤이세이 17년)	2.16 교토의정서 발효 3.25 아이치만국박람회 개막 4.1 개인정보보호법 전면시행 8.8 참의원 본회의 우정민영화 법안 부결, 고이즈미 총리 중의원 해산 9.11 제44회 중의원선거, 자민당 압승 10.1 도로관련 4개 공단 민영화 10.14 우정민영화관련법 성립	1.20 조지 W 부시, 미 대통령에 재선

연도	일본 주요뉴스	해외 주요뉴스
	12.22 후생노동성 인구동태통계 결과, 일본 인구 1899년 통계개시 이래 처음으로 자연 감소 판명.	
2006년 (헤이세이 18년)	1.23 라이브도어 호리에 다카후미 사장, 증권거래법 위반 혐의로 체포 4.7 오자와 이치로, 민주당 대표 취임 5.1 미일안보협의에서 후텐마기지 이전, 미 해병대 일부 괌 이전 합의됨 6.5 무라카미펀드 대표인 무라카미 요시아키, 내부거래 혐의로 체포 9.26 제1차 아베 신조 내각 성립 12.15 개정교육기본법 성립	
2007년 (헤이세이 19년)	2.17 공적연금 가입기록 관리부실 발각 3.6 재정난 겪던 홋카이도 유바리시, 재정재건단체로 지정 5.14 국민투표법 성립 7.29 제21회 참의원선거, 자민당 패배, 민주당 제1당 9.25 후쿠다 야스오 내각 성립	
2008년 (헤이세이 20년)	1.11 신테러대책특별조치법, 중의원 재가결로 성립 4.1 후기고령자의료제도 개시 6.8 아키하바라 거리에서 무차별살상 사건, 7명 사망 9.1 후쿠다 총리 퇴진표명 9.24 아소 다로 내각 성립 10.27 닛케이평균주가, 버블 후 최저치인 7162 기록	5.12 중국 사천성에서 대지진. 사망·행방불명 8만7000명 9.15 리먼 브라더스홀딩스 경영파탄 '리먼쇼크'
2009년 (헤이세이 21년)	5.21 재판원제도 개시 7.21 아소총리 중의원 해산 8.30 제45회 중의원 선거, 민주당 대승으로 정권교체 결정 9.16 민주당·국민신당·사민당으로 구성된 하토야마 유키오 내각 성립 11.11 정부 행정쇄신회의에 의한 사업 시와케(예산재분배-역주) 개시	1.20 민주당 버락 오바마가 제44대 미대통령에 취임
2010년 (헤이세이 22년)	1.19 일본항공, 회사갱생법 적용 신청 5.28 미일양국 정부, 후텐마기지 이전에 관한 공동성명 발표	

연도	일본 주요뉴스	해외 주요뉴스
	5.30 사민당, 연립정권에서 이탈 6.8 하토야마 총리 퇴진으로 간 나오토 내각 성립 7.11 제22회 참의원 선거, 민주당 패배 9.7 센카쿠열도 근해에서 중국어선이 해상보안청 순시선과 충돌 10.2 중일 양국에서 센카쿠문제를 둘러싼 항의시위 발발	
2011년 (헤이세이 23년)	3.11 동일본대지진 발생, 매그니튜드 9.0 기록 3.12 후쿠시마 제1원전 1호기 폭발 4.10 도쿄도지사 선거에서 이시하라 신타로 4선 5.6 간 총리, 중부전력 하마오카 원전 가동 중지 요청 9.2 간 총리의 퇴진으로 노다 요시히코 내각이 성립 11.11 노다 총리 TPP교섭참가 의향 표명 11.27 오사카유신회의 하시모토 도오루가 오사카시장, 마쓰이 이치로가 오사카부지사에 당선	1.20 중국, 2010년 명목GDP를 발표. 일본 제치고 세계 2위 2.22 뉴질랜드 크라이스트처치 부근 지진 발생, 일본인 28명 사망 9월 하순 '월가를 점령하라' 운동 격화 12.19 북한, 김정일 총서기의 사망 발표
2012년 (헤이세이 24년)	3.30 소비세증세법안 각의결정해 국회 제출 5.5 홋카이도전력 도마리발전소 운전정지, 일본 전 원전 가동중단 8.10 소비세증세법안 참의원 본회의 가결, 성립 9.11 정부, 센카쿠열도 국유화 각의결정 12.16 제46회 중의원선거, 자민당이 압승해 정권탈환 12.26 제2차 아베 내각 성립	4.11 김정은, 북한 제1서기에 취임 11.15 시진핑, 중국 공산당 총서기에 취임
2013년 (헤이세이 25년)	3.15 아베총리, TPP교섭참가 정식표명 7.7 TBS드라마 '한자와 나오키'(사카이 마사토 주연) 대히트. '당한 만큼 갚아준다, 곱절로 갚아준다!!'가 유행어로 7.21 제23회 참의원선거에서 자민당이 압승. 공명당과 함께 과반수의 의석을 차지 9.7 IOC총회에서 2020년 도쿄올림픽 개최 결정 12.6 특정비밀보호법 성립	

연도	일본 주요뉴스	해외 주요뉴스
2014년 (헤이세이 26년)	1.29 이화학연구소 오보카타 하루코가 '스 　텝세포(만능줄기세포-역주)' 논문발표. 후 　일 조작 등 부정 발각 4.1 소비세 8%로 인상 7.1 집단적자위권 행사용이 각의결정 9.27 온타케산 분화로 58명 사망, 5명 행방 　불명 11.16 오키나와현 지사선거에서 미군기지 　헤노코 이전을 반대해온 오나가 다케시 　지사가 당선 12.14 제47회 중의원 선거, 자민·공명 여당 　이 3분의2 의석 유지	3.18 러시아 크림반 　도 합병 8.8 서아프리카에서 　에볼라 바이러스 　대유행, WHO 긴급 　사태 선언 9.28 홍콩에서 '우산 　혁명'
2015년 (헤이세이 27년)	7.17 아베 총리, 신국립경기장의 자하 하디 　드안 백지철회 발표 9.19 안전보장관련법 성립. 국회의사당 주 　변에서 연일 반대시위	1.20 일본인 2명이 　'IS(이슬람국가)'에 　피살 7.20 쿠바와 미국, 54 　년만에 국교회복 11.13 파리동시다발 　테러사건 발생, 130 　명 이상 사망
2016년 (헤이세이 28년)	1.29 일본은행, 첫 마이너스금리 정책 도입 　발표 3.30 도시바, 중국 가전대기업, 미적집단(메 　이더)에 백색가전사업 매각결정 4.14 구마모토 지진 발생 7.10 제24회 참의원선거, 여당 승리 7.22 일본에서 '포켓몬GO' 배신개시, 전 세 　계에서 다운로드 5억회 돌파 7.26 가나가와현 사가미시 장애인시설 '쓰 　쿠이야마유리원'에서 전 직원이 입소자 　19명 살해 8.2 고이케 유리코, 도쿄도지사에 취임 8.8 천황, 생전퇴위 의향을 표명 8.14 자니즈 사무소, 'SMAP'의 연내해산을 　발표	5.9 북한 김정은, 노 　동당위원장 취임 5.27 오바마 미 대통 　령이 히로시마시 　방문 6.23 영국 국민투표 　에서 EU이탈(브렉 　시트-역주)과 승리 11.9 미 대통령 선거 　에서 도널드 트럼 　프가 승리
2017년 (헤이세이 29년)	7.2 도쿄도의회 선거에서 고이케 지사가 이 　끄는 '도민퍼스트회' 승리, 자민당 참패 7.7 유엔에서 핵무기금지조약이 채택됐으 　나 일본 서명불참 9.25 고이케 유리코, '희망의 당' 결성을 표명	5.10 한국 대통령선 　거에서 '더불어민주 　당' 문재인 후보 승 　리

연도	일본 주요뉴스	해외 주요뉴스
	9.28 마에하라 세이지 대표, 민진당의 희망의 당 합류 표명 10.2 민진당 이탈한 에다노 유키오, 입헌민주당 창당 표명 10.22 제48회 중의원 선거, 자민·공명이 3분의2 확보, 야당 제1당은 입헌민주당	10.20 시리아민주군, IS 수도 락까 탈환 정식 발표
2018년 (헤이세이 30년)	3.12 재무성, 모리토모 학원문제에서 공문서 조작 인정 5.19 고레에다 히로카즈 감독 《어느 가족》, 칸 영화제 황금종려상 수상 8.8 오나가 오키나와 지사 사망. 후임 지사에 다마키 데니 당선 9.7 스루가은행 부정대출 문제가 발각. 내부 실태가 밝혀지면서 상무이상 간부가 인책사임 9.16 가수 아무로 나미에 은퇴 11.19 닛산자동차 회장 카를로스 곤, 유가증권보고서 허위기재 혐의로 체포 11.23 파리 BIE총회, 2025년 국제박람회 오사카 개최 결정 12.8 외국인노동자 수용확대 위한 개정출입국관리법 성립	4.27 한국과 북한 '판문점 선언' 발표 6.12 트럼프 대통령과 김정은 위원장, 사상 첫 북미정상회담 개최 10.30 한국 대법원, 강제징용 소송에서 신일철주금에 배상 명령
2019년 (헤이세이 31년, 레이와 원년)	4.1 정부, 헤이세이 다음 연호 '레이와'로 공표 4.13 산업혁신기구가 히타치, 도시바, 소니의 액정사업을 통합한 재팬디스플레이, 경영난으로 중국·대만연합 산하 편입을 결정 4.30 천황 생전퇴위 5.1 황태자 나루히토가 즉위, '헤이세이'에서 '레이와'로 개원	2.15 트럼프 대통령이 멕시코국경 장벽건설비용 확보를 위해 국가비상사태를 선언 2.27 제2차 북미정상회담 베트남 하노이 개최, 교섭결렬

(출처) 『DENTSU 광고경기연표』(덴쓰), 『근대일본총합연표(제4판)』(이와나미신서), 『연표 쇼와·헤이세이사 1926-2011』(이와나미 북클릿), 『10대를 위한 헤이세이사』(이와나미주니어신서), 『헤이세이사』(헤이본샤 신서), 『포스트전후사회』(이와나미신서) 등에서 작성

주요 인용·참고 문헌

머리글

- 이매뉴얼 월러스틴 『근대세계 시스템(近代世界システム)』 전4권, 가와기타 미노루(川北稔) 역, 나고야대학출판회, 2013년
- 구몬 슌페이(公文俊平) 『2005년 일본부상—장기파동으로 읽는 재생의 다이나미즘(2005年日本浮上—長期波動で読む再生のダイナミズム)』 NTT출판, 1998년
- 나오미 클라인 『쇼크 독트린—참사편승형 자본주의의 정체를 폭로한다(ショック・ドクトリン—惨事便乗型資本主義の正体を暴く)』 상하, 이쿠시마 사치코(幾島幸子)·무라카미 유미코(村上由見子) 역, 이와나미서점, 2011년
- 구리하라 아키라(栗原彬)·스기야마 미쓰노부(杉山光信)·요시미 슌야(吉見俊哉) 『기록·천황의 죽음(記録·天皇の死)』 지쿠마쇼보, 1992년
- 경제산업성 소장파프로젝트 『불안한 개인·움직일 줄 모르는 국가(不安な個人 立ちすくむ国家)』 문예춘추, 2017년
- 앤드류 고든 『일본의 200년[신판](日本の200年[新版])』 상하, 모리야 후미아키(森谷文昭) 역, 미스즈쇼보, 2013년
- 사카이야 다이치(堺屋太一) 『헤이세이 30년(平成三十年)』 상하, 아사히문고, 2004년
- 질리언 테드 『사일로 이펙트—고도전문화사회의 함정(サイロ・エフェクト 高度専門化社会の罠)』 히지카타 나미(土方奈美) 역, 문예춘추, 2016년
- 도미나가 노조무(冨永望) 『쇼와천황 퇴위론의 행방(昭和天皇退位論のゆくえ)』 요시카와고분칸, 2014년
- 일본TV보도국 천황취재반 『쇼와 최후의 날—TV보도는 무엇을 전했는가(昭和最後の日: テレビ報道は何を伝えたか)』 신초문고, 2015년
- 하라 다케시(原武史) 『헤이세이의 종언(平成の終焉)』 이와나미신서, 2019년
- 후지이 다쓰오(藤井達夫) 『〈헤이세이〉의 정체(〈平成〉の正体)』 이스트신서, 2018년

- 칼 폴라니 『대전환(大転換)』 요시자와 히데나리(吉沢英成)·노구치 다케히코(野口建彦)·나가오 시로(長尾史郎)·스기무라 요시미(杉村芳美) 역, 동양경제신보사, 1979년
- 미타 무네스케(見田宗介) 『현대일본의 감각과 사상(現代日本の感覚と思想)』 고단샤학술문고, 1995년
- 미타 무네스케 『현대사회의 이론(現代社会の理論)』 이와나미신서, 1996년
- 미타 무네스케 『현대사회는 어디로 향하는가(現代社会はどこに向かうか)』 이와나미신서, 2018년
- 요시미 슌야(吉見俊哉) 『전후와 재후의 사이—용융하는 미디어와 사회(戦後と災後の間 ── 溶融するメディアと社会)』 슈에이샤신서, 2018년
- 요시미 슌야 편 『헤이세이사 강의(平成史講義)』 지쿠마신서, 2019년

제1장
- 아카시 준페이(明石順平) 『데이터가 말하는 일본 재정의 미래(データが語る日本財政の未来)』 슈에이샤인터내셔널신서, 2019년
- 자크 아탈리 『국가채무위기(国家債務危機)』 하야시 마사히로(林昌宏) 역, 사쿠힌샤, 2011년
- 오시카 야스아키(大鹿靖明) 『도시바의 비극(東芝の悲劇)』 겐토샤, 2017년
- 오소네 고조(大曽根幸三)(기록자 무네카타 세이지) 「워크맨의 아버지, 오소네 고조가 울리는 경종」 『닛케이비즈니스 온라인』 2016년 5월 30일~6월 1일
- 오니시 야스유키(大西康之) 『도시바 해체 전기메이커가 사라진 날(東芝解体 電機メーカーが消える日)』 고단샤현대신서, 2017년
- 오가사와라 사토시(小笠原啓) 『도시바 분식의 원점(東芝 粉飾の原点)』 닛케이(日経)BP사, 2016년
- 가네코 마사루(金子勝)·고다마 다쓰히코(児玉龍彦) 『신흥쇠퇴국 닛폰(新興衰退国ニッポン)』 고단샤, 2010년
- 가네코 마사루(金子勝)·진노 나오히코(神野直彦) 『잃어버린 30년(失われた30年)』 NHK출판신서, 2012년
- 가리야 다케히코(苅谷剛彦) 외 편 『버블붕괴—1990년대(バブル崩壊──1990年代)』(사람들의 정신사8), 이와나미신서, 2016년

- 가루베 겐스케(軽部謙介)『검증 버블실정─엘리트들은 왜 틀렸는가(検証 バブル失政──エリートたちはなぜ誤ったのか)』이와나미서점, 2015년
- 기호쿠(河北)신보사 편『마을의 공장─산업공동화 속에서(むらの工場─産業空洞化の中で)』신효론, 1997년
- 가와하라 히사시(河原久)『야마이치증권 실패의 본질(山一証券失敗の本質)』PHP연구소, 2002년
- 고다마 히로시(児玉博)『테헤란에서 온 사나이 니시다 아쓰토시와 도시바 괴멸(テヘランからきた男 西田厚聰と東芝壊滅)』쇼가쿠칸, 2017년
- 고바야시 히데오(小林英夫)『산업공동화의 극복(産業空洞化の克服)』주코신서, 2003년
- 볼프강 슈트렉『시간끌기의 자본주의(時間かせぎの資本主義)』스즈키 다다시(鈴木直) 역, 미스즈쇼보, 2016년
- 수잔 스트레인지『매드 머니─세기말의 카지노자본주의(マッド・マネー──世紀末のカジノ資本主義)』사쿠라이 기미히토(櫻井公人)·사쿠라이 준리(櫻井純理)·다카시마 마사하루(高嶋正晴) 역, 이와나미서점, 1999년
- 소노다 시게토(園田茂人)『일본기업 아시아로(日本企業アジアへ─)』유히카쿠, 2001년
- 다테이시 야스노리(立石泰則)『안녕! 우리들의 소니(さよなら! 僕らのソニー)』분슌신서, 2011년
- 도쿄대학 사회과학연구소 편『경제위기의 교훈(経済危機の教訓)』('잃어버린 10년'을 넘어 I), 도쿄대학출판회, 2006년
- 나가노 겐지(永野健二)『버블:일본 일탈의 원점(バブル:日本迷走の原点) 1880-1989』신초샤, 2016년
- 니시다 아쓰토시「후설 현상학과 상호주관성(フッサール現象学と相互主観性)」『사상(思想)』1970년 8월호, 이와나미서점
- 니시무라 요시오(西村吉雄)『전자입국은, 왜 몰락했는가(電子立国は、なぜ凋落したか)』닛케이BP사, 2014년
- 로버트 블레너『붐과 버블─세계경제 속의 미국(ブームとバブル──世界経済のなかのアメリカ)』이시쿠라 마사오(石倉雅男)·와타나베 마사오(渡辺雅男) 역, 고부시쇼보, 2005년
- 무라마쓰 미치오(村松岐夫)·오쿠노 마사히로(奥野正寛) 편『헤이세이 버블의 연구(平成バブルの研究)』상하, 동양경제신보사, 2002년

- 미즈노 가즈오(水野和夫)『사람들은 왜 글로벌경제의 본질을 오인하는 가(人々はなぜグローバル経済の本質を見誤るのか)』니혼게이자이신문출판사, 2007년
- 미즈노 가즈오『자본주의의 종언과 역사의 위기(資本主義の終焉と歴史の危機)』슈에이샤신서, 2014년
- 유노가미 다카시(湯之上隆)『일본형 모노즈쿠리의 패배—제로센·반도체·TV(日本型モノづくりの敗北 零戦·半導体·テレビ)』분슌신서, 2013년
- 요미우리신문 사회부『회사가 왜 소멸했던가—야마이치증권 임원들의 배신(会社がなぜ消滅したか—山一証券役員たちの背信)』신초문고, 2001년

제2장
- 우에스기 다카시(上杉隆)『고이즈미의 승리 미디어의 패배(小泉の勝利 メディアの敗北)』소시샤, 2006년
- 우오즈미 아키라(魚住昭)『노나카 히로무 차별과 권력(野中広務 差別と権力)』고단샤문고, 2006년
- 야마우치 도오루(山内融)『고이즈미 정권—'파토스의 총리'는 무엇을 바꿨는가(小泉政権—「パトスの首相」は何を変えたのか)』주코신서, 2007년
- 고바야시 요시아키(小林良彰)『정권교체—민주당정권이란 무엇이었던가 (政権交代—民主党政権とは何であったのか)』주코신서, 2012년
- 시미즈 마사토(清水真人)『헤이세이 데모크라시사(平成デモクラシー史)』지쿠마신서, 2018년
- 시라이 사토시(白井聰)『영속패전론—전후일본의 핵심(永続敗戦論 戦後日本の核心)』오타출판, 2013년
- 도쿄대학 사회과학연구소 편『고이즈미개혁으로의 시대(小泉改革への時代)』(「잃어버린 10년」을 넘어Ⅱ), 도쿄대학출판회, 2006년
- 일본재건 이니셔티브『민주당정권 실패의 검증(民主党政権 失敗の検証)』주코신서, 2013년
- 웬디 브라운『민주주의는 어떻게 사라져갔는가(いかにして民主主義は失われていくのか)』나카이 아사코(中井亜佐子) 역, 미스즈쇼보, 2017년
- 마에다 유키오(前田幸男)·쓰쓰미 히데노리(堤英敬) 편『통치의 조건—민주당으로 본 정권운영과 당내통치(統治の条件—民主党に見る政権運営と党内統治)』지쿠라쇼보, 2015년

- 마키하라 이즈루(牧原出) 『무너지는 정치를 바로세운다(崩れる政治を立て直す)』 고단샤현대신서, 2018년
- 미쿠리야 다카시(御厨貴)·아시카와 요이치(芦川洋一) 편 『헤이세이의 정치(平成の政治)』 니혼게이자이신문출판사, 2018년
- 미쿠리야 다카시(御厨貴)·마키하라 이즈루(牧原出) 편 『구술서 노나카 히로무 회고록(聞き書 野中広務回顧録)』 이와나미서점, 2012년
- 미쿠리야 다카시(御厨貴)·모토무라 료지(本村凌二) 『일본의 붕괴(日本の崩壊)』 쇼덴샤신서, 2018년
- 미야자키 데쓰야(宮崎哲弥)·오노 노부카쓰(小野展克) 『도큐멘트 헤이세이 혁신관료—'공복'들의 구조개혁(ドキュメント平成革新官僚—「公僕」たちの構造改革)』 주코신서라크레, 2004년
- 야쿠시지 가쓰유키(薬師寺克行) 편 『무라야마 도미이치 회고록(村山富市回顧録)』 이와나미현대문고, 2018년
- 야스토미 아유미(安冨歩) 『재팬 이즈 백』 아카시서점, 2014년
- 야마구치 지로(山口二郎) 『전후정치의 붕괴(戦後政治の崩壊)』 이와나미신서, 2004년
- 야마구치 지로(山口二郎) 『정권교대론(政権交代論)』 이와나미신서, 2009년
- 요시다 겐이치(吉田健一) 「헤이세이초기 '정치개혁'기의 연구-다케시타 내각에서 호소카와 내각까지」 『가고시마대학 이나모리아카데미 연구기요』 제3편, 2012년
- 요시미 슌야 『포스트 전후사회(ポスト戦後社会)』(시리즈일본근현대사9), 이와나미신서, 2009년
- 스티븐 레비츠키·대니얼 지블랫 『민주주의의 사멸방식(民主主義の死に方)』 하마노 히로미치(濱野大道) 역, 신초샤, 2018년

제3장
- 이와타 마사미(岩田正美) 『현대의 빈곤(現代の貧困)』 지쿠마신서, 2007년
- 폴 윌리스 『해머타운의 녀석들(ハマータウンの野郎ども)』 구마자와 마코토(熊沢誠)·야마다 준(山田潤) 역, 지쿠마학예문고, 1996년
- 우에노 지즈코(上野千鶴子)·아마미야 가린(雨宮処凛) 『세대의 아픔—단카이주니어가 단카이에게 보내는 질문장(世代の痛み—団塊ジュニアから団塊への質問状)』 주코신서라크레, 2017년

- NHK방송문화연구소 편 『현대사회와 미디어·가족·세대(現代社会とメディア·家族·世代)』 신요샤, 2008년
- 오사와 마사치(大澤真幸) 『허구의 시대의 끝(虚構の時代の果て)』 지쿠마신서, 1996년
- 오즈카 에이지(大塚英志) 『'오타쿠'의 정신사 1980년대론(「おたく」の精神史 一九八〇年代論)』 아사히문고, 2007년
- 오노 히데토시(大野秀敏) 『슈링킹 닛폰(シュリンキング·ニッポン)』 가지마출판회, 2008년
- 오자와 마사코(小沢雅子) 『신 '계층소비'의 시대—소비시장을 파악하는 뉴컨셉트(新「階層消費」の時代—消費市場をとらえるニューコンセプト)』 니혼게이자이신문사, 1985년
- 가이누마 히로시(開沼博) 『'후쿠시마'론—겐시료쿠무라는 왜 생겨났는가(「フクシマ」論 原子力ムラはなぜ生まれたのか)』 세이도샤, 2011년
- 댄 가드너 『리스크에 당신은 속는다(リスクにあなたは騙される)』 다부치 겐타(田淵健太) 역, 하야카와쇼보, 2009년
- 가네코 마사루 외 『사회는 어떻게 무너지고, 어떻게 회복되는가(社会はどう壊れていて、いかに取り戻すのか)』 도유칸, 2014년
- 가와이 마사시(河合雅司) 『일본의 소자화, 백년의 이탈(日本の少子化 百年の迷走)』 신초선서, 2015년
- 고바야시 나오키(小林直毅) 편 『원전지진의 TV아카이브(原発震災のテレビアーカイブ)』 호세이대학출판국, 2018년
- 사토 도시키(佐藤俊樹) 『불평등사회 일본 잘있으라 총중류(不平等社会日本—さよなら総中流)』 주코신서, 2000년
- 시마다 히로미(島田裕巳) 『요즘 세상의 가미사마(いまどきの神サマ)』(별책다카라지마114), 다카라지마샤, 1990년
- 찰머스 존슨 『아메리카 제국에 대한 보복(アメリカ帝国への報復)』 스즈키 지카라(鈴木主税) 역, 슈에이샤, 2000년
- 시라하세 사와코(白波瀬佐和子) 편 『흔들리는 평등신화(ゆれる平等神話)』(리딩스 전후일본의 격차와 불평등3), 일본도서센터, 2008년
- 시라하세 사와코(白波瀬佐和子) 『도다이주쿠—앞으로의 일본의 인구와 사회(東大塾 これからの日本の人口と社会)』 도쿄대학출판회, 2019년
- 아시자와 슌스케(芹沢俊介) 『'옴현상'의 독해(「オウム現象」の解読)』 지쿠마

쇼보, 1996년

- 다카노 아키히코(高野明彦)·요시미 순야·미우라 신야(三浦伸也) 『311 정보학—미니어는 무엇을 어떻게 전했는가(311情報学――メディアは何をどう伝えたか)』 이와나미서점, 2012년
- 다카야마 후미히코(高山文彦) 『'소년A' 14세의 초상(「少年A」14歳の肖像)』 신초문고, 2001년
- 다케노부 미에코(竹信三恵子) 『르포 임금차별(ルポ 賃金差別)』 지쿠마신서, 2012년
- 다치바나키 도시아키(橘木俊詔) 『일본의 경제격차—소득과 자산으로부터 검토한다(日本の経済格差—所得と資産から考える)』 이와나미신서, 1998년
- 다치바나키 도시아키(橘木俊詔) 『격차사회—무엇이 문제인가(格差社会—何が問題なの)』 이와나미서점, 2006년
- 내각부 『헤이세이 30년도 방재백서(平成30年度防災白書)』
- 나카노 마미(中野麻美) 『노동덤핑(労働ダンピング)』 이와나미신서, 2006년
- 엘리자베스 노엘레-노이만 『침묵의 나선이론[개정복각판](沈黙の螺旋理論[改訂復刻版])』 이케다 겐이치(池田謙一)·야스노 사토코(安野智子) 역, 기타오지쇼보, 2013년
- 하시모토 겐지橋本健二 『신·일본의 계급사회(新·日本の階級社会)』 고단샤현대신서, 2018년
- 토마 피케티 『21세기 자본(21世紀の資本)』 야마가타 히로오(山形浩生) 등 역, 미스즈쇼보, 2014년
- 부흥청 『이재민 등의 상황(被災者などの状況)』
- 혼다 유키(本田由紀) 『뒤틀린 사회: 전후일본형 순환모델을 넘어(もじれる社会: 戦後日本型循環モデルを超えて)』 지쿠마신서, 2014년
- 혼다 유키(本田由紀)·히라이 히데유키(平井秀幸) 「청년으로 보는 현실/청년이 보는 현실(若者に見る現実/若者がみる現実)」 혼다 유키 편 『청년의 노동과 생활세계—그들은 어떤 현실을 살아가고 있는가(若者の労働と生活世界—彼らはどんな現実を生きているか)』 오쓰키서점, 2007년
- 혼다 유키 외 『'니트'라고 부르지마!(「ニート」って言うな!)』 고분샤신서, 2006년
- 개번 매코맥 『공허한 낙원—전후일본의 재검토(空虚な楽園—戦後日本の再検討)』 마쓰이 히로미치(松居弘道)·마쓰무라 히로시(松村博) 역, 미스즈쇼보,

1998년

- 마스다 히로야(增田寬也) 편 『지방소멸―도쿄일극집중이 초래한 인구급감(地方消滅―東京一極集中が招く人口急減)』 주코신서, 2014년
- 마에다 마사코(前田正子) 『무자녀고령화―출생수 제로의 공포(無子高齢化 出生数ゼロの恐怖)』 이와나미서점, 2018년
- 찰스 머레이 『계급'단절'사회 미국(階級「断絶」社会アメリカ)』 다치바나 아케미(橘明美) 역, 소시샤, 2013년
- 미우라 아쓰시(三浦展) 『하류사회―새로운 계급집단의 출현(下流社会 新たな階層集団の出現)』 고분샤신서, 2005년
- 미쿠리야 다카시(御厨貴)・이오준(飯尾潤) 책임편집 『'재후'의 문명(「災後」の文明)』(별책 아스테이온), 한큐커뮤니케이션즈, 2014년
- 미즈호총합연구소 편 『데이터북 격차로 읽는 일본경제(データブック 格差で読む日本経済)』 이와나미서점, 2017년
- 미야다이 신지(宮台真司) 『투명한 존재의 불투명한 악의(透明な存在の不透明な悪意)』 슌주샤, 1997년
- 야마다 마사히로(山田昌弘) 『희망격차사회―'패자그룹'의 절망감이 일본을 갈라놓다(希望格差社会―「負け組」の絶望感が日本を引き裂く)』 지쿠마쇼보, 2007년
- 야마다 마사히로(山田昌弘) 『소자사회 일본―또다른 격차의 행방(少子社会 日本―もうひとつの格差のゆくえ)』 이와나미서점, 2007년
- 유아사 마코토(湯浅誠)・니헤이 노리히로(仁平典宏) 「청년홈리스」『청년의 노동과 생활세계(若者の労働と生活世界)』
- 요시오카 시노부(吉岡忍) 『M/세계의, 우울한 첨단(M/世界の、憂鬱な先端)』 분게이슌주, 2000년
- 요시미 슌야 『대예언―'역사의 척도'가 나타내는 미래(大予言―「歴史の尺度」が示す未来)』 슈에이샤신서, 2017년
- Yoda,Tomiko and Harry Harootunian, eds., *Japan after Japan*, Duke University Press,2006

제4장

- 아라마타 히로시(荒俣宏) 『제도이야기(帝都物語)』 전12권, 가도카와문고, 1987~1989년

- 앤 앨리슨 『국화와 포켓몬(菊とポケモン)』 지쓰카와 모토코(実川元子) 역, 신초샤, 2010년

- 우노 고레마사(宇野維正) 『1998년의 우타다 히카루(1998年の宇多田ヒカル)』 신초신서, 2016년

- 우라사와 나오키(浦沢直樹) 『20세기 소년(20世紀少年)』 전 22권, 쇼가쿠칸, 2000~2007년

- 엔도 도시아키(円堂都司昭) 『전후 서브컬처연대기─일본인이 사랑한 '종말'과 '재생'(戦後サブカル年代記─日本人が愛した「終末」と「再生」)』 세이도샤, 2015년

- 오타 쇼이치(太田省一) 『SMAP와 헤이세이 닛폰─불안 시대의 엔터테인먼트(SMAPと平成ニッポン 不安の時代のエンターテインメント)』 고분샤신서, 2016년

- 오토모 가쓰히로(大友克洋) 『AKIRA』 전6권, 고단샤, 1984~1993년

- 오카베 가즈아키(岡部一明) 『인터넷 시민혁명─정보화사회·미국편(インターネット市民革命─情報化社会·アメリカ編)』 오차노미즈쇼보, 1996년

- 기쿠치 후미히코(菊地史彦) 『'행복'의 전후사(「幸せ」の戦後史)』 트랜스뷰, 2013년

- 기타다 아키히로(北田暁大) 『비웃음당하는 일본의 '내셔널리즘'(嗤う日本の「ナショナリズム」)』 NHK북스, 2005년

- 구노 쓰토무(公野勉) 『라이브엔터테인먼트로의 회귀(ライブエンターテイメントへの回帰)』 후진샤, 2018년

- 고토 벤(五島勉) 『노스트라다무스의 대예언─다가오는 1999년 7월, 인류멸망의 날(ノストラダムスの大予言─迫りくる1999年7の月、人類滅亡の日)』 쇼덴샤논북스, 1973년

- 고마쓰 사쿄(小松左京) 『일본침몰(日本沈没)』 전2책, 고분샤갓파노벨스, 1973년

- 사사키 아쓰시(佐々木敦) 『닛폰의 음악(ニッポンの音楽)』 고단샤현대신서, 2014년

- 시바 도모노리(柴那典) 『히트의 붕괴(ヒットの崩壊)』 고단샤현대신서, 2016년

- 스즈키 도모유키(鈴木智之)·니시다 요시유키(西田善行) 편 『잃어버릴 수 없는 10년의 기억(失われざる十年の記憶)』 세이큐샤, 2012년

- 다나카 도코(田中東子) 「코스프레라는 문화」 나루미 히로시(成実弘至) 편 『코스프레하는 사회—서브컬처의 신체문화(コスプレする社会—サブカルチャーの身体文化)』 세리카쇼보, 2009년
- 나카가와 유스케(中川右介) 『게쓰 9(月 9)』 겐토샤신서, 2016년
- 나카가와 유스케(中川右介) 『SMAP와 헤이세이(SMAPと平成)』 아사히신서, 2016년
- 하라 히로유키(原宏之) 『버블 문화론(バブル文化論)』 게이오기주쿠대학출판회, 2006년
- 일라이 파리저 『닫힌 인터넷—구글·퍼스널라이즈·민주주의(閉じこもるインターネット——グーグル·パーソナライズ·民主主義)』 이노구치 고지(井口耕二) 역, 하야카와쇼보, 2012년
- 미사키 테쓰(見崎鉄) 『J팝의 일본어(Jポップの日本語)』 사이류샤, 2002년
- 미쓰 망그로브 「아이돌을 찾아라!」 『주간아사히』 2017년 10월 13일호
- 야노 도시히로(矢野利裕) 『쟈니즈와 일본(ジャニーズと日本)』 고단샤현대신서, 2016년
- 요시다 준(吉田純) 『인터넷공간의 사회학—정보네트워크 사회와 공공권(インターネット空間の社会学—情報ネットワーク社会と公共圏)』 세계사상사, 2000년
- 요시미 슌야 「시뮬라크르의 낙원」 이쿠이 에이코(生井英考) 등 저, 다키 고지(多木浩二)·우치다 류조(内田隆三) 책임편집 『제로의 수사학—역사의 현재(零の修辞学—歴史の現在)』 리브로포트, 1992년
- 요시미 슌야 『리얼리티 트랜지트(リアリティ·トランジット)』 기노쿠니야서점, 1996년
- 요시미 슌야 『친미와 반미—전후 일본의 정치적 무의식(親米と反米—戦後日本の政治的無意識)』 이와나미신서, 2007년
- 요시미 슌야 『꿈의 원자력(夢の原子力)—Atoms for Dream』 지쿠마신서, 2012년
- 와카다 교지(若田恭二) 『종말의 예감(終末の予感)』 세리카쇼보, 1997년
- Ivy, Marilyn, *Discourses of the Vanishing: Modernity, Phantasm, Japan*, The University of Chicago Press, 1995

마침글

- 자크 아탈리 『21세기의 역사(21世紀の歴史)』 하야시 마사히로(林昌宏) 역, 사쿠힌샤, 2008년
- 아라사키 모리테루(新崎盛暉) 『일본에게 오키나와란 무엇인가(日本にとって沖縄とは何か)』 이와나미신서, 2016년
- 조반니 아리기 『장기 20세기(長い20世紀)』 도사 히로유키(土佐弘之) 감역, 사쿠힌샤, 2009년
- 강상중·요시미 슌야 『글로벌화의 원근법(グローバル化の遠近法)』 이와나미신서, 2001년
- 캐롤 그레그 외 『일본은 어디로 가고 있는가(日本はどこへ行くのか)』(일본의 역사 제25권), 고단샤, 2003년
- 소노다 시게토(園田茂人) 편저 『연대와 이반의 동아시아(連携と離反の東アジア)』 게이소쇼보, 2015년
- 다나카 아키히코(田中明彦) 『아시아 속의 일본(アジアのなかの日本)』 NTT출판, 2007년
- 다나카 아키히코(田中明彦) 『포스트 크라이시스의 세계(ポスト・クライシスの世界)』 니혼게이자이신문출판사, 2009년
- 모리시마 미치오(森嶋道大) 『왜 일본은 몰락하는가(なぜ日本は没落するか)』 이와나미현대문고, 2010년
- 테사 모리스 스즈키·요시미 슌야 편 『글로벌라이제이션의 문화정치(グローバリゼーションの文化政治)』 헤이본샤, 2004년
- 야카비 오사무(屋嘉比収) 『오키나와전, 미군 점령사를 다시 배운다(沖縄戦、米軍占領史を学びなおす)』 세오리쇼보, 2009년
- 요시미 슌야 전게 『대예언』
- 요르겐 랜더스 『2052 향후 40년의 글로벌 예측(2052 今後40年のグローバル予測)』 노나카 교코(野中香方子) 역, 닛케이BP사, 2013년
- 맥시모 리비 배치 『인구의 세계사(人口の世界史)』 하야미 아키라(速水融)·사이토 오사무(斎藤修) 역, 동양경제신보사, 2014년
- 와카바야시 미키오(若林幹夫) 『미래의 사회학(未来の社会学)』 가와데쇼보신샤, 2014년

IWANAMI 053

헤이세이(平成)
일본의 잃어버린 30년

초판 1쇄 인쇄 2020년 7월 10일
초판 5쇄 발행 2023년 3월 30일

저자 : 요시미 슌야
번역 : 서의동

펴낸이 : 이동섭
편집 : 이민규
디자인 : 조세연
영업·마케팅 : 송정환, 조정훈
e-BOOK : 홍인표, 최정수, 서찬웅, 김은혜, 정희철
관리 : 이윤미

(주)에이케이커뮤니케이션즈
등록 1996년 7월 9일(제302-1996-00026호)
주소 : 04002 서울 마포구 동교로 17안길 28, 2층
TEL : 02-702-7963~5   FAX : 02-702-7988
http://www.amusementkorea.co.kr

ISBN 979-11-274-3404-5 04300
ISBN 979-11-7024-600-8 04080

HEISEIJIDAI
by Shunya Yoshimi
Copyright © 2019 by Shunya Yoshimi
Originally published in 2019 by Iwanami Shoten, Publishers, Tokyo.
This Korean print edition published 2020
by AK Communications,Inc., Seoul
by arrangement with Iwanami Shoten, Publishers, Tokyo

이 책의 한국어판 저작권은 일본 IWANAMI SHOTEN과의 독점계약으로
(주)에이케이커뮤니케이션즈에 있습니다.
저작권법에 의해 한국 내에서 보호를 받는 저작물이므로 무단전재와 무단복제를 금합니다.

이 도서의 국립중앙도서관 출판예정도서목록(CIP)은 서지정보유통지원시스템 홈페이지
(http://seoji.nl.go.kr)와 국가자료공동목록시스템(http://www.nl.go.kr/kolisnet)에서 이용
하실 수 있습니다. (CIP제어번호: CIP2020024469)

*잘못된 책은 구입한 곳에서 무료로 바꿔드립니다.

지성과 양심 **이와나미**岩波 **시리즈**